国家社科基金
GUOJIA SHEKE JIJIN HOUQI ZIZHU XIANGMU
后期资助项目

中国古代
碑刻纹样研究

Research on the Patterns of Ancient Tablet
Inscriptions in China

徐志华　著

科学出版社

北京

内 容 简 介

　　碑刻艺术是古代文化传播的重要工具之一，镌刻于碑石上的纹样千变万化，体现了中国传统文化的变迁和技术的进步。本书从碑刻纹样的起源、发展和审美价值入手，从艺术设计学的角度对碑刻纹样进行研究。一方面从纵向上以朝代为序，对古代碑刻纹样进行整理、研究、分析古代碑刻纹样发生、发展的过程及总体特征；另一方面从横向上进行比较，将同朝代碑刻纹样与其他器物上的纹样进行对比分析，探究其相互之间的影响关系，并对每种纹样的形态进行分类分析，梳理碑刻纹样的历史流变规律，分析中国传统纹样在碑刻上的传承、创新与运用，以期为传承中国传统文化艺术提供基础性的助益。

　　本书适合碑刻艺术研究人员及碑刻艺术爱好者参阅。

图书在版编目（CIP）数据

中国古代碑刻纹样研究/徐志华著. —北京：科学出版社，2023.6
国家社科基金后期资助项目
ISBN 978-7-03-073735-9

Ⅰ. ①中… Ⅱ. ①徐… Ⅲ. ①碑刻-纹样-研究-中国-古代
Ⅳ. ①K877.424

中国版本图书馆 CIP 数据核字（2022）第 208737 号

责任编辑：杜长清　张　文 / 责任校对：王晓茜
责任印制：李　彤 / 封面设计：润一文化

科 学 出 版 社 出版
北京东黄城根北街 16 号
邮政编码：100717
http://www.sciencep.com
北京建宏印刷有限公司 印刷

科学出版社发行　各地新华书店经销
*

2023 年 6 月第 一 版　开本：720×1000　1/16
2024 年 3 月第二次印刷　印张：19
字数：326 000

定价：148.00 元
（如有印装质量问题，我社负责调换）

国家社科基金后期资助项目
出版说明

后期资助项目是国家社科基金设立的一类重要项目，旨在鼓励广大社科研究者潜心治学，支持基础研究多出优秀成果。它是经过严格评审，从接近完成的科研成果中遴选立项的。为扩大后期资助项目的影响，更好地推动学术发展，促进成果转化，全国哲学社会科学工作办公室按照"统一设计、统一标识、统一版式、形成系列"的总体要求，组织出版国家社科基金后期资助项目成果。

全国哲学社会科学工作办公室

前　言

　　中国文化源远流长，古代凡有记功颂德、颁布宪令和官府文告、征战公告、会盟立约、外交等重要事件，均记录于碑刻之上，达到铭记、歌颂和教育的作用。碑刻艺术在对中国传统文化的记录和延续，以及外交方面，都发挥了重要的载体功能，其作用不容忽视。树碑立传是中国传统文化的表征之一，碑上所雕刻的纹样既有教育和纪念意义，使后人为之敬仰并铭记于心，又增加了碑刻美感，体现了设计审美与形式功能的统一性。碑刻不仅具有实用性，而且具有很高的观赏性和艺术性；碑上不仅记载着丰富的文字信息，还雕刻着极其精美的纹样，因此具有丰富的文化价值和艺术价值。

　　碑刻是研究古代政治史、经济史、军事史、科技史、地方史、民族史、中外关系史、宗教史等的真实史料文库。碑刻艺术是在复杂的历史背景下，各个朝代不同文化激烈交融碰撞的产物，因此仅仅依靠某一单独学科难以对碑刻纹样的变化特点、物质文化及精神形态进行真实、客观的研究，须采取多维度、多学科的综合研究方法。碑刻作为艺术学的研究方向，主要采用图像学方法的分析原理，再结合其他相关学科，如考古学的分类研究法、历史学的逻辑推理实证法、民俗学的问卷法等，从石碑上刻写的语言、人物身份、事迹等文字的描述中探寻纹样变化体现的多元文化内涵。因此，在研究过程中常常需要借助民族学、宗教学、语言学、历史学、地理学、社会学等相关学科知识。例如，运用考古资料和有关研究成果，逆向追溯碑刻纹样史的源流，以文明时代的历史追记来考察古代先民造"纹"的模式，以晚期的文化系统作为线索来搭建对早期碑刻纹样的认识，以后来的认识结论来考察以往纹样创造的契机。正是基于中国文化的统一性和历史连贯性，以及纹样与其他体系和文化领域之间存在的深刻联系，各个学科关于碑刻研究的前人成果都为本书提供了基础性的帮助。本书是笔者博士论文几经修改之后的研究成果，借用史学实证研究和实际调研的方法，辅之以个案分析法，主要从设计学的研究角度对古代碑刻的纹样进行了全面的分析，剖析了碑刻纹样变化的条件和特点，以及碑刻纹样历朝历代的变化过程，以期使中国古代碑刻纹样古为今用，并使之符合当代创新设计的生态发展与社会发展的必然要求。

　　历史悠久的中国有着许多优秀的文化遗产，在新时代，讲好中国故事，保护、提炼和推动优秀传统碑刻文化"走出去"和"引进来"毫无疑问具有时代价值，对于提升国家文化软实力和国际竞争力同样具有重要意义。碑刻纹样是中国传统文化中不可缺少的一个元素，它记录了人与自然相互适应的历史，是历史积淀的成果。研究碑刻纹样，将为传承和发展中国优秀传统文化提供基础性的帮助，也为不断增强中华优秀传统文化的亲和力、感染力、吸引力、凝聚力、竞争力，并提升碑刻纹样在国际的影响力，为实现中华民族伟大复兴而凝聚一份力量。

徐志华

2022 年 9 月 20 日

目　录

第一章 绪 论

第一节 碑刻纹样研究的缘起及意义

一、碑刻纹样研究缘起

碑刻，广义上泛指刻石文字或图案，包括碑、建筑刻石、摩崖刻石、墓志、造像记、碣、经幢、塔铭等。中国历代碑刻包罗万象，浩如烟海，狭义上的碑刻是依据其使用功能进行划分的，根据现有的文献资料和出土的文物，碑刻的发展史至少经历了两个大的演进阶段，即实用碑和刻字碑，其中刻字碑到了汉代才被划为不同的类别，如墓碑和祠庙碑。唐代之后，碑刻种类增多，出现了寺庙碑、纪念碑和记事碑等。狭义上的碑刻与其他类型的石刻文字如刻石、摩崖、石碣等是以同样形态并存的，即都是用刀刻在石头上的文字。也正是碑刻易于留存的特性，使之成为历朝历代记述社会、文化资料的重要载体，尤其是唐代取消了立碑的禁令之后，碑刻发展达到了全盛时期，呈现出空前繁荣的局面。唐代不仅皇帝、朝廷大臣大规模地立碑，民间百姓也盛行立碑，他们利用碑刻来歌功颂德、铭人记事，加之碑不易损毁的特点，所以遗存非常丰富，实物资料非常多，为现代历史学、考古学、文学、语言文字学、宗教史和书法史等研究提供了原始的文字与图像记录。通过碑记及其拓本，我们可以获得文字信息，这为研究各朝代的文史提供了翔实的资料；还能够看到书法家的笔迹，帮助我们更全面地了解古代书法艺术；对其纹样的研究更能使我们借此透视中国传统纹样的变化特点，对今后中国传统纹样的实践运用也会起到指导性的意义。

中华人民共和国成立以来，尤其是 20 世纪六七十年代以后，部分皇室和大臣墓室的发掘给碑刻研究提供了丰富的实物资料，碑刻研究也成为国内外研究的重要课题。笔者在实地调研的过程中，就遇到不少日本、美国等国的研究者也在调研收集碑刻资料。国内学术界从不同学科视角对碑刻进行的研究已有相当成就，从查阅的文献资料来看，学术界对碑刻的研究主要集中于研究碑刻上的书法和形制。然而从笔者到陕西、河南、山东、江苏、福建等地的碑林、寺庙、博物馆等调研收集的实物资料来看，古代碑刻上的纹样非常丰富，从最初的具有象征意义的三圈晕纹到清代的复杂的动物纹和植物纹的组合，每个历史时期的碑刻纹样都反映了该时期的历史文化和审美特质。鉴于当前学术界对不同历史时期的碑刻纹样进行系统研究的还较少，系统研究成果则更少，加之笔者本科和研究生阶段均从事艺术设计学方向的学习和研究，对中国纹样的装饰和设计涉及较多并有较深入的了解，故对碑刻纹样的研究权衡把握还是有些自己的看法的。

二、碑刻纹样研究意义

碑刻纹样在现代社会的传承可分为"传"和"承"两个方面："传"是指世代相传，如具有迥异特征的风俗道德、思想作风等。碑刻纹样是延续性的、传统的，无民族之分、畛域之分，是传统文化传承的代表之一。"承"是指承接、联系、接连、承上启下。碑刻纹样的运用是传统文化内涵的具体体现，由于近代西学东渐的影响，几千年来一直传承和使用的传统纹样曾经一度被忽视，并淡出国人的视野，因此，碑刻纹样研究亟须引起重视并在中华传统文化创造性转化中发挥应有的作用。

树碑立传是我国传统文化的表征之一，碑上所雕刻的纹样既有教育和纪念意义，使后代人为之敬仰并铭记于心，又增加了碑刻美感，满足了人们的审美需求，这些都是研究碑刻纹样的意义之所在。此外，碑刻艺术具有其自身独特的优越性，不但碑刻体量大、公众性强、装饰纹样丰富，而且经久保存，不容易损坏，便于置放在室外开阔之地，这些特点能够使传统文化留存更原始的状态，使后辈能够更清晰地梳理出中国传统碑刻文化的发生、发展，以及传承和演变的规律与进程。

第二节 碑刻纹样研究的成果回顾

由于碑刻具有历史悠久且易于留存的特性，历史上亦有相当之研究。但概括而言，关于碑刻的研究，不同学科的研究思路大异其趣，如金石学和碑学研究碑刻文字、考古学研究出土碑刻的年代和遗物、文史学研究碑刻文化历史、艺术学研究碑刻视觉艺术及审美文化。但是，不管对碑刻从哪个角度进行研究，只要文字及纹样刊刻于碑石上，毫无疑问都是具有关联性的，因此，其他相关学科对碑刻的研究与碑刻纹样的研究是一体的。比如在谈到某一块碑时，文学研究者主要研究其文字的结构和内容，书法艺术者主要研究其刊刻书法的形式美，艺术设计者则主要研究整块碑的文字、纹样的布局，以及碑额、碑身、碑座的整体视觉效果。但无论怎样研究，它都是一块完整的碑，学科研究方向是相互关联的，不可能孤立地去研究某一个局部，如对碑刻纹样的研究与碑刻文字内容和墓主人的身份有关，所以在研究碑刻纹样时本应对前期各学科的研究成果进行回顾和整理。但鉴于其他各学科的相关成果太多，故此处略掉不作具体分析，仅对与本书研究关系最紧密的艺术学科方向的研究进行归类，具体如下。

艺术学对碑刻的研究主要针对碑刻的视觉艺术及其审美文化，这方面可见张鸿修对碑刻纹样的研究，但其研究以图片为主，而且其研究的实物大多源自陕西，研究地域相对单一，其研究成果主要有《唐代墓志纹饰选编》《隋唐石刻艺术》《龙集》《北朝石刻艺术》等①，以上关于碑刻纹样的研究都是整理的碑刻图片资料，而对理论的探讨则只在自序里进行了简略的概括，对古代碑刻纹样的理论缺乏深入研究。张广立编绘的《中国古代石刻纹样》一书对从全国各地收集来的石刻纹样用线条进行了描画，但没有对其进行理论上的探讨，因此，该书只能对美术设计者和研究者提供图片上的参考价值。②李域铮编著的《陕西古代石刻艺术》是在其《西安碑林书法艺术》一书的基础上修改而成，《陕西古代石刻艺术》一书从陕西现存的众多石刻作品中精选出 253 件具有代表性的作品，以文字与图片相结合的方式分析了陕西古代石刻艺术的不同风格，并详细介绍了石刻的时代、尺寸和收藏地等。该书主要以图片为主，理论上的研究明显不足。③中国文物研究所和陕西省古籍整理办公室编的《新中国出土墓志·陕西（一）》、中国文物研究所和重庆市博物馆编的《新中国出土墓志·重庆》收录了大量的墓志实物，图片旁边附有墓志的年代、纹样、形制大小、发掘地等，但没有对墓志进行详

① 张鸿修主编：《唐代墓志纹饰选编》，西安，陕西人民美术出版社，1992 年；张鸿修编著：《隋唐石刻艺术》，西安，三秦出版社，1998 年；张鸿修编著：《龙集》，西安，三秦出版社，1993 年；张鸿修编著：《北朝石刻艺术》，西安，陕西人民美术出版社，1993 年。

② 张广立编绘：《中国古代石刻纹样》，北京，人民美术出版社，1988 年。

③ 李域铮编著：《陕西古代石刻艺术》，西安，三秦出版社，1995 年。

细的理论研究。①

此外，对碑刻纹样的研究还有部分专题性论文，如刘天琪的《隋唐墓志盖题铭艺术研究》②、陈章龙的《北方宋墓装饰研究》③、贺梓城和张鸿修的《唐墓志刻饰》④、韩颖的《榆林和关中地区唐代生肖墓志纹饰的比对研究》⑤、周晓薇和王菁的《隋墓志所见山水花草纹饰与古代早期绘画史论的印证》⑥等。

本书研究碑刻纹样，所以将碑刻纹样与同时期其他器物的纹样进行了比较分析，故除了查阅碑刻相关研究之外，对其他器物装饰纹样的研究资料亦进行了关注，如织染纹样、陶瓷纹样、青铜纹样、金银器纹样及建筑纹样等。有关研究从不同角度考察了中国纹样的特征和发展规律，这为深入研究碑刻纹样与文化的关系提供了借鉴，因此这方面的研究工作与碑刻纹样研究的关系也非常密切。以上关于各类纹样的研究成果，既有图谱，也有学术性论文和专著；既有专史性的系列著作，也有断代性的专题成果，还有中外纹样比较研究的尝试。例如，回顾编著的《世界装饰图案全集》⑦、田自秉等著的《中国纹样史》⑧、城一夫著的《东西方纹样比较》⑨、张道一主编的《中国图案大系》⑩、郭廉夫等主编的《中国纹样辞典》⑪、缪良云编的《古风图案》⑫、黄能馥和陈娟娟编著的《中国历代装饰纹样》⑬、刘秋霖等编的《中华吉祥纹样图典》⑭、张广立编绘的《中国古代青铜金银器纹饰》⑮、陈振裕主编的《中国古代漆器造型

① 中国文物研究所、陕西省古籍整理办公室编：《新中国出土墓志·陕西（一）》，北京，文物出版社，2000年；中国文物研究所、重庆市博物馆编：《新中国出土墓志·重庆》，北京，文物出版社，2002年。

② 刘天琪：《隋唐墓志盖题铭艺术研究》，西安美术学院博士学位论文，2009年。

③ 陈章龙：《北方宋墓装饰研究》，吉林大学博士学位论文，2010年。

④ 贺梓城、张鸿修：《唐墓志刻饰》，《文博》1987年第5期。

⑤ 韩颖：《榆林和关中地区唐代生肖墓志纹饰的比对研究》，《科海故事博览：科教创新》2011年第9期。

⑥ 周晓薇、王菁：《隋墓志所见山水花草纹饰与古代早期绘画史论的印证》，《考古与文物》2008年第1期。

⑦ 回顾编著：《世界装饰图案全集》，沈阳，辽宁美术出版社，1998年。

⑧ 田自秉、吴淑生、田青：《中国纹样史》，北京，高等教育出版社，2003年。

⑨ 〔日〕城一夫：《东西方纹样比较》，孙基亮译，北京，中国纺织出版社，2002年。

⑩ 张道一主编：《中国图案大系》，济南，山东美术出版社，1993年。

⑪ 郭廉夫、丁涛、诸葛铠主编：《中国纹样辞典》，天津，天津教育出版社，1998年。

⑫ 缪良云编：《古风图案》，合肥，安徽美术出版社，1991年。

⑬ 黄能馥、陈娟娟编著：《中国历代装饰纹样》，北京，中国旅游出版社，1999年。

⑭ 刘秋霖等编：《中华吉祥纹样图典》，天津，百花文艺出版社，2004年。

⑮ 张广立编绘：《中国古代青铜金银器纹饰》，北京，人民美术出版社，1986年。

纹饰》[1]、回顾著的《中国丝绸纹样史》[2]、芮传明和余太山著的《中西纹饰比较》[3]等。近年来，学术界对中国纹样的专题研究有日益加强的趋势，如李娅恩的《北朝装饰纹样研究——5、6世纪中原北方地区石窟装饰纹样的考古学研究》[4]、张晓霞的《汉字与传统服饰及其装饰纹样关系的研究》《中国古代植物装饰纹样发展源流》[5]、陆军的《中国古陶瓷饰纹发展史论纲》[6]等。

概言之，关于碑刻的研究成果门类齐全、样式繁多、数量可观，从研究的不同目的、不同视角揭示了碑刻的研究价值。纵观各学科对碑刻的研究，涵盖了人文社会科学研究的方方面面，而各个学科因研究角度不同又互有差异，如金石学领域主要探讨碑的文字书法，通过史料来论证碑；史学领域通过碑上的文字来论述历朝文化；考古学和艺术学则通过将碑和史料相结合推断碑刻形制、书法、史料和纹样等。随着考古工作的深入和新碑刻的不断发现，对碑刻的研究依然有着广阔的空间，本书以图片为例分析碑刻纹样的变化特点和文化成因，从碑刻纹样的发生、发展出发，整体、系统地研究碑刻纹样的变化特点，从艺术设计的角度对碑刻纹样与文化的关系进行深入探讨。

第三节　碑刻纹样研究的范围及相关概念界定

一、碑刻纹样研究范围

前已述及，碑刻有广义和狭义之分，而对碑刻的界定和理解交织复杂，截至目前还没有一个完整而全面的界定。本书对碑刻研究范围的界定，原为古代碑刻纹样研究，将其限定于从汉代到清末的所有刻石、碑碣、墓志、画像石和建筑石刻等。笔者在对调研时收集的图片资料进行系统整理，以及整体地分析了图书馆的文献资料之后，发现我国碑刻相当丰富，但总体上碑刻的纹样主要集中于画像石、碑碣、墓志、石棺和造像碑上。由于建

---

① 陈振裕主编：《中国古代漆器造型纹饰》，武汉，湖北美术出版社，1999 年。
② 回顾：《中国丝绸纹样史》，哈尔滨：黑龙江美术出版社，1990 年。
③ 芮传明、余太山：《中西纹饰比较》，上海，上海古籍出版社，1995 年。
④ 〔韩〕李娅恩：《北朝装饰纹样研究——5、6 世纪中原北方地区石窟装饰纹样的考古学研究》，中国社会科学院博士学位论文，2002 年。
⑤ 张晓霞：《汉字与传统服饰及其装饰纹样关系的研究》，苏州大学硕士学位论文，2001 年；张晓霞：《中国古代植物装饰纹样发展源流》，苏州大学博士学位论文，2005 年。
⑥ 陆军：《中国古陶瓷饰纹发展史论纲》，中国艺术研究院博士学位论文，2006 年。

筑石刻包罗万象，要调研的难度太大，故首先排除之。又由于出土的有纹样的石棺相对较少，只有一些王宫贵族和大臣的石棺上雕刻有纹样，而且大多是北魏和唐代的石棺，其纹样与碑石纹样有异曲同工之处，无法进行多方面的对比研究，所以没有将石棺纹样纳入本书的研究视野。另外，由于学术界关于画像石已有较多的研究成果，鉴于汉代部分出土的多为画像石，而少部分其他碑刻上亦只是文字，没有纹样，故本书在汉代章节加入了部分画像石纹样的研究。总体言之，本书以画像石、碑石、墓志和造像碑作为研究对象，这里的碑石包括碑额、碑身、碑座、碑阳、碑阴的工艺及纹样；墓志包括墓志盖的刹面、盎面和墓志底的纹样；造像碑则排除人物造像的研究，选取其上装饰纹样进行研究。

在时间维度上，本书限定于汉代至清末，因为从查阅的文献来看，秦始皇统一中国后，为了镇服各地方众臣和民众，采用刻石纪功的方式收服民心，公元前219年于邹县邹峄山刻"峄山碑"以颂秦德，于诸城刻"琅琊台刻石"，于泰山刻"封泰山碑"；公元前210年于会稽山刻"会稽山刻石"；等等，这些刻石都是只刻文字进行歌功颂德，没有纹样。然而到了西汉，由于墓葬制度得到极大发展，葬礼、墓园、墓室及随葬品都超越前代，尤其是墓碑在墓葬兴起的基础上得到了极大发展，这个时期出现的秦代纪功刻石，以及墓前石雕、坟坛、墓表、墓碣等墓地铭刻物是东汉墓碑产生的重要源头。进入东汉中后期，特别是桓灵之世，墓碑的发展达到鼎盛阶段。《宋书·礼志二》曰："汉以后，天下送死奢靡，多作石室石兽碑铭等物。"[①]东汉盛行厚葬，墓室中盛行画像石，画像石上的纹样运用得极为丰富，碑刻自汉代开始无论是功能、内容还是形制都得到了极大拓展。另外，中国进入近代以来，由于战乱，民不聊生，之前的碑刻很多遭到破坏，更别说出现新的碑刻了。所以本书在时间的界定上将汉代划定为研究的上限，将清末划定为研究的下限。

二、碑刻纹样相关概念界定

"纹"字在南朝编订的史书中出现得比较多，如《玉篇》（卷二十七系部）称："纹，音文，绫纹也。"[②]《宋书》称："戴五缘、五辫，著青纹裤襦，饰以朱粉。"[③]《南齐书·舆服志》称："玉辂……锦复

---

① 《宋书》，北京，中华书局，1974年，第407页。
② 转引自高明：《中国古文字学通论》，北京，北京大学出版社，1996年，第9页。
③ 转引自子仁：《中国古陶瓷饰纹发展史导论（上）》，《美术观察》2009年第3期。

黄绞郎泥。"《南齐书·河南》称:"锦绛紫碧绿黄青等纹各十匹。"①
文中的"纹"字无不与丝织品有关,而从形旁亦可知,"纹"即指"绫纹",
而不是指代器物上的纹样。由隋至唐,"纹"字的含义和运用范围基本没
有太大变化,主要还是指丝织品,但也可以指其他织造类纹样,如"常贡
外,不得别进钱物、金银器皿、奇纹异饰、彤文刻镂之类,若已发在路者,
并纳左藏库"②。宋代之后,"纹"的释义宽泛了很多,除了丝织物之外,
还包括竹编等器物上的纹样,如《清异录》称:"闽中造盏,花纹鹧鸪斑,
点试茶家珍之。"③由上可见,最初的"纹"是丝织品的代称,后来发展
为还指代器物装饰上的"纹样",包含纹样造型的基本特征和纹样在装饰
上的基本功能。总体上,历史上对"纹"的认识经历了由直指本体到泛指
具有共性的纹理的转变。

当今,对"纹样"的解释也各有说法,如《古代汉语词典》将"纹"
解释为"丝织品上的花纹"④。田自秉等在《中国纹样史》中提到:"纹
样是装饰花纹的总称,又称花纹、花样,也有泛称纹样或图案的。"⑤吴
山编著的《中国纹样全集》解释道:"纹样,我国古代称'纹镂',现在
称'图案'、'纹饰'、'花纹'、'花样'和'模样'。"⑥芮传明和
余太山在《中西纹饰比较》一书中认为"纹样"只是"略似于装饰花边"
的东西。⑦郭廉夫等主编的《中国纹样辞典》中谈及,纹样"用于装饰器
物表面的花纹……俗称'花样'、'花纹'。它是图案(Design)中的
一类,仅指器物表面纹饰而不包括形制单独构成形式包括单独纹样、适
合纹样、角隅纹样、带状纹样"⑧。

笔者将"纹样"理解为一种符号,包括其在方法、结构、形态等方面
的组合,以及这些形式关系所对应的符号表达的情意,而这些情意的表达
往往由其文化基础来决定,蕴含时代文化和社会背景的因素。概括起来即
"纹样"的三要素——"形""用""意",分别指纹样的"形式""功
用""观念"。另外,"纹样"的制作决定于技术的发展,因此也涉及一

① 《南齐书·舆服志》,北京,中华书局,1972年,第334页;《南齐书·河南》,北京,
中华书局,1972年,第1026页。
② 转引自子仁:《中国古陶瓷饰纹发展史导论(上)》,《美术观察》2009年第3期。
③ 转引自陆军:《中国古陶瓷饰纹发展史论纲》,中国艺术研究院博士学位论文,2006年。
④ 《古代汉语词典》编写组编:《古代汉语词典》,北京,商务印书馆,1998年,第1633页。
⑤ 田自秉、吴淑生、田青:《中国纹样史》,北京,高等教育出版社,2003年,第2页。
⑥ 吴山编著:《中国纹样全集(新石器时代和商·西周·春秋卷)》,吴山、陆晔、陆原绘
图,济南,山东美术出版社,2009年,第1页。
⑦ 芮传明、余太山:《中西纹饰比较》,上海,上海古籍出版社,1995年,第2页。
⑧ 郭廉夫、丁涛、诸葛铠主编:《中国纹样辞典》,天津,天津教育出版社,1998年,第1页。

系列工艺的规范。而"纹样"的结构模式和形态样式在文化演变或社会转型时期受多种因素影响,从而具有一定的传承和创新,这就形成了"纹样"自律性和规律性的发展演化。

本书对"碑刻纹样"的界定主要是指碑石、墓志、画像石和造像碑等上的纹样,包括主题纹样和主题纹样旁边的辅助纹样,当然也包括碑刻侧面的纹样和碑额的辅助纹样,但是,对于造像碑的纹样不包括其人物造像的研究,主要针对造像碑上辅助纹样的研究。从当代文献资料对纹样的解释中我们可以发现,纹样主要还是以一种花纹图案的形式出现的,故与人物故事题材等略有差别,所以本书将人物故事排除在外。当然,对于个别和花纹图案结合装饰的人物故事,本书仍有所旁及。

第四节　碑刻纹样研究的思路及方法

一、碑刻纹样研究思路

本书在全面系统整理碑刻纹样资料的基础上,对其进行分类与分期,建立时空框架,分析不同朝代碑刻纹样的阶段性特点,以及不同地区碑刻纹样的区域性特点,讨论纹样形成的时代差别与地域差别的成因,并通过与其他器物纹样特点做横向比较,分析该时期碑刻纹样与其他器物纹样的相互影响,探讨其渊源问题。总结与解读典型的碑刻纹样题材和图像系统,以期对碑刻纹样的艺术特点和流变进行系统考证,并从艺术史和文化史层面进行深入的挖掘。扼要概括,本书研究的基本思路见图 1-1。

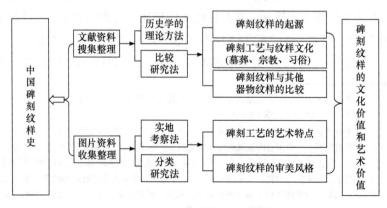

图 1-1　本书研究的基本思路

二、碑刻纹样研究方法

本书主要从设计艺术学的角度展开,亦涉及考古学、史学的部分内容,所以本书使用以下研究方法。

1. 实地考察法

实地考察法是本书撰写工作中重要的田野调查环节,贯穿本书研究的全过程,在研究的过程中反复进行实地调查,调查的范围主要涉及陕西省的陕西历史博物馆、咸阳博物院、昭陵博物馆、西安碑林博物馆、临潼区博物馆、铜川市耀州区药王山、宝鸡市扶风县法门寺、西安市鄠邑区祖庵镇碑林和楼观台、西安大雁塔、西安小雁塔,河南省的开封博物馆、洛阳古墓博物馆、洛阳博物馆、千唐志斋博物馆、偃师商城博物馆、巩义市博物馆、嵩阳书院、少室石阙、石窟寺、少林寺,山东省的山东博物馆、济宁市博物馆、邹城博物馆、孔子博物馆、嘉祥武氏祠、少昊陵、孟庙、岱庙、孔庙、孔林,江苏省的南京博物院、扬州博物馆、张家港博物馆、常熟博物馆、徐州汉画像石艺术馆、总督河道部院御碑园、南朝陵墓石刻、中山陵、栖霞寺、苏州文庙,福建省的泉州海外交通史博物馆;浙江省的湖州市博物馆、兰亭景区,上海市的上海博物馆,北京市的明十三陵,等等。通过实地调查收集碑刻纹样的实物资料,考证其异同点及其与当地风俗习惯的关系,并且将调查的碑刻纹样通过绘画的形式将部分纹样进行描摹,从而更有效地将纹样进行比对分析,以便更加清晰地辨别出碑刻纹样的艺术特点。

2. 分类研究法

分类研究法是考古学中常用的一种方法,常用来研究遗迹和遗物的形态变化过程,对收集到的实物资料进行科学的归纳和分析,找出其先后演变规律,从而结合地层学判断年代,确定遗存的文化性质,分析其生产和生活状况及社会关系、精神活动等。本书通过分类研究法将调研收集的碑刻纹样的图片资料按照历史朝代和纹样风格特点进行纵向和横向的分类归纳,再据此研究不同朝代的碑刻纹样的总体变化特点。

3. 比较研究法

比较研究法运用范围广泛,有单向比较和综合比较、求同比较和求异比较、定性比较和定量比较、宏观比较和微观比较、横向比较和纵向比较等,比较研究必须有两个或两个以上的对象进行对比分析,从而找出其相似性与差异性。本书中对碑刻纹样的研究以比较研究法为主,首先,从纵向比较入手,通过对不同朝代同一纹样进行比较,分析同一纹样的变化差异，找出不同朝代纹样的传承特点及其创新特点；其次，从横向比较入手，将同朝代碑刻纹样与该朝代其他器物的纹样进行对比分析，探究其互相间的影响关系。

4. 文献研究法

碑刻纹样的发展演变与朝代的更替、上层贵族的喜好、人们的审美观念，以及社会的变迁等息息相关。因此，每个朝代都有其流行和传承的纹样，对流行纹样和传承纹样的研究就必须参考各种历史文献资料，通过对前人关于碑刻的文献资料的收集和整理，提炼出与本书相关的文史资料，从而推论出碑刻流行纹样形成的原因，中西交流对碑刻纹样的影响，碑刻纹样与墓葬文化、生活习俗，以及佛教与碑刻纹样变化的关联，等等。

第二章　原始与初创：碑刻纹样的
发生和发展（汉）

汉武帝"罢黜百家，独尊儒术"，儒家思想取得了独尊地位，儒家提倡孝道，助长了厚葬之风的盛行。东汉时期，社会相对稳定，经济一度出现繁荣景象，这为碑刻的发展奠定了物质基础。此时，碑刻的种类和形制基本形成并固定，镌刻的碑刻遍及天下，修桥筑路、表彰功德、祭祀先圣和山川神灵都要刻碑纪念。因此，坟茔神道、宫殿庙宇都设有碑刻。由此可见，汉碑具有丧葬、纪念和教育的功能，并昭示了儒家的价值观。这些碑刻不仅追求实用价值，而且越来越讲究美观精细，形制上越来越趋向高大，纹样也从简单的几何纹向复杂的纹样转变。

第一节　汉代碑刻兴起的原因

由于秦王朝的残暴统治和连年战争的破坏，汉初经济萧条，为了加强中央集权和发展经济，汉政府采取了一系列措施来巩固其统治，如实行封建制和郡县制并行的地方政治体制；采取录用官吏的征辟制度和举孝廉制度，尤其是形成了以儒家学说为核心的政治文化形式，以上制度的实行为汉代碑刻文化的形成奠定了基础。

先秦时期，立碑是身份的象征，也是礼仪的标志。到了汉代，人们渴望灵魂不灭、永垂不朽、流芳百世，孝悌观念越来越为人们所尊崇。因此，碑用来记录某人的身份及作为墓葬标志的功能更加突出。总之，汉代碑刻的产生和兴起不是偶然的，而是与汉代特定的社会背景、意识形态密切相关，在墓葬文化逐步兴盛、儒家思想逐渐占主导地位、佛教思想悄然兴起的条件下，碑刻逐步发生和发展起来。

一、厚葬之风的兴盛

中国碑刻艺术的发展繁荣与墓葬文化的发展有着直接的关联，而墓葬在一定程度上是一个时期社会政治、经济、思想文化发展状况的反映。汉初社会生活遭到严重破坏，提倡薄葬，汉初的墓室以木椁墓为主，且陪葬品多为日常生活用品，极少有金银珠宝等贵重物品。这在长沙马王堆 1号汉墓的出土情况即可得到印证。并且司马迁在《史记·孝文本纪》中亦云："汉兴，至孝文四十有余载，德至盛也。"文帝还规定："治霸陵皆以瓦器，不得以金银铜锡为饰，不治坟，欲为省，毋烦民。"以上都说明汉初是提倡薄葬的。"文景之治"使汉代的经济逐步恢复，西汉前期迎来了太平盛世，于是，厚葬之风初现苗头。《史记·孝文本纪》记载，文帝遗诏曰："朕闻盖天下万物之萌生，靡有不死。死者天地之理，物之自然者，奚可甚哀。当今之时，世咸嘉生而恶死，厚葬以破业，重服以伤生，吾甚不取。"从该遗诏可以看出厚葬之风已初现端倪。到了汉武帝时期，厚葬之风已达到极盛，汉武帝继位后第二年便开始建造自己的寿陵（茂陵）。《汉书·贡禹传》云："金钱财物……尽痪藏之。"①

1. 丧葬制度的发展

汉武帝之后，社会稳定，经济发达，思想文化高度发展，这促使汉代墓葬制度逐步走向规范化。因此，可以说以上因素是墓制度形成和发展必不可少的社会基础，而优越的地理环境也是墓葬制度得以逐步发展的必要条件。韩国河指出，汉制的形成正是在诸多因素的糅合下形成的一种以土葬为主的礼仪形式。"承周制""袭秦制""融楚俗"是汉代丧葬制度形成过程中的三个重要特点。他还将汉代墓葬制度概括为五大特点，即森严的等级性、鲜明的阶级性、浓郁的宗教性、强烈的礼法性和多彩的民族性。②汉代墓葬制度逐步规范化、细分化，是汉代人世间生活的现实场景，主要包括葬礼、居丧、随葬品等。其中葬礼包括招魂、沐浴等，居丧包括守丧、墓上封土等。以上葬俗均是在前朝旧制的基础上发展而来的，至于墓上设施则兴起于汉代。③汉以前，墓葬基本上与祖灵祭祀无关，汉以后，墓地祭祀成了顺理成章之事，这与儒家对"孝"的重视有着极大的关系。④两汉时期，墓祭是孝道的表现方式之一，而墓祭的标志是祠堂和墓碑，墓碑的作用体现为：其一，在墓碑上题刻有关墓主的事迹和子孙的孝行，文字赖以传千古而不灭，流芳万年。其二，能辨识祖先的坟墓。可以说，汉代墓葬制度的形成过程是对前期葬制吸收和摒弃并行的过

① 转引自朱存明：《汉画像之美——汉画像与中国传统审美观念研究》，北京，商务印书馆，2011 年，第 86—87 页。
② 韩国河：《秦汉魏晋丧葬制度研究》，西安，陕西人民出版社，1999 年，第 50—56、134—201 页。
③ 李如森：《汉代家族墓地与茔域上设施的兴起》，《史学集刊》1996 年第 1 期。
④ 刘尊志：《徐州汉墓与汉代社会研究》，郑州大学博士学位论文，2007 年。

程，在这一过程中又融入了很多新的特点，即墓葬力求复制和表现死者生前的生活样式，死者的饮食服装、车马及日常用品等都要和生前一样，以体现"送死"是"养生"的延续的思想观念，而且这种观念越来越强烈，加之儒家的孝道思想，厚葬之风愈演愈烈，甚至出现了以厚葬为德、以薄终为鄙的观念。厚葬成为炫耀社会地位和自身财富的象征。在这种风气之下，墓葬制度逐步确立，碑刻也成为墓葬中不可或缺的内容，这一方面与儒家思想的盛行有关；另一方面且最为重要的应是庄园经济的发展。在这种崇丧厚葬的社会风气之下，东汉中期以来出现的石质墓葬建筑到东汉后期极为盛行，发展为具备石阙、石兽、石人、墓碑、石祠堂、石墓室等整套的石质墓葬建筑。石阙象征墓地的入口，同时表示墓主的等级；石兽和石人具有保护墓葬的辟邪功用；墓碑铭刻墓主的世系、功德等；石祠堂是定期祭祀时放置供品的场所，是墓主魂灵经常光顾的地方；石墓室收纳棺柩。金石恒久不朽，以石材建构墓葬，追求的是一种永恒[1]，如陕西绥德永元十六年（104）王圣序墓室题字曰："王圣序万岁室宅。"[2]

2. 厚葬之风形成的原因

汉代厚葬之风愈演愈烈，"至于富者奢僭，贫者单财，法令不能禁，礼义不能止"[3]。汉代出现厚葬风尚的原因是多方面的，既有历史传统的影响，也有现实因素的驱动。大致归纳如下。

第一，受到当时礼制和风俗的影响。

礼制和风俗的形成源于人们的思想观念。一方面，汉代受传统灵魂不灭观念的影响，人们认为人死后灵魂仍然存在，还会在另一个世界继续生活，因而为使死者在死后也能如活着一般过上舒适、安稳的生活，厚葬之风随即愈演愈烈。厚葬表现在墓室力求宽敞、豪华并要求多室，随葬品力求丰富多样；将死者生前的生活场景完全照搬到墓葬中，为死者构造地下世界，"厚资多藏，器用如生人"[4]。另一方面，人们相信"人死为鬼，有知"，可降福生者，亦可祸害生者。这种思想交织着民间神仙方术、阴阳五行和谶纬等迷信思想，影响着人们生活的方方面面，并表现在各种祭祀活动中，所以为了力求死者对生者的护佑，祭祀旋即出现并逐渐演化成一种习俗，甚至上至皇帝，下至百姓，乐此不疲。西汉时期帝陵的建筑规

---

① 刘海宇：《山东汉代碑刻研究》，山东大学博士学位论文，2011年。
② 戴应新、魏遂志：《陕西绥德黄家塔东汉画像石墓群发掘简报》，《考古与文物》1988年第5—6期。
③ 《后汉书》，北京，中华书局，1965年，第51页。
④ 王利器校注：《盐铁论校注》，北京，中华书局，1992年，第353页。

模已相当宏大，园中各有寝，陵外立庙，建有祭祀之所。史载："京师自高祖下至宣帝，与太上皇、悼皇考各自居陵旁立庙"，"又园中各有寝、便殿。日祭于寝，月祭于庙，时祭于便殿。寝，日四上食；庙，岁二十五祠；便殿，岁四祠。又月一游衣冠"。①东汉从明帝时起还确立了上陵举行朝拜和祭祀的典礼，并把每年八月在宗庙举行献新酒的"酎祭礼"也搬到陵上举行，一如上陵礼，这样就极大地提升了陵寝的地位。可见，墓葬的礼制和习俗越来越得到重视和推崇。

第二，受孝道观念的影响。

早在周时期的文献中就有关于孝道的记载，发展到汉代逐渐形成了一个完整的体系。孔子、孟子、荀子有不少关于孝道的论述，如荀子曰："生，人之始也；死，人之终也。终始俱善，人道毕矣……故事生不忠厚、不敬文，谓之野；送死不忠厚、不敬文，谓之瘠。"②儒家孝道思想对汉代统治者产生了重要影响。他们看重孝道，把孝道作为治国之根本，并采取了一系列宣传孝道的措施，如实行举孝廉制度，规定只有重孝道的人才可以到朝廷做官，厚葬长辈则成为重孝道的重要表现。这些制度的实施使人们以厚葬长辈作为一种立身扬名的手段，人们对此趋之若鹜，"今生不能致其爱敬，死以奢侈相高；虽无哀戚之心，而厚葬重币者，则称以为孝，显名立于世，光荣著于俗。故黎民相慕效，至于发屋卖业"③。此外，孝还是一个人加官晋爵的途径，很多人为了彰显其孝行，努力地攀比实行厚葬。

第三，社会政治经济的稳定、国力的强大为厚葬提供了物质基础。

汉武帝时期经济经过长期的休养生息已得到恢复和发展，政治上统一的中央集权得到空前的稳固。此时，民族融合空前发展，文化科学异常活跃，对外交流频繁扩大，张骞出使西域，更是首次开辟"丝绸之路"，使中国和中亚、西亚各国的经济文化交流日益频繁。农业上，耕地面积扩大，人口增加，代田法、区种法等先进耕作技术得到应用。手工业上，门类纷繁，在技术上都有了长足进步，达到了较高水平；铁制生产工具、生活用具和武器大量出现，并逐步取代铜器制品。丝织品、漆器种类繁多，色彩绚丽。商业上，商品交易频繁，城市日益繁华。社会较为安定，治安状况较好，减少了人们对因厚葬而被盗掘的忧虑。④汉代的工商业超过

---

① 《汉书》，北京，中华书局，1962年，第3115—3116页。
② 张觉撰：《荀子译注》，上海，上海古籍出版社，1995年，第406—407页。
③ 王利器校注：《盐铁论校注》，北京，中华书局，1992年，第354页。
④ 郝建平：《论汉代厚葬之风》，《临沂师范学院学报》2007年第2期。

了以往历史的最高水平，尤其是汉代的长安、洛阳、南阳、淄博、邯郸等地成为当时经济发展的中心，这些地区经济的蓬勃发展为汉代厚葬奠定了坚实的物质条件和经济基础，在这些地方发现的大量汉画像石墓就是有力的佐证。总之，正是因为汉代社会人们生活较为富足，人们才能在丧葬上大肆铺张，这是厚葬之风盛行的基础条件。

概言之，汉代墓葬虽是早期墓葬发展的延续，但有更多新的表现：一方面，为了使死者死后如生时，而将死者生前的生活场景一一照搬到墓葬中；另一方面，为了使死者能够流芳百世、死后升仙，以及辟邪，碑刻成为一种重要的表现载体。究其原因，汉代由于中央集权的不断加强，诸侯王、贵族势力削弱，地方地主势力得以发展，家族及家庭观念增强，宗法制度开始让位于官僚制度，宗法组织变为宗族组织，宗法观念也随之变为宗族观念，以父权、族权为特征的宗族制度逐渐形成，墓葬成为表现财富的手段之一。

二、儒家伦理思想的催化

汉武帝时期，采用儒家为正统的统治思想，儒家的天人合一思想、礼制思想、神鬼思想等都对汉代的碑刻有不同程度的影响，并有所体现。俞伟超认为西汉中期至东汉末年的世界观是天人合一的世界观。[1]例如，在铜山县周庄发现的两块画像石，一石上刻伏羲，象征阳，另一石上刻女娲，象征阴，通过天上的阴阳来暗示地上夫妻的恩爱，这些都是天人合一思想的体现。[2]汉代伦理思想的出发点为礼治和礼教，以建立完备的等级制度为目的。这种制度不仅表现在社会各个阶层，还表现在每个家庭。家庭是社会的组成细胞，家族是某些有血缘关系的单个家庭的组合，家族和家庭成员之间亦有等级差别，可见这种等级差别分化之细。以董仲舒为代表的儒家伦理思想认为建立等级差别是有必要的，董仲舒指出："礼者，继天地、体阴阳，而慎主客、序尊卑、贵贱、大小之位，而差外内、远近、新故之级者也。"[3]其伦理思想中始终贯穿着"君臣、父子、夫妇之道取之此。大礼之终也"。"君为臣纲，父为子纲，夫为妻纲"，此为王道之"三纲"，这"三纲"即等级差别的典范，而"仁、义、礼、智、信"则

---

① 俞伟超：《先秦两汉美术考古材料中所见世界观的变化》，见《庆祝苏秉琦考古五十五年论文集》编辑组编：《庆祝苏秉琦考古五十五年论文集》，北京，文物出版社，1989年，第111—120页。

② 徐州市博物馆编：《徐州汉画象石》，南京，江苏美术出版社，1985年，图185、图186。

③ 转引自曾振宇、傅永聚注：《春秋繁露新注·奉本第三十四》，北京，商务印书馆，2010年，第201页。

为"五常"之道。①这一理论的提出标志着封建纲常理论的形成。封建社会等级统治的基础是自给自足的小农经济，因此，巩固与强化家族的宗法伦常统治是"三纲"的根本环节，所以董仲舒把孝道提到了首要地位。到了东汉时期，封建纲常名教有了更完备、更具体的规定，并得到进一步强化，"三纲五常"甚至被列入国家法典，班固所撰《白虎通义》使儒家伦理和封建政治得到了更好的整合。②在这些礼制和礼教中，儒家围绕"孝"这一核心进行思想统治，强调家庭孝德，这首先促进了家族团结。对孝的追求表现在方方面面，如很多人为了追求孝名，不惜一切代价达到入仕的目的。自西汉初年开始，朝廷提倡以孝治天下，奖励"孝悌力田"者，汉武帝时开始实行举孝廉制度，以孝悌闻名者被推举为官，至东汉时期，举孝廉成为选拔官吏的制度。在举孝廉制度的激励下，东汉士大夫阶层竞相追求廉洁、孝行，形成注重名节的社会风气；这种孝还表现在为体现对死去的长辈的孝顺而一味地追求厚葬，从而使得墓葬亦呈等级化态势，如坟地上中间位置为上辈之墓。而墓地祠堂的兴起也是对先辈尊者敬重的一种体现，一般女性墓葬或墓室居于从属之位，规模较男性墓葬或墓室小，墓葬或墓室装饰和陪葬品的数量、质量等也逊色很多，体现出男尊女卑的社会现实，妻随夫葬，处于从位，丈夫虽贱皆为阳，妇人虽贵皆为阴，妻受命于夫，正是夫为妻纲的体现，这些都是儒家伦理思想在墓葬中的突出体现。除了"三纲"外，"五常"在碑刻中亦多有体现，如碑石中的出行图、迎宾、会客、送客、饮食、乐舞等都是儒家思想中礼制的体现。③

儒家伦理思想的传播和推广主要通过以下形式进行：一是大力宣传和提倡儒家政治文化；二是通过社会教育、学校教育和家庭教育的渠道，利用灌输的形式，传播儒家政治观念；三是著书立说、创造文学艺术精品，以民众相传的方式，传递和传播儒家政治文化；四是通过立法的途径，以引礼入法、建章立制的形式，为儒家政治文化的传播提供法治保障；五是表彰忠孝、示范引导，采用激励的方式，促进儒家政治文化的传播；六是生活礼仪和节日礼俗建设，以大众娱乐的方式，潜移默化地传播儒家政治文化。而通过立碑的形式来表彰忠孝思想以传播儒家思想则是最为有效且长久的方式，汉代政治社会化把儒家政治文化内化为人们共同遵守的政治规范、政治价值和政治生活准则，促进了社会的和谐稳定及经济的

---

① 转引自曾振宇、傅永聚注：《春秋繁露新注·观德第三十三》，北京，商务印书馆，2010年，第194页。

② 金春峰：《汉代思想史》，北京，中国社会科学出版社，1987年，第193页。

③ 曾振宇、傅永聚注：《春秋繁露新注·顺命第七十》，北京，商务印书馆，2010年。

持续发展。

三、原始宗教思想的影响

汉代碑刻从以纪念碑为主转而为以墓葬碑为主，汉碑是汉代墓葬文化发展的催化，而墓葬文化除了有思想上、政治上的表现外，还有其宗教性的一面。汉代墓葬文化的宗教表现可归纳为以下四点：祖先崇拜的持久性、神鬼思想的发展、原始道教①的产生和佛教的兴起。②夏商周时期的社会思想充满了神秘色彩，人们通过对自然的观察和自身的思考，形成了一个完整的、关于天人观念的思想系统，即宇宙自然、万事万物包括人类自身都是一个整体，彼此之间相互联系、相互影响，天地之间，人、神、鬼共存，因而人们崇拜鬼神，并将祭祀作为与鬼神交流的最重要手段。汉代神鬼观念和祭祀思想是广泛盛行的信仰，深刻影响着民众甚至是上层人士及一些精英人士。③汉武帝"尤敬鬼神祀"；民众对鬼神、祭祀也极度重视，如《风俗通义》记载：民间百姓往往"财尽于鬼神，产匮于祭祀"④。总体上，碑刻艺术的兴起和发展与祖先崇拜的持久性、神鬼思想的发展、原始道教的产生和早期佛教的兴起亦有很大的关联。

1. 祖先崇拜的持久性

祖先崇拜是古代一种重要的民间信仰。人们对本族的始祖和本族的先人进行敬奉和祭祀，以报答其对族群繁衍之功德，同时祈求其灵魂保佑族人和子孙后代，不要对生者作祟，这就是祖先崇拜思想。氏族时代的族长、首领生前在族中拥有极高的地位，死后也拥有极高的威信，人们相信他们的灵魂可以保佑族人，从而有了祖先崇拜思想。祖先崇拜思想主要来源于灵魂观念。人们相信人死后灵魂不灭，祖先具有神性，并非死后就化为尘土消散无踪，死去的祖先以其先知先觉的神性关注着子孙后代，并且能对人间施以祸福，所以人们奉祀祖先，祈求得到保佑。⑤

2. 神鬼思想的发展

神鬼崇拜思想来源于灵魂观念。从上古时期开始，人们就相信灵魂的存在，认为万物有灵。一方面，人们观察外部世界，对自然界的种种现象

---

① 创始人张道陵，原名张陵，沛国丰（今江苏丰县）人，以其创立"五斗米道"为道教的定型化作为标志。见钟敬文主编：《中国民俗史（汉魏卷）》，北京，人民出版社，2008年，第417页。

② 韩国河：《秦汉魏晋丧葬制度研究》，西安，陕西人民出版社，1999年，第170页。

③ 孙超：《汉碑与两汉鬼神思想》，河北师范大学硕士学位论文，2011年。

④ （汉）应劭撰，王利器校注：《风俗通义校注》卷9《怪神》，北京，中华书局，1981年，第221页。

⑤ 钟敬文主编：《中国民俗史（汉魏卷）》，北京，人民出版社，2008年，第391页。

感到神奇，产生了敬畏的心理，加上万物有灵的观念，便将自然事物人格化，赋予其意志、情感等，于是逐渐衍生成自然崇拜，将很多自然事物当作神灵；另一方面，人们思考自身，认为人体内存在灵魂，人死后灵魂依然不灭，这一观念普遍存在于人们的思想意识中。①恩格斯认为，"在远古时代，人们还完全不知道自己身体的构造，并且受梦中景象的影响，于是就产生一种观念：他们的思维和感觉不是他们身体的活动，而是一种独特的、寓于这个身体之中而在人死亡时就离开身体的灵魂的活动。从这个时候起，人们不得不思考这种灵魂对外部世界的关系。如果灵魂在人死时离开肉体而继续活着，那就没有理由去设想它本身还会死亡；这样就产生了灵魂不死的观念"②。

神鬼观念是汉代重要的社会思想信仰，反映了当时人的精神世界，普遍盛行于两汉社会，既流行于民间，也通行于上层；既被一般民众所信仰，也影响着很多精英人士的思想。质言之，神鬼崇拜是汉朝时期整个社会所共有的、最根本、最普遍的社会思想意识，直接影响了汉朝社会绝大多数人的思想意识和行为方式，能够在很大程度上反映当时的社会风貌。

汉碑当中提到鬼魂的常用词为"灵""神""魂"，不会用到"鬼"，这可能是因为在人们的观念中，"鬼"乃一种不祥的存在。古人相信鬼魂的存在和不死，这在汉碑中多有体现，如郑固碑载："魂而有灵。"③史晨碑载："灵所冯依，肃肃犹存。"④孔彪碑载："魂神超迈，家兮冥冥。""于嗟□□，于以慰灵。"⑤夏承碑载："傥魂有灵，垂后不朽。"⑥

3. 原始道教的产生

原始道教是中国的传统宗教，在碑刻中主要有镇墓、辟邪、厌鬼等作用⑦，神仙信仰和方术是道教信仰的核心，道教将神鬼思想中的天神、地祇、人鬼三大神灵系统纳入其神灵体系。长生不老和逍遥自在是神仙信仰中最重要的两项内容。长生不老是神仙思想的终极目标，即灵魂和肉体都永恒不

---

① 孙超：《汉碑与两汉鬼神思想》，河北师范大学硕士学位论文，2011年。
② 〔德〕恩格斯：《路德维希·费尔巴哈和德国古典哲学的终结》，见中共中央马克思恩格斯列宁斯大林著作编译局：《马克思恩格斯选集》（第4卷），北京，人民出版社，1972年，第229—230页。
③ 马衡捐赠，清拓本，现藏于北京故宫博物院。
④ 朱翼盦及家属捐赠，明拓本，现藏于北京故宫博物院。
⑤ 王孝禹旧藏，王连升题，宋拓本。
⑥ 顾千里、瞿镛藏拓，丁康捐赠，明拓本。
⑦ 韩国河：《秦汉魏晋丧葬制度研究》，西安，陕西人民出版社，1999年，第178页。

灭。唐公房碑提到仙人"命寿无疆"。逍遥自在是对人间各种苦难的一种超脱，神仙不但长生不死，还拥有凡人没有的种种神奇本领，如凌空飞行、吸风饮露、容颜不衰等，可以随心所欲、自由自在。例如，唐公房碑中提到的仙人神通有凌空飞行、通晓鸟兽言语等，碑曰"陟皇耀，统御阴阳。腾清蹑浮"，"移意万里，知鸟兽言语"，"是时府在西成，去家七百余里。休谒往徕，转景即至"，"君乃画地为狱，召鼠诛之"，"遂享神药，超浮云兮翱"。涉及的仙人有东王父、西王母、赤松子、黄帝等。凡人得到神药、仙草就能延年益寿，甚至飞升成仙。唐公房碑载"乃与君神药，曰：服药以后，当移意万里，知鸟兽言语"，"其师与之归，以药饮公房妻子，曰：可去矣"，"以药涂屋柱，饮牛马六畜。须臾，有大风玄云来迎公房妻子，屋宅六畜，翛然与之俱去"。①此外，道教还提出了"一分为二"及天、地、人"三合一"的宇宙观，这继承了老子"道生一，一生二，二生三，三生万物"的思想。②

以上原始道教思想在碑刻艺术中都有所体现，主要表现形式为雕刻一些常青树、神兽、大傩图等，道教追求的长生不死、死后升仙等思想，在碑刻中也有很多的体现。

4. 早期佛教的兴起

佛教的介入对碑刻的影响较深远，佛教于公元前 6 世纪创立于南亚印度次大陆，公元前 3 世纪至公元前 2 世纪渐向境外传播。一般认为大约在西汉后期佛教通过陆路传入我国，东汉时期逐渐在我国传播开来。因此，自汉代开始，碑刻与佛教就有着千丝万缕的联系。

四、留名心理的驱使

汉代由于崇尚孝道，士人追求立德、立功、立言，以"建不朽之功，留千载之名"来实现自身的生命价值，这种留名心理推动了歌功颂德以传千古的社会风气，这种风气发展到后来不再局限于士人，上至帝王，下至百姓都有流行。唐代史学家刘知几在《史通》中记载："上起帝王，下穷匹庶，近则朝廷之士，远则山林之客，谅其功也名也，莫不汲汲焉孜孜焉。夫如是者何哉？皆以图不朽之事也。"③这充分表明了人们对留名后世的企盼，这种留名心理促进了立碑述德的发展，因为碑石的不易毁坏可

①　高文：《汉碑集释》（修订本），开封，河南大学出版社，1997 年，第 502—503 页。

②　陈鼓应：《老子注译及评介》，北京，中华书局，1984 年，第 232 页。

③　（唐）刘知几著，（清）浦起龙通释：《史通通释》，王煦华整理，上海，上海古籍出版社，2009 年，第 280 页。

以使后世子孙了解亡者的德行，故得以千古流芳。欧阳修称这种现象为：
"自后汉以来，门生故吏多相与立碑颂德。"①太尉李咸碑刊刻："名莫隆
于不朽，德莫盛于万世，勒铭显于钟鼎，清烈光于来裔。刊石立碑，德载
不泯。"冀州刺史王纯碑刊刻："存有令迹，亡述存勋，铭载金石，永世
不刊。"②在这种托物留名心理的驱使下，所托之物必然会随着这种需求
的日益增长而趋于多样化并使树碑之风日益盛行，对于子孙而言，树碑显
亲扬名是孝子之行，而对于门生故吏，则是表达尊师故主之恩，也是一种
应尽的义务，即所谓"下有述上之功，臣有叙君之德"。"至德在己，扬
之在人，苟不皦述，夫何考焉？乃共勒嘉石，永昭芳烈。"③尤其是立碑
无显贵贫贱之分，从王公大臣到布衣平民均可树碑显功。可见，留名心理
的发展极大地驱使了汉代碑刻的发展。

五、墓祀习俗的影响

汉代帝王为了推行儒家思想和文化，形成了兴礼乐、宣教化、表行
义、礼风俗等一系列礼仪习俗。此外，还通过树立忠孝节义的榜样，用
典型示范引导人们争做忠臣孝子、义夫节妇，促使忠孝节义的传播和讲
义守节社会风气的形成。尤其是通过树碑立传的习俗来教化人民，宣扬
儒家伦理纲常。这些所树碑像的人物主要有古代圣王，如三皇五帝；古
代忠臣和哲人，如周公、孔子等；开国元勋，如张良等；当朝忠良，如
赵充国等；贤明之人和列子孝女；等等。这些碑刻人物多放置于殿堂、
祠庙、官署、府第、驿站等处，以教化后人。墓祀习俗的形成，极大地
推动了墓碑的发展，汉代人认为死后灵魂一定要升天成为神仙，不成神
仙就会变成厉鬼，升仙后才会像生活在阳间一样，因此，各种墓祀习俗
应运而生，为死去的人兴建墓冢使其如生者一般住上"豪宅"成为当时
的追捧，墓冢中所刻碑石自然也成了一种流俗。因此，刻有汉画像石墓
葬、石祠等墓碑都是汉代丧葬、祭祀风俗的反映，东汉盛行墓祀，一些
典籍对此多有记载。《论衡》云："古礼庙祭，今俗墓祀……墓者，鬼
神所在，祭祀之处。"④墓祀之行，上自天子，下起百姓，东汉诸帝均
曾多次谒陵，有功之臣、贵戚墓者，有遣使者祭其冢者，有即墓赐策追

---

①　徐海容：《碑志通论》，北京，北京联合出版公司，2019 年，第 39 页。

②　何如月：《汉碑文学研究》，北京，商务印书馆，2010 年，第 39、42 页。

③　（清）严可均辑：《全后汉文》卷 77《太尉乔玄碑》，许振生审订，北京，商务印书馆，
　　1999 年，第 888 页。

④　（汉）王充：《论衡》卷 23《四讳篇》，上海，上海人民出版社，1974 年，第 357 页。

谥者。汉代祭祖，由庙祖坟，故颂功之文以碑石代之金。以上墓祀习俗的发展使墓碑之风盛行成为必然。①

总体上，汉代碑刻纹样的发展与汉代思想有着紧密的联系，汉代社会思想笼罩着一层神秘的色彩，无论是祖先崇拜还是道教思想都与神鬼思想有着很大的关联。可以说神鬼思想是这种神秘色彩的显著体现。究其原因与当时人们对宇宙自然的认识有限相关。在汉代，不管是上层人士还是民间普通百姓，抑或精英人士，其行为、观念都深受神鬼思想的支配。神鬼信仰广泛流行于社会各个阶层，上至天子、官吏，下到庶民百姓；同时也普遍影响着社会各个方面，不论是国家的政治文化，还是民众的日常生活。因此，碑刻便成为这些思想表述的载体。

第二节　汉代碑刻纹样的雏形

汉之前，青铜礼器上以变体的动物纹为主要纹样，以云雷纹等为辅助纹样，因为这时候的纹样表现着人与自然的关系。而汉代在中国历史上处于一个大融合时期，汉代人向往神仙生活，死后讲究厚葬，在这种思想的催动下，汉代的纹样大多以表现升天为题材，云气纹则成为主要的衬托主纹的装饰纹样，甚至有的直接就将云气纹作为主体纹样。总体上，纹样造型写实与浪漫相结合，纹样的轮廓线也由商周的直线过渡为自由曲线。

一、初露端倪的几何纹

几何纹最早在彩陶上出现较多，汉代碑刻纹样中以画像石居多。目前学术界对几何纹的概念基本认定为：点、线、面按照一定的方向、角度、距离等有规则地排列、交错、重叠、连续等构成多种有规则的几何图形，包括三角纹、网纹、八角纹、曲折纹、菱形纹、雷纹、弧线纹、回纹、窄条纹、圆圈纹、漩涡纹、回旋钩连纹等，也可专指那些难以名状的抽象图案。②汉代及汉之前，印纹陶上基本是几何纹，而且大多作为主题纹样，而碑刻纹样中则作为辅助纹样装饰在边角，装饰形式都是以抽象的线条为主，汉之后才逐步转向具象化，故汉代碑刻的几何纹

---

① 《墓祀习俗的影响》，2022年9月22日，http://qfsgm.cn/details?list=133&sid=54，2023年3月23日。

② 郭廉夫、丁涛、诸葛铠主编：《中国纹样辞典》，天津，天津教育出版社，1998年，第14—15页。

相对简单，形式也比较单一，本书根据实物图片将其归纳为以下三类：第一类为简单的线条组合进行有规律的交叉排列的几何形；第二类为三角形状的几何形；第三类为菱形的几何形。根据构图形式和几何形态的变化，每种类别又有不同的变化，故又可再划分出不同的型别，具体如表 2-1 所示。

表 2-1　汉代碑刻几何纹分类

类别		纹样	著录	来源
第一类			树神，山东邹城卧虎山石椁画像石	张道一：《汉画故事》，重庆，重庆大学出版社，2006 年，第 287 页
第二类	Ⅰ式		仓颉与神农，山东沂南北寨村出土，墓室之中室南壁东段，下面纹样为三角形	张道一：《汉画故事》，重庆，重庆大学出版社，2006 年，第 23 页
	Ⅱ式		双鹿，1967 年山东潍坊凉台乡前凉台村出土，墓门上横额	张道一：《汉画故事》，重庆，重庆大学出版社，2006 年，第 319 页
	Ⅲ式		汉画像石，江苏徐州出土，现藏于北京大学汉画研究所	朱存明：《汉画像之美——汉画像与中国传统审美观念研究》，北京，商务印书馆，2011 年，第 350 页
第三类	Ⅰ式		双鹿，1967 年山东潍坊凉台乡前凉台村出土，墓门上横额	张道一：《汉画故事》，重庆，重庆大学出版社，2006 年，第 319 页
	Ⅱ式		汉画像石，江苏徐州出土，现藏于北京大学汉画研究所	朱存明：《汉画像之美——汉画像与中国传统审美观念研究》，北京，商务印书馆，2011 年，第 350 页

续表

类别	纹样		著录	来源
Ⅲ式			东王公与西王母仙界图	朱存明：《汉画像之美——汉画像与中国传统审美观念研究》，北京，商务印书馆，2011年，第284页
第三类 Ⅳ式			问寿墓碑，东汉永兴二年（154），河南许昌出土，拓片高54厘米，宽53厘米	北京图书馆金石组编：《北京图书馆藏中国历代石刻拓本汇编 1（战国、秦汉）》，郑州，中州古籍出版社，1989年，第35页
Ⅴ式			四神墓门，东汉，高109厘米，宽108厘米，陕西绥德义合镇后思家沟村出土	西安碑林博物馆编：《西安碑林博物馆》，西安，陕西人民出版社，2000年，第56页

　　第一类几何纹，形式简单，线条有规律地交叉组合形成三角形状，并且装饰在主题画面的四边，如树神，此为山东邹城卧虎山石椁画像石，其上的几何纹采用反方向交叉逐行排列的线条，简单中求变化。第二类几何纹为三角形状，这种类型又可分为三种不同的类别：首先，在雕刻形式上，有阴刻和阳刻之分。其次，构图形式上，有等腰三角形和不等腰三角形，如Ⅰ式仓颉与神农，山东沂南北寨村出土，墓室之中室南壁东段，此纹样为等腰三角形，尖角向上重复排列变化；而Ⅱ式双鹿的尖角则向下重复变化；Ⅲ式中的汉画像石虽尖角向上，但采用斜向上的形式重复排列，这些变化使简单的几何纹样显得更加丰富。最后，构成形

式上，三角形有倒立和竖立之分，这就较之于第一类有了更细致的刻画。第三类几何纹为菱形，这种类型相对复杂，可分为多种，一种为菱形中套菱形的多层叠加形式，再组合成二方连续的纹样装饰在主题画面的四周，如Ⅰ式和Ⅴ式。还有的在菱形中以点来装饰，使菱形纹样更加丰富，如Ⅳ式问寿墓碑，此纹样中菱形上下左右排列，为了减少单调感在菱形中添加了小点。简单一些的则单个菱形呈二方连续形式左右延伸，如Ⅱ式和Ⅲ式。

　　笔者将汉代碑刻上的几何纹与同期铜器上的几何纹（表2-2）和彩绘陶、织锦、漆器几何纹（表2-3）相对比发现，碑刻上的几何纹与铜器、彩绘陶、织锦、漆器等上的几何纹样都有很大的相似性。

表 2-2　汉代铜器几何纹

纹样	著录	来源
	几何纹大铜鼓面，西汉，云南晋宁石寨山出土	李正光主编：《楚汉装饰艺术集（铜器）》，长沙，湖南美术出版社，2000年，第87页
	刻花铜案，西汉，广西梧州旺步村出土	李正光主编：《楚汉装饰艺术集（铜器）》，长沙，湖南美术出版社，2000年，第89页
	铜器，西汉，广西合浦出土	李正光主编：《楚汉装饰艺术集（铜器）》，长沙，湖南美术出版社，2000年，第92页
	人形足铜盘，西汉，广西合浦出土	李正光主编：《楚汉装饰艺术集（铜器）》，长沙，湖南美术出版社，2000年，第90页
	铜案，汉代，广东广州出土	李正光主编：《楚汉装饰艺术集（铜器）》，长沙，湖南美术出版社，2000年，第91页

续表

纹样	著录	来源
	铜器盖，楚，湖北当阳赵家湖出土	李正光主编：《楚汉装饰艺术集（铜器）》，长沙，湖南美术出版社，2000 年，第 26 页

表 2-3　汉代彩绘陶、织锦、漆器几何纹

纹样	著录	来源
	彩绘陶壶一，楚，湖北江陵九店出土	李正光主编：《楚汉装饰艺术集（陶器 玉器 丝织品 金银器）》，长沙，湖南美术出版社，2000 年，第 10 页
	彩绘陶壶二，楚，湖北江陵九店出土	李正光主编：《楚汉装饰艺术集（陶器 玉器 丝织品 金银器）》，长沙，湖南美术出版社，2000 年，第 12 页
	漆奁，汉代，湖南长沙马王堆出土	李正光主编：《楚汉装饰艺术集（漆器）》，长沙，湖南美术出版社，2000 年，第 166 页
	菱形纹锦，楚，湖北江陵马山出土	李正光主编：《楚汉装饰艺术集（陶器 玉器 丝织品 金银器）》，长沙，湖南美术出版社，2000 年，第 89 页
	菱形纹罗绮，汉代，湖南长沙马王堆出土	李正光主编：《楚汉装饰艺术集（陶器 玉器 丝织品 金银器）》，长沙，湖南美术出版社，2000 年，第 104 页
	龙纹大漆笥盖，汉代，湖南长沙马王堆出土	夏兰：《汉代漆器装饰纹样艺术研究》，扬州大学硕士学位论文，2010 年

表 2-3 中的漆奁上的菱形纹中加入点进行装饰的形式与表 2-1 三类Ⅳ式中的问寿墓碑画像石的形式相似。表 2-1 第二类Ⅰ式中的仓颉与神农、Ⅱ式中的双鹿和表 2-2 几何纹大铜鼓面均为三角形有规律地排列。表 2-1中的树神和表 2-2 中的铜器，以及表 2-3 中的彩绘陶壶一均为线条排列进行装饰。还有表 2-1 中的问寿墓碑（第三类Ⅳ式）与表 2-2 中的人形足铜盘、铜案、铜器盖，以及表 2-3 中的彩绘陶壶二、漆奁、菱形纹锦、菱形纹罗绮等均为菱形的排列。而表 2-1 中的汉画像石（第三类Ⅱ式）与表 2-2中的刻花铜案及表 2-3 中的龙纹大漆笥盖的纹样则带有云纹装饰。

从以上的对比来看，汉代碑石几何纹相对简单，织锦上的几何纹是最复杂的，尤其是菱形叠加的形式多、变化大。不过，不管何种器物的几何纹，在汉代都有其共同点，即菱形运用较多，而且菱形大多呈二方连续的形式排列形成边饰。那么，它们之间是如何相互影响的呢？我们知道，漆器工艺在战国时期已发展成熟，汉代时期已达到鼎盛阶段，而碑刻纹样此时才处于初始期，由此可见，碑刻几何纹受到漆器纹样的影响。

二、寓意升仙的云气纹

云气纹是在春秋战国卷云纹的基础上发展演变而成的，以线条的舒卷起伏为表现形式，成为汉代的主要纹样。云气纹产生的根本原因是汉魏对自然的崇尚和对神仙的崇拜。这种云气神仙的、流畅的圆涡形线条是从商周的"云雷纹"、先秦的"卷云纹"发展到两汉的"云气纹"，隋唐的"朵云纹""如意纹"等，一直贯穿着每个朝代，而成为当时典型的、定型化的纹样，在陶器、青铜器、漆器、铜镜上都能看见它活跃的身影。但是每个朝代对云气纹的运用都有其不同的审美和寓意，因此伴随着审美和寓意的变化，纹样特点也在不断地变化着。

汉代云气纹的大量应用与神仙信仰是分不开的，如表现神仙生活的 S形涡旋状云气纹配合祥禽瑞兽为这一时期主要的纹样，构成元素除了作为主体的勾卷形云纹外，还出现了云尾纹。无论是哪种构成形式的云气纹，都加强了力量感和速度感，产生一种向上的气势，从而使其具有汉代云气纹的时代特色。林巳奈夫说："云气纹是随着叶片状纹样诞生出来的。"[①]另外，也有与龙体混杂的成分。汉代的云气纹是围绕一条主轴缠绕的细涡卷纹。从战国卷云纹发展到汉代的云气纹，纹样的特点从静止的形式感发展为动态的、上升的流动感，汉代云气纹的构成形态大多为波状的曲线或

---

① 〔日〕林巳奈夫：《汉代云气纹溯源》，《设计艺术》2005 年第 1 期。

S形或C形等，这些构成都具有曲线感。汉代的云气纹运用相当广泛，尤其是在漆器中运用得非常多，云气纹也富于变化。漆器是汉代最重要的手工艺品，体现着汉代的文化。因此，汉代的漆器装饰体现了汉代的审美特征，也对其他艺术品如铜镜、瓦当、画像石等碑刻产生了深远影响，漆器装饰中那些自由流畅且富于弹性的线条变化多端，细线流云，气韵生动，如西汉漆厄，其上纹样线条婉转轻盈、刚柔相济、飘逸流动、意境空阔，所体现的风格特点直接影响着汉代碑刻纹样。

汉代碑刻中的云气纹作为边饰，表现出飘逸律动的韵律感，其可归纳为以下几种风格特点：一是以波状式的长线条为主体穿插整个边饰，围绕主体线条任意地圈卷形成勾卷的波状翻滚的律动感，如表2-4Ⅰ式。二是环状纹样环环相扣形成卷曲的二方连续纹样，其间穿插长线条来打破卷曲的环状云气纹的连接，如表2-4Ⅱ式。三是以流畅的S形为主要结构环环相衔接形成二方连续纹样，围绕S形在转折处多进行圈点形成涡状卷曲，或装饰方中带圆的若干凸起。S形曲线结构中有时穿插直线，对比强烈，如表 2-4Ⅲ式。四是以云、凤和龙纹的结合变体形成云凤纹或云龙纹，该形式是由春秋战国的凤纹、蟠龙纹和云纹结合变化演变来的，因此，可以说汉代的云龙纹和云凤纹是蟠龙纹、凤纹和卷云纹的抽象合体，其在结构形式上也有多种变化。但总体上，该时期的云龙纹和云凤纹中的龙和凤已经变得非常抽象化了，云纹与龙纹（凤纹）合为一体，云纹占据主要部分。

表2-4　汉代碑刻云气纹分类

类型	纹样	著录	来源
Ⅰ式		蚩尤五兵，山东沂南北寨村汉墓出土	张道一：《汉画故事》，重庆，重庆大学出版社，2006年，第26页
		羽人飞仙，山东沂南北寨村汉墓出土，前室西壁北侧石刻	张道一：《汉画故事》，重庆，重庆大学出版社，2006年，第261页
		玄武，山东沂南北寨村汉墓出土，前室壁中柱部分	张道一：《汉画故事》，重庆，重庆大学出版社，2006年，第283页

类型	纹样	著录	来源
I式		孝子赵苟和丁兰供木人，山东泰安大汶口汉墓出土，原石高43厘米，宽200厘米	张道一:《汉画故事》，重庆，重庆大学出版社，2006年，第123页
II式		周公辅成王，山东沂南北寨村汉墓出土，为墓室之中室北壁正中的一段。画面分为上下两格，此图为下格，四边绕以复杂的纹样	张道一:《汉画故事》，重庆，重庆大学出版社，2006年，第30页
		鸿门宴，山东沂南北寨村汉墓出土，原石碑在墓室的中室碑壁西段，画面分上下两个，四边一纹样围绕，上格为项庄舞剑，项伯也拔剑起舞；下格为范增一手举剑，一手执壶，击破玉斗，对面恭立者为张良	张道一:《汉画故事》，重庆，重庆大学出版社，2006年，第114页
		灵公观剑，山东沂南北寨村汉墓出土，为墓室之中室东壁南段石刻	张道一:《汉画故事》，重庆，重庆大学出版社，2006年，第44页
		荆轲刺秦王，山东沂南北寨村汉墓出土，中室西壁北段之下格	张道一:《汉画故事》，重庆，重庆大学出版社，2006年，第88页
III式		周公辅成王，山东沂南北寨村汉墓出土，为墓室之中室北壁正中的一段。画面分为上下两格，此图为下格，四边绕以复杂的纹样	张道一:《汉画故事》，重庆，重庆大学出版社，2006年，第30页
IV式		羊，陕西绥德名州镇延家岔村出土，原石高121厘米，宽94厘米	张道一:《汉画故事》，重庆，重庆大学出版社，2006年，第317页
V式		缠枝云纹，江苏徐州出土，现藏于北京大学汉画研究所	朱存明:《汉画像之美——汉画像与中国传统审美观念研究》，北京，商务印书馆，2011年，第284页
VI式		金乌和蟾蜍，陕西米脂出土	张道一:《汉画故事》，重庆，重庆大学出版社，2006年，第183页

将碑石云气纹与同时期的漆器、铜器之间比较，亦可以找出它们相似的特点（表 2-4、表 2-5、表 2-6）。我们来对比蚩尤五兵（表 2-4 I 式）与龙纹大漆筒盖（表 2-5）、漆奁的云气纹，它们的共同点是以波状式的长线条为表现形式。表 2-4 II 式中的周公辅成王、鸿门宴与表 2-5 中的漆器和漆案的云气纹都是 S 形的波状式，并且中穿插长线条进行连接。再看表 2-4 III 式中周公辅成王与表 2-6 鎏金錾花铜尊，二者中的云气纹长度较为简短，流动性亦甚为有欠。表 2-4 IV 式中的羊与表 2-5 的漆奁、表 2-6 的铜奁都有相似性。最为明显的是表 2-4 V 式中的缠枝云气纹为云龙纹的变体，这种形式在漆器纹样中也出现得较多，如表 2-6 漆盘即是龙纹与云气纹的变体形式。

表 2-5　汉代漆器云气纹

纹样	著录	来源
	龙凤漆屏风	夏兰：《汉代漆器装饰纹样艺术研究》，扬州大学硕士学位论文，2010 年
	山东针刻云纹漆奁	夏兰：《汉代漆器装饰纹样艺术研究》，扬州大学硕士学位论文，2010 年
	龙纹大漆筒盖	夏兰：《汉代漆器装饰纹样艺术研究》，扬州大学硕士学位论文，2010 年
	漆奁，腹部云气纹展开图，汉代，安徽霍山出土	李正光主编：《楚汉装饰艺术集（铜器）》，长沙，湖南美术出版社，2000 年，第 282 页
	漆器，汉代，乐浪出土	李正光主编：《楚汉装饰艺术集（铜器）》，长沙，湖南美术出版社，2000 年，第 209 页

续表

纹样	著录	来源
	漆案,汉代,湖南长沙马王堆出土	李正光主编:《楚汉装饰艺术集（铜器）》,长沙,湖南美术出版社,2000年,第194页

表2-6　汉代铜器云气纹

纹样	著录	来源
	鎏金錾花铜尊,东汉,甘肃武威出土	李正光主编:《楚汉装饰艺术集（铜器）》,长沙,湖南美术出版社,2000年,第73页
	铜奁,汉代,湖南长沙出土	李正光主编:《楚汉装饰艺术集（铜器）》,长沙,湖南美术出版社,2000年,第38页
	漆盘,汉代,陕西出土	李正光主编:《楚汉装饰艺术集（铜器）》,长沙,湖南美术出版社,2000年,第207页

　　总之,汉代碑刻的云气纹线条细长、舒缓,线条简约明快,在碑石上自由地游动,仿佛活了起来。云头带弯钩,羽状的云气纹像是带着雷雨呼啸而来,整体构图呈S形,纹样表现出气流的回旋翻腾,云气以顺时针方向旋转,动感十足。以上纹样特点在漆器中的运用均有类似之处,由于汉代是漆器的鼎盛时期,而碑刻则初现端倪,可见碑刻纹样受漆器纹样影响之明显。画像石中大量运用云气纹体现了墓室主人的神仙状态,即生活在天国仙境之中。

三、古拙质朴的卷草纹

汉代碑刻中的卷草纹所见较少，大多表现出卷云纹的形式，如表 2-7 第二类 I 型的郭稚文墓门和 II 型的汉画像石都是在云气纹的基础上采用卷曲的形式左右延伸变化形成二方连续的边饰，而 I 型中的郭稚文墓门卷草纹的花头变化又介于云和草的变体之间。在铜器中也有类似的表现形式，如表 2-8 铜镜中的卷草亦是云纹与花草的变体。此外，也有采用单个花卉进行卷曲的，如表 2-7 第一类中的车马出行图以单个花头作为独立纹样进行缠枝的变化。这种形式在陶器和铜器上都有出现，如表 2-8 中的彩绘陶器和龙虎画像铜镜。对比陶器、铜镜和碑刻的单个花卉卷草纹样我们可以发现，碑刻上的单个花卉相对写实，而陶器和铜镜上还是进行了简化。此外，亦有卷草纹与动物纹组合画面的形式，如表 2-7 第三类 I 型墓门和 II 型流云狩猎图均在卷草纹中穿插动物纹样，二者的组合使得画面更加丰富，这种形式在铜器中也有部分体现，如表 2-8 中的规矩兽纹铜镜就是在卷草纹中加入兽纹共同缠绕在铜镜的边沿进行装饰的。

表 2-7　汉代碑刻卷草纹分类

类别	类型	纹样	著录	来源
第一类			车马出行图，东汉，长 181 厘米，宽 36 厘米，陕西米脂银州镇官庄村 4 号墓出土	西安碑林博物馆编：《西安碑林博物馆》，西安，陕西人民出版社，2000 年，第 32 页
第二类	I 型		郭稚文墓门，东汉永平十五年（72），两块均高 145 厘米，宽 37 厘米，陕西绥德张家砭乡五里店村出土，现藏于中国国家博物馆	西安碑林博物馆，笔者拍摄
	II 型		汉画像石	山东博物馆，笔者拍摄

类别	类型	纹样	著录	来源
第三类	Ⅰ型		墓门，东汉，高 172 厘米，宽 192 厘米，陕西米脂银州镇官庄村出土	西安碑林博物馆编：《西安碑林博物馆》，西安，陕西人民出版社，2000 年，第 23 页
	Ⅱ型		流云狩猎图，东汉，长 121 厘米，宽 116 厘米，陕西绥德张家砭乡五里店村出土	西安碑林博物馆编：《西安碑林博物馆》，西安，陕西人民出版社，2000 年，第 58 页

表 2-8　汉代铜器、陶器卷草纹

纹样	著录	来源
	彩绘陶器，汉代，山西朔州朔城区出土	李正光主编：《楚汉装饰艺术集（陶器　玉器　丝织品　金银器）》，长沙，湖南美术出版社，2000 年，第 37 页
	龙虎画像铜镜，汉代，浙江出土	李正光主编：《楚汉装饰艺术集（铜器）》，长沙，湖南美术出版社，2000 年，第 147 页
	铜镜，汉代	吴山编著：《中国纹样全集（战国·秦·汉卷）》，吴山、陆晔、陆原绘图，济南，山东美术出版社，2009 年，第 32 页
	规矩兽纹铜镜，汉代，湖南长沙出土	李正光主编：《楚汉装饰艺术集（铜器）》，长沙，湖南美术出版社，2000 年，第 158 页

概言之，从其他器物如漆器、铜器等同时代鼎盛之器物来看，卷草纹还是较少，尤其是漆器上的运用只发现卷云纹形式，铜器上和陶器上出现个别的缠枝纹，但纹样花头的变化与碑刻上还是有区别的，缠绕的形式感也有差异，碑刻上的卷草纹卷曲相对平稳，而彩陶和铜镜上因为要适合器形的变化在缠绕的形式上动态感更强，故要求花头弯曲变化的弧度更大。

四、层叠起伏的波状纹

波状纹装饰早在马家窑文化的彩陶装饰中已运用较多，发展到商周逐步形成了窃曲纹和环带纹。环带纹又名波状纹、波曲纹，是西周时期具有时代特色的纹样，一般作为主纹，呈波状形上下起伏的带状连续，犹如一条环带而得名。汉代碑刻波状纹在画像石中所见较多，一般作为边饰衬托主体纹样，使装饰画面更加丰富。

从表 2-9 中波状纹样的特征可以看出，汉代碑石上波状纹的变化已比较丰富，除了借鉴商周青铜器上的环带纹外，还出现了其他形式的波状纹。

Ⅰ式：环带状波状纹，这种也有局部的变化，有的单线呈环带状延伸，有的双线呈环带状延伸，有的多线呈环带状延伸，环带波峰的高度也有低有高，波峰高低的不同所表现出的波纹亦有差异，如伏羲女娲。

Ⅱ式：编绳状波状纹，这种形式以弧状交叉形成结绳向左右延伸，如山东嘉祥武氏祠画像石，碑石中的波状纹为五根线条编织成辫子形状进行缠绕。该种形式在铜器、陶器、漆器中所见较多，其他几乎少见，可见这种结绳形式的波状纹运用得非常广泛，如表 2-10 中的铜钫壶、彩绘陶簋、漆笙底部等都是采用结绳的形式，这种结绳形式是由 3—4 条线条排列编织成结绳或麻花辫的形式。

Ⅲ式：S 形波状纹，这种形态犹如彩陶纹样上的漩涡纹，呈 S 形节节相扣向左右延伸，如山东嘉祥武氏祠画像石。

Ⅳ式：勾状波状纹，这种形态与 S 形略相似但又有差异，S 形卷曲的弧度很大，而勾状则只是像钩子一样相衔接。

表 2-9　汉代碑刻波状纹分类

类型	纹样	著录	来源
Ⅰ式		伏羲女娲，四川成都郫都区石棺画像	张道一：《汉画故事》，重庆，重庆大学出版社，2006 年，第 165 页

类型	纹样	著录	来源
I式		西王母与伏羲女娲,山东微山两城镇出土	张道一:《汉画故事》,重庆,重庆大学出版社,2006 年,第 171 页
		羊,山东青岛城阳区流亭街道庙头村出土	张道一:《汉画故事》,重庆,重庆大学出版社,2006 年,第 316 页
II式		除毒害,山东嘉祥武氏祠画像石,左石室第五石第三层	张道一:《汉画故事》,重庆,重庆大学出版社,2006 年,第 145 页
		伏羲女娲,山东嘉祥武氏祠左石室画像石,第四石第三层	张道一:《汉画故事》,重庆,重庆大学出版社,2006 年,第 162 页
III式		山东嘉祥武氏祠画像石	张道一:《汉画故事》,重庆,重庆大学出版社,2006 年,第 103 页

续表

类型	纹样	著录	来源
Ⅲ式		黄帝升仙画像石，江苏徐州大彭镇苗山村出土，原为墓室之前室门东石刻，高 105 厘米，宽 64 厘米，厚 10 厘米	张道一：《汉画故事》，重庆，重庆大学出版社，2006 年，第 18 页
Ⅳ式		周穆王见西王母，1955 年陕西绥德汉墓画像石，墓门门楣，石高 38 厘米，长 167 厘米	张道一：《汉画故事》，重庆，重庆大学出版社，2006 年，第 271 页

表 2-10　汉代铜器、陶器、漆器波状纹样

纹样	著录	来源
	铜钫壶，楚汉，湖北当阳出土	李正光主编：《楚汉装饰艺术集（铜器）》，长沙，湖南美术出版社，2000 年，第 25 页
	彩绘陶簠，楚汉，湖北江陵望山出土	李正光主编：《楚汉装饰艺术集（陶器 玉器 丝织品 金银器）》，长沙，湖南美术出版社，2000 年，第 7 页
	漆笙底部，楚汉，湖北随县曾侯乙墓出土	李正光主编：《楚汉装饰艺术集（漆器）》，长沙，湖南美术出版社，2000 年，第 9 页

第三节　汉代碑刻纹样的艺术特点

汉代碑刻纹样尚处于发展的初级阶段，具有古拙、浑厚的艺术特点，与唐宋追求技法上的精妙绝伦、生动传神和流畅优美的线条相比较来看，汉代碑刻纹样更倾向于具有蓬勃旺盛的生命力和磅礴雄风的气势。雄健浑厚的造型、充满张力的动势、丰富的想象、古拙凝练的艺术效果，使它和汉青铜器纹样及汉隶书一样，具有"深沉雄大，升腾飞舞"的气魄。这种艺术特点的出现与汉代社会从先秦的各种禁锢和动荡不休的社会生活中解放出来有着直接的关联。汉代是中国封建社会迅速发展上升的时期，经济的繁荣、政治的开明、军事的强大、文化的发达、教育的重视，传达出一种壮阔飞举的时代气息。汉代社会向上的律动表现出汉时代雄伟的气势和生生不息的创造力，此时创造的汉碑纹样因此而具有雄奇飞动之壮美。

一、粗犷凝重

汉代碑刻以石为地，以刀代笔，利用石质粗糙、凝厚的特点刻画出纹样。汉代碑刻纹样刻画之前没有刻意去磨光，仅仅是在打平的基础上或平雕或阴刻纹样，有些地方还刻意留出粗糙的凿痕来加强石头质地的浑厚凝重感，这就使其具有粗犷凝重的艺术特点，在审美视觉上具有古拙之美。这种"古拙"打破了原始时代绘画的机械、单纯的图案式组合，也删减了青铜时代艺术中那种宗教性的威吓肃穆和神秘的符号性特点，而是具有雄沉和庄严的艺术气息。汉代碑刻纹样一开始就在厚重的"朴"和"拙"中发展，而没有为纤巧细微所束缚。它是靠纹样中人、物的形态、动作及其组合的情节，而不是靠精致的图像来表现对世界的征服。

二、线性平面化

线性平面化是把各个画面用边饰统一起来。汉代碑刻纹样艺术中少有采用焦点透视的，大多采用图案式的平面展开，即将各个画面用边饰统一起来，这种连续展开式的画面有三方面的优点：一是有利于在平面空间中连续展开多个故事情节，从而最大限度地发挥艺术家的想象力，所以从汉代碑刻纹样中可以看到其题材多是带有连续性的故事情节；二是有利于把不同时空中的人和事集中在一个画面表达，从而达到较好的效果；三是这种无叠展开的场面为后来中国画中的"散点透视"奠定了基础。[①]

汉代碑刻纹样的构图大多呈长条状排列，为求得饱满，画面往往以几何纹样或二方连续纹样填补空间空白，中间则是人物故事展开图。这些纹样的展开都是二维或平面化的装饰形式，不像古希腊石刻雕塑那样注重三度空间的刻画，这与中国绘画注重生动的神韵而不制约于透视的前后空间有很大的关联性。此外，这种平面化的装饰还表现在对线条的应用方面，线条是碑刻纹样艺术中的主要技法，即使在很粗糙的石头上，线条也表现得非常细腻。当然，线条的刻画也是相当丰富的，或流畅，或顿涩，或凸起，或凹落，均表现了中国绘画中的"骨法"在碑刻中运用的雏形。

三、舞动的韵律感

汉代碑刻纹样与汉代书法、舞蹈具有极其相似的特性，即表现出舞动的韵律感。舞是动态的艺术，不仅表现在姿态、造型中，更表现在舞姿的组合、连接、变换的运动过程和节奏、韵律中。[②]从汉代碑刻纹样中，我们可以很明显地看出其受汉代舞蹈审美的影响，如碑刻上的舞伎形象几乎都为长袖细腰，舞者或男或女，长袖翻跃，举手折腰。古人以长袖飘舞，易成舞姿，故舞袖特长。东汉傅毅的《舞赋》记录了汉代歌舞的实况，塑造出"舞者艳若春花，清如白鹤"，令人感受到华美而飘逸的形象。宗白华曾赞誉《舞赋》："在傅毅这篇《舞赋》里见到汉代的歌舞达到这样美妙而高超的境界。""中国古代舞女塑造了这一形象，由傅毅替我们传达下来，它的高超美妙，比起希腊人塑造的女神像来，具有她们的高贵，却比她们更活泼，更华美，更有远神。"[③]

汉代碑刻纹样中波状式的二方连续纹样就具有舞动感，这与舞蹈的韵律感相似，杰出的舞蹈家邓肯曾认为，世间万物的运动都遵循着波状运动的曲线。邓肯将这种波状运动的动势融入舞蹈使之具有韵律感。[④]汉碑纹样中的云气纹不仅一波三折，而且形成了波挑翩翻、俯仰飞动的"波磔"奇观，这种优美的律动，形成了上升飞翔之势，这正吻合了舞蹈中多种波的韵律感汇合的规律。就连方方正正的几何纹通过在方向上的前后、左右、

---

① 陶圣苏：《汉石刻艺术风格》，《徽州师专学报（哲学社会科学版）》1997年第1期。
② 姚淦铭：《论汉碑的艺术精神》，《铁道师院学报（社会科学版）》1991年第3期。
③ 宗白华：《美学散步》，上海，上海人民出版社，1981年，第170页。
④ 张冬梅、吴新华：《论邓肯"从自然到自由"的舞蹈艺术思想》，《北京舞蹈学院学报》2007年第1期。

上下的排列组合都具有韵律感。汉代碑刻纹样的这种特点与汉代隶书的形态也相对应，使整个碑刻在视觉和知觉中形成动中有静、静中有动、以动为主的向上飞举的舞动感。

由上可见，汉代碑刻纹样的韵律感是以波动为主的多种节奏变化的和谐统一，注重以意写形的意向形态，在于纹样图形的神韵、灵动、大气。纹样图案造型不局限于对外在物质形态的关照，而是迷恋于对精神和强烈的动势的把握，在气度风格上继承了荆楚艺术激扬的性情、飞扬的神采，摒去了其中的绮靡阴柔，吸收了先秦中原艺术轩昂的气宇，过滤了其中的静穆，展现出深沉宏大、发扬蹈厉、豪放洒脱的艺术气质。[①]汉代碑刻纹样的艺术特点可总结如下：首先，适度写实略带夸张写意，充满了浪漫气息和韵律感，古拙而富有气势，注重纹样结构形式的流动感和律动感，不追求对形式的逼真临摹，讲究结构形式之间的有机关系，力图通过流动的先行结构来展示对象内在的生命活动，这与汉代绘画追求的神似思想相一致。其次，强调动感，无论是云纹、缠枝纹，还是几何纹、动物纹都取其动势，有的甚至用夸张的手法强调其动态。动物则一般取其奔驰行走的瞬间动作，加上与飘动的植物纹结合，使画面显得生动且富有节奏感。再次，古朴浑厚，在纹样处理上运用浮雕技法雕刻，注重对纹样外轮廓的整体刻画而不是强调它的局部，因此，在整体上就形成了概括简练浑厚的艺术特点。最后，对线条的表现刻画较多，尤其是植物纹样和云纹等缠绕的构图形式大多运用刻画线条的形式来处理，这也给后来中国画中的线描奠定了基础。

第四节　汉代碑刻纹样的文化意蕴

汉代社会的稳定给汉人的生活提供了稳固而祥和的生活环境，生活的充实不断激发汉人的艺术创作灵感，这给汉代碑刻纹样装饰提供了丰富的创作素材。汉人主要的人生寄托和生活理想依附于尊儒崇武求仙，追求现世生活的无极享受上，与此相应，宣扬儒家伦理道德的历史故事、扑朔迷离的神话传说、丰富精彩的现世生活、吉祥如意的未来企盼就成为纹样装饰集中表现的对象。

从创作主题上看，汉代的碑刻纹样大致可概括为神话主题、吉祥主题、历史主题与现世生活主题几大类别，汉人在丰富的主题性纹样创作中，以

---

① 龚德慧：《汉代平面图案研究》，东南大学硕士学位论文，2005 年。

实物为载体，通过神话与历史、现实交融和神、人、兽共存一方天地来展示其艺术风格。①汉代碑刻纹样的创作主题表现出多样的文化意蕴，既有飞扬激昂的生命观的蕴意，也包含天人合一的宇宙观，还受到神鬼崇拜思想的影响，以及丧葬礼俗制度的制约。

一、飞扬激昂的生命观

从先秦末年到汉代，人们对生的观念主要是以道家和儒家的思想为主线展开，乞求长寿的观念至汉代极为兴盛，故而寻求不死之药、修炼不死之道，入海求仙日益风行起来，这正迎合了道教思想的发展。道家学派讲求以"气"来界定生死。《庄子》云："人之生，气之聚也；聚则为生，散则为死。"②《管子》云："有气则生，无气则死。"③王充曰："人之所以生者，精气也，死而精气灭……人死血脉竭，竭而精气灭，灭而形体朽。"④汉人对道教中关于"气"的观念影响着他们的生活方式和审美，这种观念在一些墓碑中也有清晰的表述，如司徒袁公夫人马氏碑载："不享遐年，以永春秋。往而不返，潜沦大幽……魂气飘飖，焉所安神？"⑤交趾都尉胡府君夫人黄氏神诰："魂气所之，不系丘垅。"⑥有的墓碑还通过装饰一些流动性极强的纹样来表达，甚至汉代的各种器物上也有类似流动感极强的纹样，这些纹样富有韵律感，顿挫有致的线条充满了幻想和神话的巫术观念及道家审美意识。尤其是云气纹的大量使用，体现了飞扬激昂的生命观，因为云气纹具有流动感，以及大气磅礴、气韵流畅、回转激荡的艺术特点。看似简单的线条在流动回畅中而有了丰富的变化，烦琐而生动，流动而飞跃，体现了对生命的永恒向往。

二、天人合一的宇宙观

天人合一的宇宙观在汉代体现于以下几个方面：首先，天人感应论是董仲舒天人合一思想的重要组成部分。董仲舒把天人感应视为自古以来就普遍存在的现象，他认为："天人之征，古今之道也。孔子作《春秋》，上揆之天道，下质诸人情，参之与（于）古，考之于今。"汉代天人合一

---

① 龚德慧：《汉代平面图案研究》，东南大学硕士学位论文，2005年。
② 转引自何如月：《汉碑文学研究》，北京，商务印书馆，2010年，第220页。
③ （清）戴望：《管子校正》卷4《枢言》，见国学整理社：《诸子集成》（五），北京，中华书局，1954年，第320页。
④ 转引自何如月：《汉碑文学研究》，北京，商务印书馆，2010年，第220页。
⑤ （清）严可均辑：《全后汉文》卷77，许振生审订，北京，商务印书馆，1999年，第777页。
⑥ （清）严可均辑：《全后汉文》卷79，许振生审订，北京，商务印书馆，1999年，第790页。

思想不单单是一般意义上的人与自然的统一，而且包含王权主义，其实质是天王合一，是对"三纲五常"伦理的借论。董仲舒认为："君臣、父子、夫妇之义，皆取诸阴阳之道。君为阳，臣为阴；父为阳，子为阴；夫为阳，妻为阴。阴道无所独行，其始也，不得专起，其终也，不得分功，有所兼之义。"①其次，汉人认为人死之后的灵魂不但永恒，而且能够左右生者的祸福，故而要去祭祀鬼魂。汉朝以前，在人们的观念中，人死为鬼，鬼为异类，鬼魂不会降福，反而会作祟为恶，"鬼害民罔行，为民不羊"②。故而人们祭祀鬼魂多是为了避祸消灾。到了汉代，鬼魂祭祀观念有了新的发展，从汉碑来看，人们祭祀鬼魂主要是出于感情因素。大量汉碑碑主都是普通人，生前没有伟大赫烈的功德，死后也不是拥有强大力量的神灵，人们祭祀亡者之魂，既不是希望得到保佑赐福，也不是希望禳凶避祸，而是多出于哀悼之情。

三、神鬼崇拜的巫术观

汉代是中国历史上神仙信仰大发展时期，帝王都十分热衷于道家和荆楚巫术的神仙学说，因为汉人认为人死后的世界，有天上与地下之分，而两者皆是人世生活的另一种延续。因此，他们登山封禅，建仙阁灵宫，借助燕齐方士刻意于海上求取仙药，在住宅里饰以云气，其目的是招神仙入室或引魂升天。《后汉书·方术传》载："汉自武帝颇好方术，天下怀协道艺之士，莫不负策抵掌，顺风而届焉。"③再加上道家思想的发展，神仙方术、长生不老、死后升仙等崇拜思想也一度发展，都认为神鬼有异于常人的能力，能支配生人的吉凶祸福。天神较公正，而人鬼较难缠，生人为求福避祸，因而便形成了许多与神鬼有关的习俗，这对碑刻纹样产生了很大的影响。④人们将一些代表神灵鬼怪和巫术的纹样刻画于碑刻上以期驱赶鬼怪，祈求天上神灵保佑，以此慰藉恐惧的心理，如伏羲女娲、夔龙凤鸟、西王母、东王公、羽人、神人怪兽、青龙、白虎、朱雀、玄武、翼马等，这些纹样元素围绕着神话和吉祥寓意形成格式纹样图形。还有一些流动感极强的云气纹，旋卷飘舞，风云流动地契合了当时人们思想上的祈盼。汉代云气纹的飘动、流动之感强于之前的纹样。汉代的云气既纹既有着飘逸、灵动之

---

① 转引自张文英：《试论董仲舒的天人观》，《长春工业大学学报（社会科学版）》2007 年第 2 期。

② 吴小强撰：《秦简日书集释》，长沙，岳麓书社，2000 年，第 128 页。

③ 转引自（南朝·宋）刘义庆撰，（南朝·梁）刘孝标注，朱碧莲详解：《世说新语详解（上）》，上海，上海古籍出版社，2013 年，第 136 页。

④ 〔韩〕具圣姬：《汉代的鬼神观念与巫者的作用》，《史学集刊》2001 年第 2 期。

美，又有着变幻、音乐的节奏之感，在翻腾不息的流动之中，在 S 线的变幻之中，给人以气韵贯穿之感。

第五节　本章小结

汉代是我国多民族统一的繁荣强盛时期，封建经济和文化得到了空前发展，人们生活相对安居，受儒家思想观念的影响，重死崇丧，厚葬父母、敬传其名以崇孝心的意识不断加强。人们出于厚葬之风、孝悌观念、墓祀习俗、留名心理等风气的影响而盛行树碑勒铭，以叙述逝者事迹，昭明逝者功德，使之永垂不朽。树碑的盛行使碑刻得到极大的发展，除了用碑文来颂赞死者德勋，抒发哀悼之情外，碑刻纹样还反映了汉代人的生命观、价值观及审美观的变化。从汉代碑刻纹样来看，该时期是我国碑刻史上正式有文字和纹样结合装饰的时期，汉初期是以文字出现，发展至东汉，碑刻装饰逐渐丰富起来，如问寿墓碑的边饰，无论是碑首、碑侧，还是碑座都出现了纹样装饰。与后世相比，汉代碑刻边饰装饰以简约为主，画像刻石的主题纹样多装饰四神灵兽、神话传说、吉祥瑞物，而辅助的纹样则多为几何纹、云气纹等。这些纹样装饰浑厚而粗犷，古拙之中见流动之美，朴实之中富神韵之美。但不同的地区碑刻纹样也有差异，如陕西、河南等地区碑刻多见螭、龙、凤、虎、龟，山东碑刻多见凤、龙，但辅助纹样则少有变化，多以云气纹的变化为主。

第三章 传统与多元：外来碑刻纹样的中国化发展（三国两晋南北朝）

　　三国两晋南北朝时期既是社会大动荡，充满战争和灾难的时期，又是民族大融合，思想文化多元化发展的时期。佛教传入之后，中国的本土宗教观念和信仰与之交融，此时的宗教思想表现出极其多样和复杂的状态，如汉代的灵魂不死、祖先崇拜、神鬼迷信、承祀、天命信仰等；还有自古积累下来的各种原始形态的信仰，如图腾崇拜、自然神崇拜、动物神崇拜、征兆迷信等，加上儒家的孝道观，阴阳家学派的阴阳五行学说等，十分庞杂，充满矛盾。此时佛教亦充分吸纳本土思想和信仰而逐渐入驻中国并广泛传播。该时期的碑刻受到以上思想文化的影响也有了较大的变化，如该时期碑刻在继承前朝样式的同时，一方面，因佛教文化的传播推广产生出新的碑刻，即造像；另一方面，因统治阶级禁碑政策的影响促进了幽埋墓志铭刻的发展。该时期墓志的形制和内容有了固定的发展，墓志和造像碑成为该时期数量最多、最有特色的碑刻。而该时期碑刻纹样受到外来佛教的影响出现了新的艺术形式，此时，儒、佛、道三教初次交汇，并在相互碰撞、冲突、融合的过程中，彼此借鉴、吸收、融汇对方理论之优势，形成了以儒学为主导、以道家玄远之学为主旨、以佛教离世脱俗为精神追求的思想格局。这一时期，汉族对外来文化采取包容和吸收的积极态度，少数民族也热衷于学习汉族先进文化。史载汉灵帝"好胡服、胡帐、胡床、胡坐、胡饭、胡箜篌、胡笛、胡舞，京师贵戚皆竞为之"[1]。这种思想格局的形成和文化交流的发展对三国两晋南北朝时期碑刻纹样的发展演变起着重要的作用。从调研收集的资料来看，三国两晋南北朝时期的碑刻纹样主要表现在造像碑上，而在塔铭和墓志上所见不多，如汝南王修治古塔铭、乐安王妃冯季华墓志、元晔墓志、昭仪胡明相墓志、元祐墓志、元昭墓志、文昭皇太后山陵志、高猛夫人元瑛墓志、护国定远侯墓志。以上墓志均未出现纹样装饰。可见，三国两晋南北朝时期墓志还不是很流行，而造像碑受佛教文化的影

---

① 《后汉书·五行志》，北京，中华书局，1965年，第3272页。

响则大肆兴盛，其上的纹样也异常丰富。

第一节 宗教思想对碑刻纹样发展的影响

三国两晋南北朝时期社会思想发展的特点主要表现为多种学派之间的交流互动。汉代以来儒家经学一统天下而形成的僵死沉闷局面被打破，多种学派与思想经历了先前的压抑与沉寂，于此时相继活跃起来，特别是道家思想的复兴与道教理论体系的初步建立，外来佛教登上思想论争的舞台，以及儒家、佛学与道家思想的初次接触与交流。

一、儒道互动

儒道两大思想主体自先秦以来就存在双向互动关系，汉初以黄老道家为官方意识形态，思想上以道为主、以儒为辅，道家思想曾一度成为主流思想。自董仲舒建立天人感应神学体系，并将儒家学说推上至尊地位之后，儒道二家由于在意识形态领域的地位及现实利益分配之争，矛盾一度被激化，甚至出现司马迁所说的："世之学老于者则绌儒学，儒学亦绌老子。"[①]汉末魏初社会动荡不安，门阀士族割据称雄，普通民众过着朝不保夕的生活，儒家的名教已经不能维系社会的秩序，道家思想在满足人们精神需求方面的功能日益突出，道家思想此时出现了兴盛局面。道家思想中的自然无为与玄远高妙的精神追求则为人们提供了超越现实的途径，于是，东晋时期道教大兴。

从三国两晋南北朝时期的思想发展趋势来看，儒道合流无疑成为必要且唯一的选择，事实上中国历史和传统文化发展正是在儒道互动中进行的。

二、佛教东传

佛教自汉代传入后于三国两晋南北朝时期，尤其是西晋末至东晋时期，与中国传统文化特别是儒道思想发生诸种冲突与融合。佛教借助道家思想以获取广泛的理解与传播，借助儒家思想以获取统治阶层及广大民众的接受。佛教之所以能够在中国站稳立足，是因为佛教自传入中国之后就极力与中国固有的风俗、习惯、思想、信仰等调和，迎合中国的传统思想文化，

---

① 《史记》卷 63，北京，中华书局，1959 年，第 2143 页。

努力调和与儒、道思想的关系，论证佛教与儒、道在根本上的一致性，积极倡导三教一致论。在实践中主动吸纳中国本土传统思想文化内容，积极适应本土环境来改造自身，如佛教在中国的传播在初期是配合道士和方术家所提倡的长生不老术来进行的，传播的内容也主要以与神仙道教相类似的内容为主。特别是佛教之佛与道教之神仙，更易于为人们比附理解。又如印度佛教并不重视世俗孝道，而中国佛教却积极发展了尊祖孝亲观念。①洪修平认为，由于玄学本身是儒、道兼综，因而两晋的玄佛合流实际上也就具有了三教融合的意义。②在佛教初传时，首先与道家思想交流互通，汉魏之际天下扰攘，民生涂炭，在这种动乱之世，佛教能给人以心灵安慰和来世幻想，故此时翻译佛经、修建寺院、宗教宣传等都顺应民心，得到了长足的发展，佛教提倡"省欲去奢，戒杀戒斗"，正好可以为广大中下层民众提供心理安慰，于是汉代人将佛教作为神仙道术而理解并逐渐接受，佛教也被称为佛道。

佛教在中国的传播为佛教艺术在中国的发展提供了契机，寺院随着佛教的发展大量兴建起来，而很多碑刻都源自寺院，即佛教题材的碑刻装饰也流行开来，佛教艺术中的莲花纹样也因之在三国两晋南北朝时期成为碑刻装饰艺术中的主流纹样。在佛教传入中国的初期即东汉初期，莲花主要应用于佛教建筑、雕塑、彩绘等的装饰中，其他造物设计上也有，但不大盛行。到了三国两晋南北朝时期，佛教信仰兴盛，特别是由于上层统治者的倡导，广建寺庙、石窟等，莲花便更广泛地运用于佛教艺术中。同时，该时期的陶瓷器、铜镜、花砖、画像砖等也常见莲花题材装饰，莲花纹样在此时占据碑刻纹样的主导地位。其主要源于以下因素。

第一，取决于莲花的特性。莲花，是一种多年生的水生植物花卉，它"出淤泥而不染"的品性赢得了佛教至高无上的崇拜。因为佛教把人世间称为"六尘"，由于"六尘"的污染与干扰，人世间又充满着欲望与竞争，使人们难以平静，难得洁净。这种情况与"远尘离垢，得法眼净"的佛国净土是格格不入的，要想进入佛国，就必须远离尘世，遁入清净的空门，专心修佛，消除污染与干扰。莲花"出淤泥而不染"的特别属性与佛教信徒希望自己不受尘世污染的愿望相一致，故而使得莲花在佛教艺术中盛行，为佛教信徒所崇拜。

---

① 孙昌武：《中国佛教文化史》（第一册），北京，中华书局，2010年，第11—13页。
② 洪修平：《儒佛道三教关系与中国佛教的发展》，《南京大学学报（哲学·人文科学·社会科学）》2002年第3期。

第二，古印度具有崇拜莲花的习俗。印度炎热的气候与莲花生于水中给人清凉的感觉相对应，早在佛教诞生以前的印度就把莲花视为信物。人们在盛开莲花的池塘、湖畔散步赏荷，绿水荫秀，粉红淡紫相间，芬芳四溢，使人赏心悦目，清风徐来，荷香随风从万绿丛中散发出来，令人的心肺像洗涤过似的顿觉凉爽。

第三，莲花作为一种符号在佛教艺术中大量发展，而碑刻可以说是佛教进行宣传的一种工具，碑刻上刻画装饰莲花自然成了佛教艺术宣传的重要符号。

第二节　文化交融下的碑刻创新纹样

三国两晋南北朝时期的碑刻纹样较汉代更为丰富，除了秦汉以来的传统纹样如几何纹、波状纹、云气纹之外，受佛教东传的影响，印度、波斯、希腊等外来纹样成为此时的主要纹样，尤其是莲花纹、卷草纹、火焰纹、宝相花纹等占据主体。可见，三国两晋南北朝时期的碑刻纹样主要分为两部分：一部分传承汉代的传统纹样；另一部分为域外传入的新式纹样。在三国两晋南北朝时期甚至之后的朝代，传统的与外来的碑刻装饰纹样始终并存交融、创新发展，最终形成符合中国审美标准的纹样特征。此外，三国两晋南北朝时期碑刻纹样最大的特点是植物纹样的普遍使用，并成为主流纹样。日本学者长广敏雄曾把三国两晋南北朝时期装饰的特色命名为"花的文化"①。三国两晋南北朝时期碑刻上莲花和卷草等植物纹样的出现和大量使用较之于汉代，可以说是一次划时代的变革。

一、瘦细清挺的莲花纹

关于莲花纹装饰，很多学者认为其来自佛教传入之后，其实，考古发掘表明，早在东周时期，莲花纹在我国就已有应用，只是自佛教传入之后，莲花得到了更为广泛的应用和发展。莲是佛教的标志，被视为佛门圣花，并以莲花为所居，指称"佛国"，喻之为"莲花藏界"，简称"莲界"。莲花被赋予神圣的意义。佛经称"莲经"；佛座称"莲台""莲座"；佛寺称"莲宇"；僧人所居称"莲房"；袈裟称"莲花衣"；莲花形的佛称

---

① 〔日〕长广敏雄：《蔓草纹样的发展》，《大同石佛艺术论》，京都，高桐书院，1946年，第26页。

"莲佛";等等。[1]尤其是在三国两晋南北朝佛教和碑刻盛行时期,莲花纹大量地流行于碑刻装饰中。发展到后来又因人们赋予其各种特殊的含义,比如吉祥。吉祥,简单地说即歌颂之意,具体是指以象征、寓意或谐音形式来表达某种隐含的意思,如"一路清廉"指鹭鸶莲花图;"莲生贵子"指莲花桂花图;"并蒂同心"指一枝莲生出两朵花;"喜得莲科"指喜鹊、莲、芦图;"河清海晏"指海棠、燕、莲花图;"连年有余"指童子、鱼、莲花图;"富贵和合"指牡丹、荷花、盒子图;等等。[2]中国语言的多义性,增强了碑刻装饰吉祥图案的表现力,形成了"画必有意,意必吉祥"的现象,到明清时期更加盛行于各种器物的装饰上。这与民族的文化心理结构、文化渊源、情感的表达方式有着密不可分的关系。

(一)中国本土的传统莲纹

前面谈到莲纹最初并不是外来之纹样,早在东周时期就有较多的运用,三国两晋南北朝时期的莲纹是佛教引入之后借鉴佛教之莲花而进行了创新,从而可以说是中外文化融合背景下的产物。但是,有学者认为莲纹并不是中国本土之纹样,乃是源自佛教莲纹而发展的,著名学者郭沫若就曾说:"中国无大莲,先秦亦无以莲为饰者,故推测其传自印度。"[3]

对于中国本土传统莲纹的最初形态,学术界有不同的观点:其一,认为 1923 年河南新郑李家楼出土的春秋中后期青铜器莲鹤方壶(表 3-1 Ⅰ式)是中国最早表现莲纹形态的实物。[4]该壶形体巨大,壶上有冠盖,长颈,垂腹,圈足。壶冠呈双层盛开的莲瓣形,中间镂雕莲瓣盖上单足站立一只双翅展开欲飞、引吭高歌的仙鹤。壶颈两侧用附壁回首之龙形怪兽为耳,上出器口,下及器腹。壶体四面以蟠龙纹为主体纹样,腹部四角各攀附一飞龙。腹部四角圈足下有两个侧首吐舌的卷尾虎,倾其全力承托重器。该壶造型宏伟气派,装饰典雅华美。其构思新颖,设计巧妙,融清新活泼和凝重神秘为一体。陈佩芬等指出,更早的青铜器莲瓣造型,即西周晚期的方体高莲瓣盖兽耳宽垂腹式青铜器(表 3-1 Ⅳ

---

① 袁承志:《风格与象征——魏晋南北朝莲花图像研究》,清华大学博士学位论文,2004 年。
② 月生编:《中国祥瑞象征图说》,王仲涛译,北京,人民美术出版社,2004 年,第 28 页。
③ 转引自何新:《诸神的起源》,北京,时事出版社,2002 年,第 151 页。
④ 张晓霞:《天赐荣华:中国古代植物装饰纹样发展史》,上海,上海文化出版社,2010 年,第 78 页;〔日〕长广敏雄:《蔓草纹样的发展》,《大同石佛艺术论》,京都,高桐书院,1946 年,第 26 页。

式）。①张朋川亦认为新郑出土的立鸟华壶为莲花，他还指出春秋至两汉时期的柿蒂纹也是莲纹的变体样式，而立鸟华壶的立体莲瓣是平面柿蒂形莲纹的早期形式。②其二，部分学者否认这种立体的造型为最早的莲瓣形。何新在《诸神的起源》中认为："先秦战国铜器有数件以鸟立华上造型。其最精彩者为前680年（鲁庄公十四年，郭沫若说）的一件新郑铜壶……而脚下若莲之华，并不是莲花……此花瓣上饰有复杂神秘花纹——我认为乃是扶桑若木之华也。"③

笔者赞同莲纹乃中国本土之纹样的观点，从现有的考古资料来看，实际上在新石器时代，浙江余姚河姆渡遗址就曾出土线刻似莲瓣纹（表3-1Ⅱ式）。④到了周代，莲花已成为人们喜爱的装饰图案，实物例证更多。其中一例是在山西侯马东周墓中发掘出的一种陶壶，盖上饰以直立而尖端向外展开的莲瓣图像（表3-1Ⅲ式）。另外，洛阳出土的旬君子壶也为一例，这说明春秋时期莲纹已经运用得比较普遍。

而到了汉代，莲花已有了很明确的图形，这不光体现在青铜器上，在各种器物上都有出现，如汉代山东沂南画像墓藻井上的莲花图像（表3-2Ⅰ式）⑤。汉代莲纹装饰已经呈现多样化的形式，如山东沂南汉墓画像石上的莲纹（表3-2Ⅱ式）⑥；山东临沂金雀山汉画像砖上的莲纹（表3-2Ⅲ式）；江苏徐州青山泉镇白集村东汉画像石墓的中室藻井荷花（表3-2Ⅳ式）；山东嘉祥宋山出土的汉画像石上的莲纹（表3-2Ⅴ式）；高句丽将军坟出土的东汉、汉魏之交瓦当上的莲纹（表3-2Ⅵ式）；山东沂南汉墓画像石上的莲纹（表3-2Ⅶ式）。以上莲纹构图形式各不相同，莲瓣形态也互有差异。此外，汉代王延寿的《鲁灵光殿赋》⑦中已有关于莲纹装饰建筑藻井的文字记录。

① 陈佩芬、吴镇烽、熊传新编撰：《中国青铜器》，上海，上海古籍出版社，1988年，第214页。
② 张朋川：《宇宙图式中的天穹之花——柿蒂纹辨》，《装饰》2002年第12期。
③ 何新：《诸神的起源》，北京，时事出版社，2002年，第150—151页。
④ 浙江省文物管理委员会、浙江省博物馆：《河姆渡遗址第一期发掘报告》，《考古学报》1978年第1期。这种似莲瓣纹也没有作为莲花图像的定论，有学者质疑。
⑤ 山东省沂南汉墓博物馆：《山东沂南汉墓画像石》，济南，齐鲁书社，2001年，第51页。
⑥ 南京博物院、山东省文物管理处编著：《沂南古画像石墓发掘报告》，北京，文化部文物管理局，1956年，第45页。
⑦ "圆渊方井，反植荷蕖。发秀吐荣，菡萏披敷。绿房紫菂，窋咤垂珠。云窭藻棁，龙桷雕镂。"见（汉）王延寿：《鲁灵光殿赋》，转引自高莉芬：《图写神圣：王延寿〈鲁灵光殿赋〉与辞赋宫殿书写的转变》，《南京大学学报（哲学·人文科学·社会科学）》2012年第5期。

表 3-1　器物上的最初莲花形态

类型	纹样	著录	来源
I式		青铜器莲鹤方壶，河南新郑李家楼出土，壶高 122 厘米，宽 54 厘米，口长 30.5 厘米	大中：《河南博物院藏品选粹——莲鹤方壶》，《中原文物》1999 年第 3 期
II式		线刻似莲瓣纹，浙江余姚河姆渡遗址出土	浙江省文物管理委员会、浙江省博物馆：《河姆渡遗址第一期发掘报告》，《考古学报》1978 年第 1 期
III式		陶壶莲瓣纹，山西侯马东周墓中发掘	山西省考古研究所侯马工作站：《山西侯马东周、两汉墓》，《文物季刊》1994 年第 2 期
IV式		河南洛阳出土的方体高莲瓣盖兽耳宽垂腹式青铜器	笔者绘制

表 3-2　汉代莲纹的最初形态

类型	纹样	著录	来源
I式		山东沂南画像墓藻井上的莲花图像	南京博物院、山东省文物管理处编著：《沂南古画像石墓发掘报告》，北京，文化部文物管理局，1956 年，第 26 页
II式		山东沂南汉墓画像石上的莲纹	南京博物院、山东省文物管理处编著：《沂南古画像石墓发掘报告》，北京，文化部文物管理局，1956 年，第 33 页

续表

类型	纹样		著录	来源
Ⅲ式			山东临沂金雀山汉画像砖上的莲纹	冯沂、霍启明：《山东临沂金雀山画像砖墓》，《文物》1995年第6期
Ⅳ式			江苏徐州青山泉镇白集村东汉画像石墓的中室藻井荷花	李洪甫：《江苏连云港市花果山出土的汉代简牍》，《考古》1982年第5期
Ⅴ式			山东嘉祥宋山出土的汉画像石上的莲纹	朱锡禄：《山东嘉祥宋山1980年出土的汉画像石》，《文物》1982年第5期
Ⅵ式			高句丽将军坟出土的东汉、汉魏之交瓦当上的莲纹	曹元启：《山东昌邑县发现窖藏十万枚汉半两钱》，《文物》1984年第1期
Ⅶ式			山东沂南汉墓画像石上的莲纹	刘敦桢主编：《中国古代建筑史》（第二版），北京，中国建筑工业出版社，1984年，第95页

从以上考古史料我们可以发现，在佛教艺术中的莲花形式传入中国之前，中国自身运用莲花纹样进行装饰已有更早的历史，并不是因佛教的传入而带来了莲纹在中国的兴起，只是佛教的兴盛促使了莲花在装饰艺术中运用得越来越广泛，并在三国两晋南北朝时期达到了鼎盛。

（二）中外交融后碑刻莲纹在中国的变化创新

中国早期本土传统莲纹实际上与印度传入的佛教莲纹有很大的区别。中国本土传统莲纹无论是构图形式还是花瓣都比较简单，从上面图形分析来看，一般只有四瓣，多者也只有八瓣，花瓣饱满，多呈桃形。印度莲纹是佛教的信物，被看作孕育一切生命的圣物，象征宇宙的子宫。[①]在印度神话中，莲花常与太阳神、造物神同时出现，故印度的莲花

---

① 〔日〕逸见梅荣：《古典印度文样》，东京，东京美术，1976年，第28页。

是经过艺术加工的变体纹样。黄文弼指出："莲花出自印度，但希腊有一种水草叶与莲花近似。及佛教北传至犍陀罗、大夏及安息后，又与希腊之水草叶混合，而成'印度、希腊式'之莲花瓣纹。"[①]可见，印度佛教莲花纹样还取材于印度的莲花和希腊的水草相结合的变体形，而不是自然界真实的莲花。印度莲花纹样在构图上呈圆形分布，花瓣重叠相加，瓣数较多，瓣顶呈尖状，形成光环状由内向外发射（表3-3）。

表 3-3　印度莲纹

纹样	著录	来源
	印度巴尔赫特栏杆上雕刻的莲纹，公元前2世纪	张晓霞:《天赐荣华:中国古代植物装饰纹样发展史》，上海，上海文化出版社，2010年，第84—85页
	孔雀王朝的阿玛拉巴雕刻的莲纹	张晓霞:《天赐荣华:中国古代植物装饰纹样发展史》，上海，上海文化出版社，2010年，第84—85页

印度莲纹的这种形式随着佛教的传入被中国所吸收，并且受中国人审美习惯的影响而逐渐发展成具有中国特色的莲花纹样，其在形式上也有了多种变化。根据装饰部位的不同，莲花形态有很大的差异，而且单就某个部位而言都在不断地变化，莲瓣的形态也丰富多样，主要有桃形莲瓣纹、云头莲瓣纹、叶形莲瓣纹。由于时代不同，其形象也有差别，一般说来，都经历了由简趋繁、化繁为简的变化过程。

三国两晋南北朝时期的碑刻莲花纹样运用已较广泛，尤其是造像碑的发展使莲花纹样得到了大量的运用，现根据碑刻莲花纹样工艺技法的特点分出两大类，即线刻莲纹和浮雕莲纹。

1. 线刻莲纹

线刻莲纹使用线条来表现莲花的形态和构成形式，在组合方式上有单枝莲花，也有与佛像组合形成佛之脚踏莲花，还有佛之手持莲花，线刻莲纹可分为四种类型（表3-4）。

---

① 黄文弼:《佛教传入鄯善与西方文化的输入问题》，见黄烈编:《黄文弼历史考古论集》，北京，文物出版社，1989年，第352页。

表 3-4　三国两晋南北朝碑刻线刻莲纹分类

类型	纹样	著录	来源
Ⅰ式		杜鲁清等造像，西魏大统十三年（547），拓片高 60 厘米，宽 24 厘米	北京图书馆金石组编：《北京图书馆藏中国历代石刻拓本汇编 4（北朝）》，郑州，中州古籍出版社，1989 年，第 59 页
		孙宝憘造像，北魏神龟元年（518），山东淄博临淄区，拓片高 25 厘米，宽 92 厘米	北京图书馆金石组编：《北京图书馆藏中国历代石刻拓本汇编 4（北朝）》，郑州，中州古籍出版社，1989 年，第 52 页
Ⅱ式		夏侯纯造像，北周天和四年（569），石高 96 厘米，宽 38 厘米，侧宽 22 厘米	中国文物研究所、重庆市博物馆编：《新中国出土墓志·重庆》，北京，文物出版社，2002 年，第 140 页
Ⅲ式		张永贵造像，北周保定四年（564），陕西铜川耀州区，拓片高 37 厘米，宽 140 厘米	中国文物研究所、重庆市博物馆编：《新中国出土墓志·重庆》，北京，文物出版社，2002 年，第 113 页
		李道和供养像，北朝，浙江舟山定海区，拓片高 16 厘米，宽 35 厘米	中国文物研究所、重庆市博物馆编：《新中国出土墓志·重庆》，北京，文物出版社，2002 年，第 216 页
		道俗九十人造像碑，东魏武定元年（543），碑侧面，原存于河南新乡	笔者拍摄
Ⅳ式		张永洛造像碑，东魏武定元年（543），碑侧面，原存于河南郑州	笔者绘制

类型	纹样	著录	来源
IV式		张永洛造像碑，东魏武定元年（543），碑侧面，原存于河南郑州	笔者绘制

I 式特点：莲花为单枝做装饰，莲瓣的造型采用单线刻画，以写实的线描为主。

II 式特点：底座莲瓣的纹样，主要对底座围绕进行装饰，使碑刻图纹显得整洁俨然，画面形式感强。

III 式特点：手持莲花的纹样，在碑刻画面中比较常见，寓有干净利落、静心之意，吉祥美好。

IV 式特点：图案形式的莲花纹样，如张永洛造像碑，图形比较严谨、完整，而且对花瓣进行了深入细致的刻画。

2. 浮雕莲纹

三国两晋南北朝时期浮雕莲纹可分为高浮雕和低浮雕两种形式，这两种形式在造像碑上表现得最为突出，而造像碑上又主要运用在佛像脚踩部位和佛像头部后面。当然，墓志的底座也有部分使用莲花装饰的，根据莲花花瓣的形态进行归类，可分为瓣尖形莲花和瓣圆形莲花。

（1）瓣尖形莲花

瓣尖形莲花的形式表现为莲花瓣顶部呈尖状，但是单瓣花内又分出双瓣对称式形成层叠，内部双瓣有尖状也有圆状，内部双瓣的演变过程大致从尖状向圆状过渡。

1）对分式层叠瓣尖莲纹。对分式层叠瓣尖莲花纹的形态是外层莲瓣为尖状，内部对分又有尖状和圆状两种形式。这些对分式形式表现在碑刻的基座上，且大多以浅浮雕进行雕刻，具体可分为三种类型（表3-5）。

表 3-5 对分式层叠瓣尖莲纹分类

类型	纹样	著录	来源
I式		墓志底座，碑藏于武威市博物馆，前凉升平十二年（368）	笔者绘制

续表

类型	纹样	著录	来源
Ⅱ式		贾智渊妻张宝珠造像，北魏正光六年（525），山东青州出土，拓片阳高 240 厘米，宽 140 厘米阴高 225 厘米，宽 136 厘米	笔者绘制
		贾智渊造背屏三尊像，北魏正光六年（525），原在山东青州西王孔庄	笔者绘制
		比丘道休造弥勒佛像，北魏孝昌三年（527），原在山东东营市广饶县杨赵寺村皆公寺遗址	笔者绘制
Ⅲ式		田延和造像，北魏，河南淇县城关镇出土	笔者绘制
		释迦造像，北魏，原存于河南沁阳	笔者绘制

Ⅰ式特点：莲花围绕墓志底座形成装饰带，而莲瓣的造型比较独特，采用三角的形态装饰。

Ⅱ式特点：对分式，花瓣带弧形，这种形式在花瓣的胖瘦上略有一点点区别，如贾智渊妻张宝珠造像、贾智渊造背屏三尊像、比丘道休造弥勒佛像等，在这些莲花中，有的在花瓣的内层进行叠加，有的还在外层的每两瓣相连的缝隙处使用半瓣进行叠加，因此在形式感上更加丰富。

Ⅲ式特点：对分式，莲瓣的瓣尖向外略翻卷，对分式中的这种形式一般装饰于佛之头部后背，翻卷的瓣尖增加了莲瓣的曲线感，足以看出其越来越趋向于向曲线式发展，并与卷草纹、云纹、飞天等弯曲的纹样相呼应。

2）单分式层叠瓣尖莲纹。单分式层叠瓣尖莲纹外层莲瓣为尖状，内层为圆形，采用单瓣莲花相连围成一圈，每一瓣内部再重叠一层莲瓣，这样形成两层叠加相连接。这种形式的莲纹比较少见，一般装饰于碑的底座，如表3-6的董道生造像和菩萨像纹样，这两组都是单分式，但是在瓣尖的处理上有差异：董道生造像瓣尖呈尖状，而菩萨像为圆状。

表3-6 单分式层叠瓣尖莲纹分类

类型	纹样	著录	来源
I 式		董道生造像，藏于日本京都大学，北周保定二年（562），拓片高32厘米，宽18厘米，座背及两侧均高5厘米，宽16厘米	笔者绘制
II 式		菩萨像，北齐，河南巩义石窟寺旧藏	笔者绘制

3）单层瓣尖式莲纹。单层瓣尖式莲纹在碑刻中所见较多，尤其是在造像碑中，主要表现为菩萨头部莲花光圈和脚踩莲花，根据莲花的组合方式、构图形式及莲花的造型特点又可细分出多种式样（表3-7）。

表3-7 单层瓣尖式莲纹分类

类型	纹样	著录	来源
I 式		背屏三尊像，北魏，原在山东广饶县阜城店村	笔者绘制
		张永洛造像碑，东魏武定元年（543），原存于河南郑州	笔者绘制

续表

类型	纹样	著录	来源
Ⅰ式		郭贤造像，北周保定四年（564），面背均高43厘米，面宽25厘米，背宽22厘米，两侧一高37厘米，一高40厘米，均宽11厘米	笔者绘制
Ⅱ式		元天穆墓志，北魏普泰元年（531），河南洛阳出土，石长宽均为82.2厘米	笔者绘制
		李慧珍等造像莲花记，东魏天平三年（536），端方旧藏，拓片径22厘米	笔者绘制
Ⅲ式		三尊菩萨造像，北魏，1971年河南洛阳白马寺院出土	笔者绘制
		骆道明造像，北魏孝昌二年（526）	笔者绘制
Ⅳ式		陈神姜等造石像，西魏大统十三年（547），有阴及侧，石高112厘米，宽50厘米，侧宽43厘米	笔者绘制

续表

类型	纹样	著录	来源
IV式		中岳嵩阳寺伦统碑，碑座，东魏孝静帝天平二年（535），高 305 厘米，宽 110 厘米，厚 26 厘米	笔者拍摄
V式		坛会等造像，东魏天平三年（536），原在河南洛阳龙门山，拓片高 14 厘米，宽 41 厘米	笔者绘制
		孙思香造像，东魏天平四年（537），原在河南洛阳龙门山，拓片高 23 厘米，宽 31 厘米	笔者绘制
VI式		道俗九十人造像碑，东魏武定元年（543），原存于河南新乡	笔者绘制
VII式		造像碑，北朝，河南洛阳出土	笔者绘制
		释迦多宝造像，北魏普泰元年（531），原存于河南沁阳	笔者绘制

续表

类型	纹样	著录	来源
Ⅷ式		邑义五百余人造像，阳面，东魏武定元年（543），原在河南淇县浮山封崇寺内，今藏于纽约市博物馆，拓片碑阳高244厘米，宽110厘米，阴高225厘米，宽109厘米	笔者绘制
Ⅸ式		僧族造像，北周天和元年（566），拓片碑身高160厘米，宽66厘米，两侧均高145厘米，宽25厘米	北京图书馆金石组编：《北京图书馆藏中国历代石刻拓本汇编 7（北朝）》，郑州，中州古籍出版社，1989年，第125页
Ⅹ式		千佛碑，北周保定五年（565），河南洛宁出土	笔者绘制
Ⅺ式		释迦多宝造像，北魏普泰元年（531），原存于河南沁阳	笔者绘制

Ⅰ式特点：莲瓣呈尖状，单层瓣相连，在两瓣相连处叠加一小瓣尖，一般用于佛之头部，常表现为十瓣相连接，因雕刻于佛之头部，故呈半圆形。

Ⅱ式特点：莲瓣像形状叶片，这种形态为印度莲纹演化而成，故与印度莲纹有一定的相似性，莲瓣一般为8—10片排列成圆圈形式，中间表现出莲蓬的形态，而莲花瓣相对表现为较瘦的形态。

Ⅲ式特点：此种莲瓣为翻卷瓣，莲花的瓣尖从瓣中部向瓣尖卷起，故瓣尖部分呈卷曲状，此种形式有的用在佛的头部上，也有用在佛脚部所踩莲花上，此种形式的莲花比较肥厚饱满，且在形式感上显得更加优美，与菩萨飘逸的服饰相呼应。这种特点的莲瓣在该时期的陶瓷上有很多的体现，最有名者如青釉仰覆莲花尊，该陶瓷尊的腹部捏雕着莲花，在尊的中间凸出的部位和底部的莲花瓣尖卷曲外撇，而在陶瓷尊的肩部所堆塑莲纹为对分式层叠，卷曲的瓣尖给人以柔美的曲线感。

Ⅳ式特点：此种莲瓣为桃形，瓣尖拉得比较长，西魏时期瓣尖相对短些，到了东魏瓣尖逐渐拉长，变化形式也逐渐丰富，如中岳嵩阳寺伦统碑。

Ⅴ式特点：此种形式的莲瓣由桃形演变而成，比桃形弯曲的弧度更大，因此，瓣尖更长，花瓣内再分出一层形成重瓣莲，一般装饰在菩萨脚踏的莲座部位，下面通常布置莲叶和莲蓬。

Ⅵ式特点：此种形式相对简单，莲瓣比较饱满，瓣尖装饰在佛之底部莲座上，使用莲花形成一个莲蓬状的形态。

Ⅶ式特点：此种形式被称为一束莲，不仅仅是莲花，通常还包括莲叶、莲蓬等形成一束的形式，一般还会加入盛开的花朵，莲花的花瓣也常呈尖状。

Ⅷ式特点：此种形式的莲花纹样有多种形态变化，有的为弯曲形，有的为方尖形，但整体上都是采用单瓣莲花组合成一排，这与莲花其他的形式有区别，其他形式的莲花一般都是做圆圈状组合排列，因此，这种形式更趋向平面化。

Ⅸ式特点：此种形式为使用莲花中的一朵花瓣叠加进行装饰，装饰部位大多为佛像的头部，形成光晕般的效果，花瓣的尖部朝正上方，有的是两层叠加，有的是三层叠加。

Ⅹ式特点：该式因为采用高浮雕的技法，莲花显得非常饱满，看上去呈一个倒立的三角形，瓣尖略微有些上翘翻卷。

Ⅺ式特点：该式的特点在于莲瓣的中间刻了一条线，在形态上形同于叶片，瓣尖亦上卷外翻。这种形态在印度莲纹中所见较多，如表3-3中孔雀王朝的阿玛拉巴雕刻的印度莲花纹和印度巴尔赫特栏杆上雕刻的莲纹，也是采用中间刻一条线的形式。

（2）瓣圆形莲花

瓣圆形莲花所见较少，从所查阅的资料来看，有单层圆瓣也有对分式圆瓣，有的装饰在佛的头部，亦有装饰在底座部位的（表3-8），如Ⅰ式背屏三尊佛和夏侯纯造像同为瓣圆式，但两者亦存有差异，背屏三尊佛为对分式，瓣相对拉长，而夏侯纯造像为单层，呈半圆形。Ⅱ式造像碑莲瓣为双瓣，花型为双瓣相内凹，而Ⅰ式夏侯纯造像花型为单瓣相外凸，为尖型。

表 3-8　瓣圆形莲纹分类

类型	纹样	著录	来源
Ⅰ式		背屏三尊佛，北魏，原在山东广饶阜城店村，因雕像背后有较大的石屏，故称背屏造像，常见一佛二菩萨造像组合	笔者绘制

续表

类型	纹样	著录	来源
Ⅰ式		夏侯纯造像，北周天和四年（569），石高96厘米，宽38厘米，侧宽22厘米	笔者绘制
Ⅱ式		造像碑，北周，西安市未央区六村堡公社中官亭村出土	笔者绘制

此外，其他器物上所见莲花纹样与碑刻莲纹亦有相似之处（表3-9）。

表3-9　其他器物上所见形似莲纹

纹样	著录	来源
	青釉仰覆莲花尊，北朝，通高63.9厘米，口径19.4厘米，底径20.3厘米，胎质灰白细密，通体青灰色釉，出土于封氏墓群	笔者绘制
	黄釉绿彩四系罐，北齐，高24厘米，口径8.7厘米，器上半部施米黄色釉，下部露胎。由口沿至腹部垂挂柳条艳丽的绿色彩斑	笔者绘制

（三）莲纹总体风格特点

从以上对莲纹变化的分析可见，三国两晋南北朝时期的莲纹受外来佛教艺术的影响，开始将中国传统的莲纹融入佛教莲花的特点而进行变化创新。北魏之前的莲纹呈瘦细形，到了隋代末期，才部分地出现了丰肥硕体的莲纹，这正体现了三国两晋南北朝时期装饰艺术风格以秀骨清像为审美范式。而不同的时期和不同的地区因受佛教影响的程度不同，莲纹也有很大的差异，北凉和北魏时期的莲纹受印度佛教莲花的影响很大，到了北魏末期、西魏、北周时期莲纹融入了中国本土的中原文化，可见，莲纹在三国两晋南北朝的发展不仅是对印度佛教莲花艺术的复制摹写，还是将外来文化艺术融汇创新形成适合自己民族风格特点的莲花装饰纹样。莲纹这种创新的特点与印度佛教的传播注重适应当时当地文化艺术传统的精神是一致的。

该时期的莲纹除了做主纹外，也有做辅助纹样的，运用形式非常广泛，组合方式上也丰富多样，有的单独装饰，有的结合鸟兽、神仙羽人等形成丰富的画面，而在构成形式上有散点式、二方连续式、S 形带状式、圆形排列式等。尤其是桃形莲花和瓣尖卷曲的莲花形态，线条优美流畅，围合成圆形或二方连续样式时莲瓣尖头、丰胸、束腰的形态特征表现出整齐优美的节奏感。该时期由于造像碑很多见，所见莲纹在造像碑中表现得最为突出，造像碑中作为边饰的莲花一般可分为单独装饰整个碑身或者装饰在主题纹样的边角等；和佛像组合作为边饰，装饰在佛之头部和脚部等；和瑞兽组合作为边饰，装饰在碑身或者装饰在碑身主题纹样的周边；等等。

二、缠绕往复的忍冬纹

（一）忍冬纹的起源

忍冬是一种缠绕植物，俗称"金银花""金藤花"，是一种藤蔓缠绕植物，对节生叶，叶圆长，一蒂两花，一花一瓣（一大一小），花瓣略似喇叭形，有一根直茎，茎上端有大小不等的三四个花头。其花长瓣垂须，黄白相伴，花朵初开色白，二日变黄，三四日深黄，新旧相参，黄白相映，故名金银花。它的生命力很强，犹如松柏，凌冬不凋，故有忍冬之名，又名耐冬草，或忍冬草。忍冬具有延年益寿的功用，《名医别录》载："（忍冬）久服轻身，长年，益寿。"[①]古人喜欢忍冬，是取其长寿延年的吉祥含义。忍冬作为佛教纹样，可能即是取其"益寿"之吉祥含义。《辞源》中是这样解释的："药草名。藤生，凌冬不凋，故名忍冬。三四月开花，气甚芬芳。初开蕊瓣俱色白，经二三日变黄；新旧相参，黄白相映，固又名金银花。"[②]对于忍冬纹的起源，学术界也有多种说法，这在张晓霞的《天赐荣华：中国古代植物装饰纹样发展史》一书中已有提及，该书提到两种观点：一种

---

① （梁）陶弘景集，尚志钧辑校：《名医别录》（辑校本），北京，人民卫生出版社，1986 年，第 50 页。

② 广东、广西、湖南、河南辞源修订组，商务印书馆编辑部编：《辞源》（修订本）（第 2 册），北京，商务印书馆，1981 年，第 1101 页。

认为忍冬纹是汉代卷云纹的变体，田自秉等其所著《中国纹样史》一书中也持此种观点。田自秉等认为："汉代的铜镜外缘即有出现，时称卷云纹，实即忍冬纹的前身。"[1]另一种认为忍冬纹是受西方棕榈叶、莨苕叶、葡萄叶等纹样的影响演变而来，并列举了三种理由。[2]当然还有其他非主流观点。从碑石中出现的忍冬纹来看，笔者更赞同第二种观点。

（二）忍冬纹的特征变化

三国两晋南北朝时期，随着佛教的兴盛，忍冬纹大为流行，此时的忍冬纹多见呈波状缠绕延伸，隐喻"循环往复，生生不息"。忍冬纹出现初期，在组织形式上比较简单，一般以单片居多，发展到北魏晚期至东魏时期，忍冬纹形式开始表现得越加丰富多样，有的为三瓣、四瓣，展开似兰花，形成连续纹样；有的呈波状；有的形似火焰纹，其构成特征也在不断变化（表3-10）。

表 3-10　三国两晋南北朝碑刻忍冬纹分类

类型	纹样	著录	来源
I式		法香建塔记，北魏，拓片高25厘米，宽44厘米	笔者绘制
		辅兰德道教造像碑，碑阳，北周保定元年（561），药王山博物馆藏	笔者绘制
II式		宇文恪造龙华浮图铭，北魏，□□三年，石碑在河南洛阳，拓片高67厘米，宽115厘米	北京图书馆金石组编：《北京图书馆藏中国历代石刻拓本汇编6（北朝）》，郑州，中州古籍出版社，1989年，第186页
		张难杨造像，北魏景明四年（503），原存于河南新乡，此为碑侧纹样	笔者绘制
		一佛二弟子造像碑，西魏，西安市第二十六中学校内出土	笔者绘制

---

① 田自秉、吴淑生、田青：《中国纹样史》，北京，高等教育出版社，2003年，第193页。
② 张晓霞：《天赐荣华：中国古代植物装饰纹样发展史》，上海，上海文化出版社，2010年，第102页。

类型	纹样	著录	来源
Ⅱ式		薛广墓志，北齐何清四年（565），今藏于中国国家博物馆，拓片长、宽均为67厘米，盖长、宽均为70厘米	笔者绘制
		夏侯纯造像，北周天和四年（569），石高96厘米，宽38厘米，侧宽22厘米	笔者绘制
Ⅲ式	  	僧智道阮等造像，北魏永安三年（530），石高204厘米，宽80厘米，侧高142厘米，宽27厘米	上图：北京图书馆金石组编：《北京图书馆藏中国历代石刻拓本汇编 5（北朝）》，郑州，中州古籍出版社，1989年，第141页下二图：笔者绘制
		杨连熙佛造像，北周天和二年（567）	笔者绘制
Ⅳ式		田延和造像，北魏，河南淇县城关出土	笔者绘制
		扈豚造像，北魏	笔者绘制
	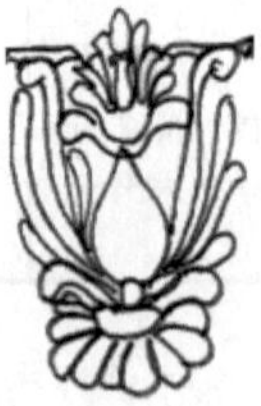	造像碑，边饰，北朝，河南洛阳出土	笔者绘制

续表

类型	纹样		著录	来源
IV式			比丘道休造弥勒佛像，北魏孝昌三年（527）	笔者绘制
			张永洛造像碑，东魏武定元年（543），原存于河南郑州	笔者绘制
			丁朗俊合家造像碑，北齐，原存于河南新郑	笔者绘制
			延兴造像碑，北齐，河南禹州出土	笔者绘制
			刘绍安造像碑，北齐天保十年（559），底座侧面，1964年河南新郑出土	笔者拍摄
			宋显伯造像碑，北齐天保三年（552），原存于河南沁阳	笔者绘制
V式			王毛郎造像，北魏熙平二年（517），原存于河南辉县	笔者绘制

类型	纹样		著录	来源
V式			张难杨造像，北魏景明四年（503），原存于河南新乡	笔者拍摄
VI式			贾智渊造背屏三尊像，北魏正光六年（525），原在山东青州西王孔庄	笔者绘制
VII式			观音造像，北齐	笔者拍摄、绘制
			佛坐像，北魏和平二年（461），西安市西关王家巷出土	笔者拍摄、绘制

Ⅰ式特点：该式忍冬纹多为三瓣或四瓣叶片组合叶，呈花状散开，一般装饰于佛像背光处并形成纹样，三瓣组合散开，尾部卷曲重复排列形成优美的形式感。

Ⅱ式特点：该式为基本骨架呈波状向两边延伸，在骨架的两边装饰忍冬纹，忍冬纹的形态呈上下翻卷状，叶瓣有多种变化，有的单瓣，有的双瓣，有的多瓣，而叶片的形态也有多种形式的变化，有的叶片细长而尖，有的宽卷，有的中间一瓣圆，两边叶片翻卷。

Ⅲ式特点：该式以一个桃心的形态为基本单元向左右延伸变化，桃心内再装饰忍冬纹。

Ⅳ式特点：该式为单束忍冬纹装饰，但独立装饰中在形式感上又各有差异，有的为三瓣组合，有的为四瓣组合，有的三瓣或四瓣合并组合形成花束，在三瓣或四瓣组合中又根据忍冬纹花瓣卷曲状态的不同而有差异，如刘绍安造像碑、延兴造像碑、扈豚造像，三图中的忍冬纹都为三瓣式，但由于叶瓣卷曲的不同而有差异：扈豚造像两边卷曲，中间不卷，而延兴造像碑则为最长之叶片卷曲，刘绍安造像碑为最短之叶片卷曲。三片叶片卷曲分布的不同从而产生完全不同的形态。再来看多片花瓣的组合，如造像碑和宋显伯造像碑，略看上去相似，实则由于叶片胖瘦的不同而产生差异：造像碑的忍冬纹呈长瘦形，而宋显伯造像碑的呈胖圆形，二者在组合形态上又是一致的。最复杂的形式是田延和造像，该造像上的忍冬纹以单独的三瓣式作为一个单元，采用多个独立单元之间相互连接、穿插等形式组合成一个更加丰富复杂的新形式。

Ⅴ式特点：该式为多叶组合形成一束花的形式，再通过排列形成卷草的形式，每瓣叶片采用梯高式，即一层高过一层形成梯田式，最后一层叶瓣拉得最长，这种形式一般装饰于佛头部后面尖状的背屏处，故这种形态也是为了适应尖状的布局。

Ⅵ式特点：该式为卷草形式，但与Ⅱ式翻卷形式有很大的差异，该式以多瓣忍冬叶组合形成类似莲花的形态作为一个基础单元，以一条波状线为骨架围绕这个基础单元形成卷草的形式，相比Ⅱ式又更加丰富多变，但在动态感上则不如Ⅱ式，如贾智渊造背屏三尊像中的忍冬纹装饰于佛头形成背光。

Ⅶ式特点：该式为双叶忍冬纹，由于叶片少，所以在形式上显得比较单一，一叶卷曲，一叶细小组合一个单元，进行 S 形排列。

总体上，忍冬纹的形式在三国两晋南北朝时期的变化已非常丰富，有的在不同的组合结构中有相同的忍冬纹，有的在相同的骨骼中进行忍冬纹的变化，根据忍冬纹枝藤的变化、叶瓣数量的变化、曲折的组合形式的变化、叶瓣向背卷曲及叶瓣横排和纵排构图形式的变化等，形成了丰富多变的忍冬纹的装饰特点。其变化的总体特点是由早期的忍冬花头和叶片短小的特点逐渐向长条形发展。

三、飘逸上升的火焰纹

火焰纹亦称为佛光，是指佛像头部和背面所显现的光芒，一般布位在尖拱额中，用于衬托佛的庄严和神灵，以北魏石窟佛像最为习见，河南洛阳龙门石窟表现尤为细致，以宾阳洞、古阳洞诸龛为代表，此处所表现的火焰纹十分炽热，极像火焰。因火焰纹源于佛教纹样，具有辟邪、驱魔之意，故被赋予神圣、威严的含义。由上可知，火焰纹是一种象征符号，用来表现宗教特定的气氛，在形式上有不同的变化形态，有的由忍冬纹演变而来，有的形似云气纹，还有的一看便如火焰，如云冈石窟和巩县石窟的火焰纹像忍冬纹的变体，而敦煌的则为云气纹的变体。

三国两晋南北朝时期的碑刻中的火焰纹主要体现在造像碑上，在雕刻技法上有浮雕，也有线刻的形式，但无论何种技法所刻，火焰纹都表现得极为丰富，纹样多而满，看上去像熊熊烈火在燃烧。

1. 浮雕火焰纹

浮雕火焰纹根据火焰的长短、宽窄来区分，大致有如下类别：其一，线状火焰纹，高浮雕细线条的火苗排列整齐；其二，宽带状火焰纹；其三，条状火焰纹（表 3-11）。

表 3-11　浮雕火焰纹分类

类型	纹样		著录	来源
I 式线状火焰纹			田延和造像，北魏，河南淇县城关出土	笔者拍摄
			王毛郎造像，北魏熙平二年（517），原存于河南辉县	笔者拍摄
			焦儿奴造像，北魏孝昌二年（526），石高 39 厘米，宽 26 厘米	笔者绘制
II 式宽带状火焰纹			延兴造像碑，北齐，河南禹州出土	笔者绘制
			刘根造像碑，北魏正光五年（524），河南偃师市出土，该碑系嵌在一座砖塔上的铭记，内容分三部分，中为线刻释迦说法图，左右分别为"佛弟子刘根四十一人等敬造刊记"和题名	笔者拍摄

续表

类型	纹样		著录	来源
Ⅱ式宽带状火焰纹			弥勒造像碑，北魏孝昌元年（525），河南荥阳出土	笔者拍摄、绘制
			三尊菩萨造像，北魏，河南洛阳白马寺出土	笔者拍摄
Ⅲ式条状火焰纹			陈神姜等造像，西魏大统十三年（547），石高 112 厘米，宽 50 厘米，侧宽 43 厘米	笔者绘制
			王敬则造像，南朝齐永泰元年（498），拓片高 60 厘米，宽 29 厘米	笔者绘制
			道俗九十人造像碑，东魏武定元年（543），碑背面，原存于河南新乡	笔者拍摄
			张难杨造像，北魏景明四年（503），原存于河南新乡	笔者拍摄

续表

类型	纹样		著录	来源
			张难杨造像，北魏景明四年（503），原存于河南新乡	笔者拍摄
Ⅲ式条状火焰纹			李覆宗造像，北魏正光五年（524），拓片长 43 厘米，宽 18 厘米	北京图书馆金石组编：《北京图书馆藏中国历代石刻拓本汇编 4（北朝）》，郑州，中州古籍出版社，1989 年，第 161 页
			杜文庆等二十人造像，北魏正光五年（524），河南辉县出土，拓片高 30 厘米，宽 73 厘米	北京图书馆金石组编：《北京图书馆藏中国历代石刻拓本汇编 4（北朝）》，郑州，中州古籍出版社，1989 年，第 162 页
			贾智渊造背屏三尊像，北魏正光六年（525），原在山东青州西王孔庄	笔者拍摄
			贾智渊妻张宝珠造像，北魏正光六年（525），山东青州出土，拓片阳高 240 厘米，宽 140 厘米，阴高 225 厘米，宽 136 厘米	笔者绘制
			扈文腮石造像，北魏，河南郑州出土	笔者拍摄、绘制

续表

类型	纹样		著录	来源
Ⅲ式条状火焰纹			路文助造背屏三尊像，东魏武定二年（544），山东莱阳一带出土，背后铭文记佛弟子路文助为去世父亲造像祈福，祝愿父亲托生到西方极乐世界	笔者拍摄、绘制
			韩克智石造像，北齐天保七年（556），河南郑州出土	笔者绘制
			郭贤造像，北周保定四年（564），面背均高43厘米，面宽25厘米，背宽22厘米，两侧一高37厘米，一高40厘米，均宽11厘米	笔者绘制

Ⅰ式线状火焰纹特点：造像碑中的线状火焰纹一般装饰在佛像的头部背光处，线条旋曲向上形成飘逸的形状，有的火苗呈压扁的 W 形或 C 形细线条，成为佛像背光中的主要纹样，有的线状火焰纹既像鱼鳍，又像羽毛的形态，有的呈团形线状火焰纹，如田延和造像，该造像碑上的线状火焰纹装饰在佛的背光部位，为适应背光尖状向上的形态，火焰纹也呈 W 形尖状向上，并使用曲线式宛转向上，使火焰纹显得丰富多变。王毛郎造像的火焰纹呈压扁的倒 C 形顺着佛像背光的尖状形态向上延伸，每根线条弯曲层叠排列，背光下面部位的火焰纹则形成像主树枝的两边用线条层层排列成莲花瓣的形态。这种线状火焰纹在青铜器中也有使用（表 3-13 中弥勒佛铜造像），为线状形成侧 U 形，与焦儿奴造像的火焰纹的形态一致。

Ⅱ式宽带状火焰纹特点：该形式的火焰纹表现为火苗宽度大而短，故把它称为"宽带状火焰纹"。宽带状火焰纹虽总体表现为火苗排列有序、宽大简短，但也有不同形态的细微变化，有的表现为火焰像阔叶树的叶子形状，而且火焰边处为卷圆式纹样，因而具有凌乱华丽的效果，如刘根造像碑，该造像碑上的火焰纹装饰在佛像背光外圈处，火焰呈宽大的叶状，火焰的边角处卷曲向上，使火焰纹看似凌乱，实则有序向上排列，并采用浅浮雕刻的技法。该形式中有的火焰纹排列有序，类似于卷草纹，其应该是从卷草纹演变而来。如弥勒造像碑和三尊菩萨造像，两者的火焰纹样均较宽，形成有序的排列形式，边角卷曲翻滚，形成类似卷草纹的纹样特点。还有一种特征为宽带、短叶状火焰排列有序，火焰曲折部卷圆，尖树叶状纹样。如延兴造像碑的火焰形似枫树叶构成多角并卷曲，但没有像其他的尖状向上的整体形态。

Ⅲ式条状火焰纹特点：条状火焰纹的形式较多见，但具体到不同装饰部位又有明显的差异，据表 3-11 可以划分出三种不同的特点：其一，下宽上窄的长条形，如路文助造背屏三尊像、张难杨造像、扈文腮石造像、贾智渊造背屏三尊像，其中张难杨造像又显得略有区别，此火焰纹细部有火焰状的锯齿，而路文助造背屏三尊像、扈文腮石造像、贾智渊造背屏三尊像表现为下面宽部呈云纹状，上面细部位尖角状。其二，上下宽度相差不大，甚至一样宽，呈弯曲上飘状，如李覆宗造像中的火焰纹看上去像水蒸气挥发一样，但有的形态弯曲得很明显；杜文庆等二十人造像和郭贤造像中的火焰纹呈不规则地左右弯曲转折迂回向上飘去，动感更加强烈。其三，变化较小，火焰纹形状呈一个扭曲向上的"山"字形态。如韩克智石造像的火焰纹形态上下变化不大，以一个"山"字形态向上延展形成一个单独的火焰纹，再以这个单独的火焰纹为单元左右向上延伸组合装饰在佛像背光处。

2. 线刻火焰纹

线刻火焰纹与浮雕线状火焰纹初看似均以线条刻划，细看实则是有差异的，浮雕火焰纹刻划较深，所以形成浅浮雕状，而线刻火焰纹则是以很浅的线条来刻划。线刻火焰纹在形态上与上表的条状火焰纹有相似之处，火焰纹往往装饰在佛像背光处，下部宽大呈云纹状，向上逐步变细，如表 3-12 中，杜鲁清等造像的火焰纹呈条状，刻划多而繁复，没有太多转折变化，从下部的粗大向上渐细，呈现出向上飘逸的艺术效果。

表 3-12　线刻火焰纹

纹样	著录	来源
	杜鲁清等造像，西魏大统十三年（547），拓片高 60 厘米，宽 24 厘米，阴面	北京图书馆金石组编：《北京图书馆藏中国历代石刻拓本汇编 6（北朝）》，郑州，中州古籍出版社，1989 年，第 26 页

此外，其他器物上的火焰纹参见表 3-13。

表 3-13　其他器物火焰纹

纹样	著录	来源
	弥勒佛铜造像，北魏永平三年（510），新乡市博物馆征集	笔者绘制

四、简洁点缀的联珠纹

联珠纹以小圆圈串联排列在主纹的周围，但这种串联的圆圈并不仅仅局限于圆形，也有以不规则几何形或心形进行串联的。它象征着太阳、世界、丰硕的谷物、生命和佛教的念珠，故在佛教题材中运用得比较多样。对于联珠纹的起源，学术界有多种说法：其一，夏鼐认为其源于波斯的萨珊王朝，6 世纪中期出现在中国，7 世纪 50—80 年代最盛，8 世纪初淡出中国。[1]郭廉夫等认为："联珠纹由波斯经中亚细亚传入新疆……联珠纹样表明我国装饰纹样在民族传统的基础上，吸收了外来图案的有益成分，闪烁着波斯萨珊朝艺术风格的异彩。"[2]其二，田自秉等认为，中国自古就有联珠纹，这是有史可考的，从原始社会的半山型彩陶中的白色圆点的圆珠纹到隋唐织锦和敦煌藻井上的连珠纹，一直有延续变化。田自秉等还认为，唐代联珠纹的流行，只能说是与当时波斯的装饰审美相应而已。[3]其三，张朋川认为，彩陶圆点纹和南北朝联珠纹中间相隔 2000 多年，是不存在连续性的，联珠纹系是波斯传入的。[4]笔者赞同张朋川的观点，三国两晋南北朝时期碑刻上运用较多，联珠纹仅见于圆形和椭圆形两种，其所装饰部位一般为菩萨的背光或者碑石边饰中主纹的两边（表 3-14）。

---

① 夏鼐：《新疆新发现的古代丝织品——绮、锦和刺绣》，《考古学报》1963 年第 1 期。
② 郭廉夫、丁涛、诸葛铠主编：《中国纹样辞典》，天津，天津教育出版社，1998 年，第 11 页。
③ 田自秉、吴淑生、田青：《中国纹样史》，北京，高等教育出版社，2003 年，第 226 页。
④ 张朋川：《宇宙图式中的天穹之花——柿蒂纹辨》，《装饰》2002 年第 12 期。

表 3-14　三国两晋南北朝碑刻联珠纹分类

类型	纹样		著录	来源
I 式			翟□造像，北魏神龟三年（520），石高 123 厘米，宽 70 厘米	笔者绘制
II 式			柴季兰等四十余人造四面像记，北齐天统元年（565），石碑在河北平乡，拓片碑身高 144 厘米，宽 82 厘米，额高 44 厘米，两侧高 137 厘米，两侧宽 23 厘米，陈伯玉拓。此为碑刻两侧纹样	笔者绘制
			严小洛造四面像记，北魏正光二年（521），陕西泾阳出土，陈介祺藏，拓片正背均高 25 厘米，宽 18 厘米，侧高 22 厘米，宽 7 厘米	北京图书馆金石组编：《北京图书馆藏中国历代石刻拓本汇编 4（北朝）》，郑州，中州古籍出版社，1989 年，第 109 页

　　I 式特点：该式联珠纹的形态为椭圆形，排列在主纹的周围，用来装饰主题纹样，如翟□造像，该造像碑上的联珠纹在构图布局上呈菱形排列，装饰在主题纹样的周边，以衬托出主题纹样，并且每一个主题纹样外围用联珠纹框起来构成一个小单元，形成一个个小的画面，而这些小的画面结合起来又构成一个大的整体，从而使画面更加丰富多彩。

　　II 式特点：该式联珠纹的形态为正圆形，以其排列在主题纹样的边上，与主题纹样共同构成点、线、面的画面效果，如柴季兰等四十余人造四面像记，该碑侧的纹样只装饰在上部三分之一处，下部为文字，此造像碑中的联珠纹装饰在碑的两侧，作为边饰垂直排列在主题纹样的两边，使上部的纹样更加突出，且使主题纹样能够形成一个统一的整体。严小洛造四面像记中的联珠纹装饰在佛像背部，以正圆圈串联构成莲瓣的造型，其与佛像背部的线刻纹共同衬托出佛像，使佛像这一主题图像更加突出。

第三节　碑刻传承纹样

一、卷曲漂游的云纹

云纹在汉画像石中已经出现较多，所以三国两晋南北朝时期的云纹中既有传承汉画像石中的云纹的特点，也有其创新之处，但总体上，较之于汉代的云纹，其最大差别是剔除了汉代纹样抽象的特点而更加趋于柔美，整体上显得更加飘逸。除了卷云纹还带有汉画像石的特点外，三国两晋南北朝创新的云纹多表现为一团的、卷曲飘逸的形态特征，犹如在空中随意飘游。此外，也有一团叠加一团组合形成一大团的单独纹样，或者再以这个单独纹样进行连续变化成二方连续纹样的（表 3-15）。

表 3-15　三国两晋南北朝碑刻云纹分类

类型	纹样	著录	来源
I 式流云纹		中岳嵩阳寺伦统碑，碑座，东魏孝静帝天平二年（535），高 305 厘米，宽 110 厘米，厚 26 厘米	笔者拍摄
		北魏墓志，现存于陕西历史博物馆，旁边刻画守护之神，护驾青龙于山川云壑间，祥云奔驰，衣袋飘举。出土于河南洛阳	笔者拍摄
		张永洛造像碑，东魏武定元年（543），碑侧面，原存于河南郑州	笔者拍摄
		高海亮造像碑，北齐天保十年（559），河南襄城出土	笔者绘制
II 式团云纹		三菩萨石造像，北齐，河南郑州出土	笔者绘制

续表

类型	纹样		著录	来源
Ⅱ式团云纹			丁朗俊合家造像碑,北齐,碑侧,原存于河南新郑	笔者绘制
Ⅲ式卷云纹			造像碑,边饰,北朝,河南洛阳出土	笔者绘制
			皇兴造像,北魏皇兴五年(471),1949年前陕西兴平出土	笔者拍摄、绘制
			刘保生造阿弥陀佛像,北魏景明三年(502)	笔者拍摄
			冯邕妻元氏墓志,北魏正光三年(522),河南洛阳出土,拓片长、宽均69厘米,侧17厘米,盖通长95厘米,宽92厘米。此为墓志盖边饰	笔者绘制
			刘绍安造像碑,北齐天保十年(559),河南新郑出土	笔者拍摄

　　Ⅰ式流云纹特点：流云纹的变化比较自由随意，有的头上卷曲，尾部拖长形呈波状，如高海亮造像碑上的云纹，为了与飘逸的飞天形态相呼应，此碑刻中的云纹雕刻成向左翻滚的波状，与飞天的方向一致，飞天上的飘带与云纹形成统一的整体，根据构图的需要，云纹有大有小；有的从各个方向进行卷曲形成任意形态，这种形态大多有汉代云纹的遗风，一般与龙或者凤结合构成画面。张永洛造像碑雕刻简略，碑中的云纹形态与汉代云纹有较大区别，云纹卷曲，形态简洁，与龙组合构成画

面，画中的龙在形态上相对汉代的龙也已经脱离了狰狞抽象的艺术特点而趋向于写实，画面显得更世俗化。北魏墓志以羽人、青龙和云纹构成画面，该墓志中的云纹继承了汉画像石中的云纹特点，此云纹更加抽象，卷曲的形态犹如青龙的爪子，与羽人、青龙相呼应，使画面更具有神秘色彩。中岳嵩阳寺伦统碑的碑侧雕刻云纹，采用浮雕和线刻结合的方式，浮雕先雕刻大致的云纹形态，在云纹中再以线刻划出卷曲的云纹线条，使云纹显得更加丰富。

Ⅱ式团云纹特点：团云纹为多层云纹叠加形成团状，团云纹在形态上也有差异，有的为一层一层由内向外盘卷叠加的形态，如三菩萨石造像中的云纹以浅浮雕的形式由内往外雕刻成卷曲的叠加形态，再以这个图像为单元向左右延伸形成二方连续纹样。有的为卷曲的形由下往上变化形成像枫叶状的形态，这种形态在汉画像石中雕刻的树上有所出现，故推断是其演变而来。

Ⅲ式卷云纹特点：卷云纹从所查资料来看有两种风格特点：一种为继承汉代云纹风格但略有差别，如冯邕妻元氏墓志，以多层卷曲的形态向两边延伸形成波状卷云纹，在汉画像石中有类似的卷云纹，如表2-4Ⅲ式中周公辅成王的云纹与表3-15Ⅲ式中造像碑云纹就有一定的共同性。另外一种为比较简洁的卷云纹，虽为卷曲延伸的二方连续，但卷曲较为简单，仅仅为勾状卷曲向左右延伸，如刘绍安造像碑，该碑中的卷云纹为局部短小的边饰装饰，故云纹的形态简洁。

二、清新泼辣的卷草纹

三国两晋南北朝时期的卷草纹形式上富于变化，并呈连续发展的势态。我们来对比表3-16中的Ⅰ式和表2-4Ⅰ式中的汉代羽人飞仙和玄武，可以窥见它们中的卷草纹具有延续性。汉画像石上的卷草纹承袭青铜器和漆器上的纹样显得更加抽象，而到了北魏时期这种纹样又相对精细，在形式上比汉代有了更多的变化，有云纹卷曲的形态，有忍冬纹卷曲的形态，有植物枝蔓卷曲的形态，忍冬纹卷曲的形态则是三国两晋南北朝时期的创新纹样，而云纹卷曲的形态和植物枝蔓卷曲的形态在汉代基础上有了很大的变化。首先，卷曲的组合形式比汉代更加多样化；其次，植物选取的花蔓的形态也更加多样，根据其叶片和卷曲的形式可以分出多种不同类型，如叶子相背或两叶颠倒的不同、叶子排列的纵横顺序等的不同、叶子有平面的排列与复杂的重叠穿绕的不同，等等。根据所收集的资料，碑石中所出现的卷草纹大致有单组叶片波状卷草纹、双组叶片波状卷草纹、多组叶片波状卷草纹、环卷草纹、龟甲形卷草纹、葫芦形卷草纹等类型，见表3-16。

表 3-16　三国两晋南北朝碑刻卷草纹分类

类型	纹样		著录	来源
Ⅰ式			七帝寺造像，北魏太和十九年（495），拓片高62厘米，宽123厘米	笔者绘制
			天监造像，南朝梁天监二年（503），拓片高40厘米，宽57厘米	笔者绘制
			穆绍墓志，北魏普泰元年（531），河南洛阳出土，石长、宽均为76厘米，侧宽10厘米	笔者绘制
Ⅱ式			张永洛造像碑，东魏武定元年（543），碑背面，原存于河南郑州	笔者拍摄、绘制
			元天穆墓志，北魏普泰元年（531），河南洛阳出土，石长宽为82.2厘米	北京图书馆金石组编：《北京图书馆藏中国历代石刻拓本汇编 5（北朝）》，郑州，中州古籍出版社，1989年，第147页
			杜鲁清等造像，西魏大统十三年（547），拓片高60厘米，宽24厘米	北京图书馆金石组编：《北京图书馆藏中国历代石刻拓本汇编 5（北朝）》，郑州，中州古籍出版社，1989年，第152页

续表

类型	纹样		著录	来源
Ⅲ式			千佛碑，北周保定五年（565），河南洛宁出土	笔者拍摄、绘制
			田延和造像，北魏，河南淇县城关出土	笔者拍摄、绘制
			贾智渊妻张宝珠造像，北魏正光六年（525），山东青州出土，拓片阳高240厘米，宽140厘米，阴高225厘米，宽136厘米	笔者拍摄、绘制
Ⅳ式			贾智渊造背屏三尊像，北魏正光六年（525）	笔者拍摄、绘制
			比丘道休造弥勒佛像，北魏孝昌三年（527）	笔者拍摄、绘制
			张永洛造像碑，东魏武定元年（543），碑背面，原存于河南郑州	笔者绘制

类型	纹样	著录	来源
Ⅳ式		背屏三尊佛，北魏，原在山东省东营市广饶县阜城店村，因雕像背后有较大的石屏，故称背屏造像，常见一佛二菩萨造像组合	笔者拍摄、绘制

Ⅰ式特点：此为植物卷草纹。植物卷草纹的变化比较多样，在该样式中可分为多组叶片环状卷曲、单组叶片卷曲、多组叶片波状卷曲、双组叶片波状卷曲，如七帝寺造像，此造像碑卷草纹为多组叶片呈上下环状卷曲，并向两边延伸。天监造像卷草纹为单叶卷曲随意分布，装饰在佛像的背光处，卷曲的叶片在方向上和大小上随意变化，使画面显得自由活泼。穆绍墓志则为多组叶片呈波状上下翻滚卷曲，叶片随意组合，但从叶片的形态来看，还留有汉代卷草纹的部分特点，只是卷曲的叶片比汉代细而增多，所以，画面显得满密，此卷草纹装饰在墓志四边，墓志盖上刻文字。张永洛造像碑卷草纹为双组叶片分叉交接围绕中间的卷轴线上下分布，形成波状翻滚的形态，与其他卷草纹最大的不同之处在于此卷草纹的叶片形态比较大，所以显得比较简洁。

Ⅱ式特点：此为云纹卷草纹。其继承了汉代传统卷云纹的特点，在形式上更趋向于古朴，该式以S形的卷曲形态为基本单元向上下或者左右两边延伸形成卷草纹，如杜鲁清等造像，该卷草纹装饰在竖立的柱子上，柱子的上下端以莲花装饰，中间为二方连续的卷草纹，该卷草纹虽为S形，但形式上相对汉代卷草纹要活泼些。而与元天穆墓志相比较来看，此二者都为S形态，但元天穆墓志卷草纹更偏向于继承传统卷草纹的样式。

Ⅲ式特点：此为莲纹卷草纹。其以莲花为基本元素，结合卷草纹的主干结构呈波状卷曲。如千佛碑，在佛像头部的背光处以莲花和莲叶相互交叉组合呈波状并排列为一个圆形，莲花以抽象的形态出现，中间为莲蓬，外面一层为半写实的莲瓣，整体效果为卷草纹的形式，故称之为莲纹卷草纹。

Ⅳ式特点：此为忍冬卷草纹。其和莲纹卷草一样，即以忍冬纹为基本元素，以波状为主干结构进行卷草装饰。这种形式有单独的忍冬卷草纹，有以忍冬纹为主题加以其他纹样，如莲纹、菊花纹等做辅助纹样结合装饰，如田延和造像即是以忍冬叶片、菊花、荷叶三者交错组合形成卷曲的波浪状卷草纹。而比丘道休造弥勒佛像、背屏三尊佛、贾智渊造背屏三尊像、贾智渊妻张宝珠造像都是莲花与忍冬的结合，中间为莲花瓣，两边分布忍冬叶。中间莲花的花瓣有差异，忍冬纹在形态上又有少许的变化。

三、形式简单的几何纹

三国两晋南北朝时期的碑刻几何纹延续汉代作为辅助纹样用来装饰主题纹样，使主题纹样更加完整。当然，此时的几何纹虽有继承汉代的特点，但也发展出了很多的变化，如出现了回纹和龟背纹的形式，龟背纹是指以六角形为基本的单元，连缀起来的四方连续纹样，因形状似龟背的纹路而定名。[1]龟在古代是"四灵"之一，是吉祥的灵物，是长寿的象征，故用在碑刻中也比较常见。几何纹分类见表 3-17。

表 3-17　三国两晋南北朝碑刻几何纹分类

类型	纹样	著录	来源
I 式		浮雕塔纹背屏造像残件，北朝，山东惠民沙河杨村出土，惠民县博物馆藏	笔者拍摄
		僧欣造像，北魏太和二十三年（499），拓片高 84 厘米，宽 65 厘米	北京图书馆金石组编：《北京图书馆藏中国历代石刻拓本汇编 3（北朝）》，郑州，中州古籍出版社，1989年，第 43 页
		孟口姬造像，北魏正始元年（504），石原在河北易县，拓片高 110 厘米，宽 55 厘米	笔者绘制

---

① 郭廉夫、丁涛、诸葛铠主编：《中国纹样辞典》，天津，天津教育出版社，1998 年，第 15 页。

类型	纹样	著录	来源
Ⅱ式		元显侨墓志，北魏延昌二年（513），出土于河南洛阳，拓片长 72 厘米，宽 50 厘米，盖长 72 厘米，宽 66 厘米	笔者绘制
Ⅲ式		乔进臣买地券，南朝梁天监九年（510），拓片高、宽均 32 厘米	笔者绘制

Ⅰ式特点：该式几何纹为菱形，即使用两条波状纹进行上下交叉形成菱形，有的在菱形中添加菱形，使图形更加丰富，如孟□姬造像和僧欣造像即为两条波状纹交错，中间添加菱形，装饰在主题纹样的两边，而浮雕塔纹背屏造像残件则比较简单，两条波状线相交成菱形状，这种形式在汉画像石纹样中所见很多，故属于传承纹样。

Ⅱ式特点：该形式比较复杂，纹理上变化多样，龟壳的造型上以多边几何形进行有序的由内向外排列，形成发射状，使图形在装饰上显得繁复多变，用在墓志中寓意长寿，如元显侨墓志。

Ⅲ式特点：该式为回纹，即通过线条回旋曲折相连构成二方连续的纹样，如乔进臣买地券。

四、逐渐退减的波状纹

三国两晋南北朝时期的波状纹多是延续汉画像石上的波状纹特点，这种纹样比较简单，一方面由于刻工技艺的进步，工匠可以刻出更加复杂的图形从而逐渐削弱了该种纹样；另一方面也体现了人们审美观的变化，即不满足于简单的几根线条装饰。波状纹分类见表 3-18。

表 3-18　三国两晋南北朝碑刻波状纹分类

类型	纹样	著录	来源
Ⅰ式		刘僧息造像，北魏神龟元年（518），河南巩义出土，拓片高 35 厘米，宽 38 厘米	笔者绘制

续表

类型	纹样	著录	来源
I 式		道教造像碑碑阳，正始二年（505），临潼区博物馆藏	笔者绘制
II 式		僧欣造像，北魏太和二十三年（499），拓片高84厘米，宽65厘米	笔者绘制
		浮雕塔纹背屏造像残件，北朝，山东惠民沙河杨村出土，惠民县博物馆藏	笔者绘制

五、其他纹样

龙纹表现得洒脱修长，奔放活跃，身躯比汉代拉长，走兽状的形态逐渐削弱，但尾部仍然近于虎尾，行走如云。龙的头部与同时期的凤和麒麟的头部相似之处甚少，既扁又长，并开始出现类似双鹿角的造型，龙的嘴角较深，龙发开始向后披散，腹甲和龙鳞趋向整齐细密，四肢开始出现肘毛，爪一般呈三趾。

凤刻画得精细而饱满，结构清楚，气韵生动。由于受到佛教艺术的影响，云纹、花草纹等与龙凤的组合成综合性的复杂图案，使龙凤显得更加气势磅礴、敦厚壮丽，体现了雍容大度的气派，一扫前朝那种寓巧于拙、寓美于朴的古拙情调，转而向丰满华润演化，表现出一种健壮、流动的生机勃勃的活力，从中可以看到其受佛教艺术中乐伎、飞天的影响。动物纹取材于动物皮毛上的纹路，或以动物的外形来做装饰。灯笼纹是以灯景为题材的装饰图案（表3-19）。

表3-19 三国两晋南北朝碑刻其他纹样对比

类型	纹样	著录	来源
龙纹		罗浮山铭，南朝梁大同元年（535），广东博罗出土，拓片高46厘米，宽57厘米	北京图书馆金石组编：《北京图书馆藏中国历代石刻拓本汇编 2（三国、晋、十六国、南朝）》，郑州，中州古籍出版社，1989年，第160页

续表

类型	纹样	著录	来源
龙纹		张永洛造像碑,东魏武定元年(543),碑侧面,原存于河南郑州	笔者拍摄
凤纹		韩山刚造像碑记,北齐河清三年(564),石已流于海外,拓片高138厘米,宽50厘米,此为罗振玉《海外贞珉集存》	北京图书馆金石组编:《北京图书馆藏中国历代石刻拓本汇编7(北朝)》,郑州,中州古籍出版社,1989年,第142页
动物纹		冯邕妻元氏墓志,北魏正光三年(522),河南洛阳出土,拓片长、宽均69厘米,侧17厘米,盖通长95厘米,宽92厘米	北京图书馆金石组编:《北京图书馆藏中国历代石刻拓本汇编4(北朝)》,郑州,中州古籍出版社,1989年,第125页
灯笼纹		韩山刚造像碑记,北齐河清三年(564),石已流于海外,拓片高138厘米,宽50厘米,此为罗振玉《海外贞珉集存》	北京图书馆金石组编:《北京图书馆藏中国历代石刻拓本汇编7(北朝)》,郑州,中州古籍出版社,1989年,第142页

第四节　三国两晋南北朝时期碑刻纹样的总体特点

从装饰纹样来看,三国两晋南北朝时期是中国古代艺术史发展的一个新的阶段,这时的绘画艺术渐趋成熟,图案装饰开始受绘画艺术的影响,加上宗教艺术盛行,此时的碑刻纹样既延续前朝碑刻纹样和其他器物上的纹样,如汉代的青铜器纹样、漆器纹样等,又有受佛教等外来文化艺术的影响而出现的创新纹样。[①]如三国两晋南北朝时期的云纹、几何纹等纹样传承汉画像石上的纹样,并在汉代的基础上创新变化,到三国两晋南北朝时期受织锦纹样和佛教文化的影响越来越大,植物纹样出现得越来越多,变

---

① 吴山编著:《中国纹样全集(魏晋南北朝·隋唐·五代卷)》,吴山、陆晔、陆原绘图,济南,山东美术出版社,2009年,第4页。

化也越来越丰富，莲纹和卷草纹则成为此时植物纹样装饰的主体。此外，三国两晋南北朝时期的碑刻边饰装饰有其特殊性，因为该时期以造像碑较多，所见碑刻纹样以造像碑中佛像头部、底座及造像碑边框等处的纹样为多，也有部分的墓志纹样，此时的墓志纹样布局细满，纹样丰富，线刻极为流畅，整个纹样动感较强，具有神秘的气氛。中国的墓葬设置墓志始于三国两晋南北朝，东汉时的习俗是在墓地设碑或阙，两晋多见改为墓志，墓志的形制在不同时期也有不同的变化，北魏后期流行方形石质墓志，上合墓志盖，到隋唐即已大量流行，墓志的大小不一，小的约三四十厘米见方，大的有 90 厘米见方，在墓志装饰的排列布局上，一般正面中间多排列文字并呈方形，所刻为墓主的官职名讳，在文字的四边则雕刻纹样，三国两晋南北朝墓志纹样多为减地平雕加阴线。

整体上来看，一方面，此时碑刻纹样改变了汉代以抽象图形装饰为主体的艺术特征，在形式上更加世俗化；另一方面，受佛教艺术的影响，装饰内容多为佛教题材，如菩萨、飞天、祥禽瑞兽、忍冬草、莲花纹等，但这些佛教题材传入中国之后在发展的过程中融合了中国人的审美情趣，在形式上有了较大的变化，因而逐渐变得民族化。

一、碑刻纹样的世俗化

三国两晋南北朝时期由于碑刻纹样上承汉代碑刻纹样的大体大面，概括洗练，强调外轮廓线，下启隋唐纹样的圆润、丰满，更加的写实，从而表现出渐次世俗化的趋势，故有过渡时期的特征。四神纹与云龙纹相组合，四神写实，卷云曲线圆润，多见波状结构和 S 形结构的云纹，这为唐代卷草纹的大量运用打下了基础，说明其具有逐步的世俗化倾向。从题材来看，虽然画面既有道教内容，又有佛教内容，且二者杂合发展，但宗教装饰题材往往多与植物纹样组合，故弱化了神秘鬼神的特征，从而显得比前朝更加世俗化。

二、碑刻纹样的民族化

中国绘画艺术的特征之一是以线来表现形体，这一点完全不同于西方艺术以面来塑造形体，具有鲜明的本民族特色。三国两晋南北朝时期的碑刻边饰受佛教影响而出现了创新纹样，莲纹和忍冬纹是此时碑刻边饰上的主要纹样，而从前文对莲纹和忍冬纹特征的分析可以看出，外来纹样传入中国后并不是完全照搬，而是根据本民族的审美要求和雕刻技法进行了改造，这就是外来纹样的民族化。这种民族化的特征之一便是表现在线条的刻画上,佛教题材传入之后注重线条的刻画,画面往往以线塑造整个形体,这种注重线条的刻画在唐宋之后尤其得到充分的体现和发展。三国两晋南北朝时期的碑刻边饰虽然大部分采用浅浮雕进行雕刻,但仍然可见刻画线条的流畅,这种用线条来刻画的碑刻纹样寓精巧于概括大方之中,雕刻艺术手法的对比变化使大小、主从相得益彰。尤其是火焰纹、云纹等纹样弯曲缭绕的线条与佛像衣饰及飞天等飘逸的形态相互呼应。

第五节　本 章 小 结

三国两晋南北朝装饰艺术多与佛教有关,敦煌、云冈、龙门、巩义、响堂山、麦积山均留下了大量的造像碑。碑刻纹样从周汉以来达到发展顶端的抽象纹样逐渐向植物纹样发展,尤其到了隋唐之后植物纹成为主流。日本学者长广敏雄曾把三国两晋南北朝时期的装饰特色名之为"花的文化"。①这种纹样的发展趋势除了与思想文化有关外,与当时工艺品的发展也有很大的关联。三国两晋南北朝时期铜器、漆器、玉器逐渐趋向衰弱,而金银器和陶瓷则逐渐出现。金银器和陶瓷是相对精致的工艺品,装饰与造型协调统一的艺术审美要求纹样逐渐精致化。碑刻纹样受工艺的影响亦逐步地从抽象走向具象,尤其是佛教传入后,佛教象征纹样莲纹在佛教造像碑中运用广泛,卷草纹和忍冬纹也由波状起伏的带状发展至固定的格式,汉代流行的云纹也逐渐走向格律化,出现上下起伏的波纹,形成规律的分割纹,道教中的流动的云纹与佛教中飘逸的飞天结合,该时期的云纹产生了新的图式,加上玄学的流行、人们思想观念的变化、对外交流的扩大,一改汉代之雄伟而追求清秀典雅、纤细飘逸之美,为隋唐碑刻纹样的成熟与兴盛奠定了坚实的基础。

---

① 〔日〕长广敏雄:《蔓草纹样的发展》,《大同石佛艺术论》,京都,高桐书院,1946年,第26页。

第四章　成熟与兴盛：碑刻纹样的创新发展（隋唐）

隋朝国祚较短，碑刻亦不多，在中国碑刻史上属于低潮期，且品种比较单一，所见在陕西历史博物馆有一些，在山东曲阜及山西有部分，故本章记叙多为唐代碑刻。唐代是中国封建社会的鼎盛时期，此时国力强盛，经济发达，文化繁荣，各领域都彰显出恢宏张扬的气象。该时期也是中国历史上一个重要的转折时期，思想空前解放，经济飞速发展，因此碑刻遗存较多。在这之前，人们受制于宗教观念，处于自在阶段，唐代之后，人们认识到碑刻的主体地位，开始进入自由阶段。由于唐代是中外大交流大融合空前开放的时期，大胆地引进和吸取外来的文化使得唐代呈现出多元文化并存的局面。这在碑刻纹样上有很明显的体现，如装饰纹样由之前以瑞兽为主体转变为以植物为主体，并且出现了很多外来纹样。碑刻在该时期产生了大量的丰碑巨制。碑刻形制多样、数量众多、内容丰富、制作精美，可以说是空前绝后。唐代碑刻制作多选精美的石质，朝廷设立采石之官进行专门管理，负责勘采美石，如升仙太子碑记载："采石官朝议郎洛州来庭县尉臣□睃。"撰文者多为当时的文化名流，书丹者也大多是书法名家，刻工亦经过专业的训练。

结合前文，中国碑刻的形体大致经历了以下几个发展阶段：其一，先秦至汉代时期。西汉之前的碑可以视作广义上的碑，即在石头上刻文字，若从狭义来讲，此时的碑并没雕刻纹样，到了东汉，碑刻逐渐趋于定型，一般有碑额和碑身，有的还有碑座。碑首一般雕刻或线刻龙纹，碑额或碑身通常雕刻动物、植物、人物纹样等。其二，三国两晋南北朝时期。该时期的碑为螭首龟趺形，即碑额上雕刻数龙缠绕，碑座为龟形。其三，隋唐时期。该时期的碑刻以华丽高大为主要特点，通高平均在 3.5 米，雕刻的纹样精美绝伦，如乾陵武则天的无字碑，其碑首上互相缠绕的浮雕龙多达 8 条。

此外，唐代的墓志纹样也极其丰富，其延续三国两晋南北朝时期的纹样，但以花草纹样为主，这是由于唐代生产力的发展和观念的更新，一反自商周以来的以动物纹为主的纹样特点而大量采用花草纹，所刻花草纹样繁复华丽，体现了唐朝雍容华贵、富甲天下之特点。但每个阶段又有不同的差别，唐初至高宗时期，纹样简洁明快，以缠枝忍冬纹、卷云纹为主，枝蔓肥大，花叶多为单层三瓣形，如尉迟敬德墓志。武则天时期，则以云纹、忍冬纹及花鸟纹为主，纹样纤细繁缛，花朵、花瓣为多重形式，缠枝纹形成多组二方连续图案，如亡宫三品婕妤金氏墓志（永昌元年，即 689年）等。开元年间，忍冬纹的花蕊变大，形成多重花瓣，且出现了对叶忍冬花纹、四象云气纹及十二生肖纹，如李贞墓志（开元六年，即 718 年）和契苾夫人墓志（开元九年，即 721 年）等。天宝年间，以花草纹居多，且肥厚丰硕，还出现了团花纹等。安史之乱以后，墓志的纹样明显减少，变得粗率简略，花饰以团花、宽肥的簇叶纹、回形折线纹、四象及开光式十二生肖纹为主。①这种雕饰至唐末一直沿用，基本上没有大的改变，只是在晚唐时期，纹样越来越粗略简单。

　　隋唐时期常用的碑刻纹样有卷草纹、牡丹纹、宝相花、花鸟纹、华盖纹、联珠纹、绶带纹、人物纹、柿蒂纹、几何纹等。装饰手法有写实的、夸张变形的，并采用大 S 形弧线，花中套花、叶中套花、枝中饰人等构成巧妙的艺术手法，该时期为中国传统装饰图案发展的重要历史时期。墓碑的两侧及碑阳文字四周都是纹样最佳表现之地。其纹样内容大致分为变形图案、写实花卉、飞禽走兽、方相神怪、人物故事和宗教等。大部分墓碑上的纹样由于年久风化，多有残损，现藏于西安碑林博物馆的大智禅师碑②是一件难得的代表作品，碑两侧以线刻和减地手法刻出蔓草、凤凰、人物等错综复杂的装饰图案，整个画面繁复、华丽、活泼、美妙。

第一节　隋唐碑刻纹样兴盛的文化背景

　　隋朝是继秦汉之后建立的大一统时期，此阶段为繁盛的唐代奠定了基础，前文谈到隋朝碑刻较少，有纹样的碑刻就更少，目前所收集的资料多为隋开皇和大业年间所刻碑石，从碑刻纹样来看，也属于过渡期，造像碑渐少，墓志有所出现，其上的纹样渐渐趋向自然。到了唐代就完

---

① 徐志华：《昭陵博物馆藏唐代墓志纹饰研究》，《艺术百家》2013 年第 4 期。
② 此碑亦名"义福禅师碑"，唐开元二十四年（736）刻，碑身高 202 厘米，宽 112 厘米。此碑大部分保存完好，碑阴碑阳刻字总计不过 10 字。碑阳严挺之撰文，史维则隶书并篆额，史子华旋字。阳 32 行，行 61 字。额 3 行，行 9 字。碑阴较碑阳晚五年，即开元二十九年（741）刻。阳成伯撰文，亦史维则书，隶书 27 行，行 9 字。碑末附宋淳化、宣和、金大定、真祐、明弘治年间题名。此碑书法苍劲庄严、颇具骨力。清孙承泽等推为开元第一。

全不同了，特别是唐代盛期，碑刻的发展已经达到非常成熟、鼎盛的阶段，是中国碑刻史上继东汉之后的第二次高峰期。[①]此时无论是碑刻的形制，还是书体、文体，甚至碑刻纹样等，都发展得极尽完美。而且碑刻的数量也不可胜数，丰碑巨碣、造像、墓志等碑刻成千上万，如石台孝经、大秦景教流行中国碑、道因法师碑、大智禅师碑、大唐嵩阳观纪圣德感应之颂碑、大唐三藏圣教序碑等。在西安碑林博物馆中，现存唐碑多达 1000 余座，置身西安碑林博物馆，目睹气度恢宏、书法精绝、内涵丰富、风格各异的唐代丰碑巨制，颇令人有敬仰之感。此外，昭陵博物馆和千唐志斋博物馆中存有大量的唐代墓志，这些墓志上的纹样丰富多彩且雕刻精美，这些纹样图案反映了唐代的经济、文化及审美风格的变化，并彰显出盛唐繁盛的气象。

一、盛唐气象的彰显

唐之前，人们受制于宗教观念，处于自给自足的封闭阶段，唐代扩大了对外交往的范围，使人们逐渐认识到其主体地位，追求自由、开放的思想意识。尤其是该时期域外文化与本土文化、宗教文化与世俗文化、贵族文化与士族文化交织互融，体现了唐代思想开放、多元化融合发展的繁荣局面。这种思想观念的变化使唐代碑刻纹样显现出大气、繁盛的特点，如嵩阳书院大唐嵩阳观纪圣德感应之颂碑，该碑雕工极为精致，刻于唐天宝三载（744）。由基座、碑身、碑额、云盘、碑脊五层雕石组成，通高 9.02 米，宽 2.04 米，厚 1.05 米，重达 82 吨。碑跌用一块巨石雕成，四壁表面刻有童子、卷草、宝相花和狮子等纹样，均为线刻。在基座四面雕刻 10 个神佛像龛，正背面各排列三龛，侧面各两龛。此碑巍峨耸立，给人以震撼感，仰视之中，使人顿生敬畏，纹样的雕刻也是大气磅礴，动物纹样采用半浮雕形式，云纹刻满碑额，显示了盛唐繁盛雄伟的气势。

唐代可以说不仅仅是一个统一、上升的历史时期，也是一个自信、开放的时期。碑刻风格由之前的古拙、威严转变为活泼、自由。

二、宗教传播的需要

佛教在三国两晋南北朝时期尤为兴盛。南朝梁武帝时期佛教被尊为国教，据载南京一带的寺庙有 500 余所，僧尼 10 余万众；北朝时期北齐全境

---

① 张晓旭：《秦汉碑刻研究》（上篇），《南方文物》2000 年第 1 期。

寺院竟然达 4 万余所，僧尼有 300 万之多。①隋唐时期的都城长安和洛阳是佛教最为兴盛的地区，日本学者山崎宏根据唐、宋两部《高僧传》统计，在隋代立国至唐武德九年（626）的 46 年中，有传记的僧侣共计 203 人，其中 112 人即占总数 55.2%的人活动在关中地区。贞观元年（627）到乾封二年（667）的 41 年中，则 116 人中有 83 人，占 71.6%。②易言之，当时大约一半的著名僧人活动在京都一带。中国佛教宗派三论宗、慈恩宗、华严宗、密宗都以唐京都一带为主要的活动基地。③宗教的发展带动了对外交流的频繁，并出现了大量记载宗教发展历史的碑刻，著名的有大秦景教流行中国碑，"大秦"是中国古代对罗马帝国的称呼。"景教"是古代基督教的一支，在唐初传入中国。该碑立于唐德宗建中二年（781），碑原立于长安大秦寺院，明天启五年（1625）出土，当即引起世界各国的关注。清光绪三十三年（1907），该碑移入碑林，现藏于陕西历史博物馆，碑额题正书"大秦景教流行中国碑"，额顶部刻有立于莲座上的十字架，由吉祥云环绕的十字架下部的典型的中国莲花瓣朵，显示出景教开的是中土之"花"，结的是基督教之"果"。它是中国基督信仰最早的碑文记载，载述景教教士阿罗本将新《旧约圣经》带到长安，并从事翻译圣经的工作概况，表现了唐王朝包容、自由、宽松的思想政治环境。④大秦寺塔、大秦景教流行中国碑作为考证古代基督教东渐历史及中国基督教发展历史的珍贵文物史料，有极高的历史价值和文化学术价值，被许多中外宗教界和社会学者所重视。又如大唐三藏圣教序碑，该碑在唐代共有 4 块，分别是雁塔圣教序记、王行满圣教序记（刻石在河南偃师）、唐同州三藏圣教序记（原在陕西省大荔县，现藏于陕西历史博物馆），因碑在陕西同州府学，又名同州三藏圣教序记和唐怀仁集王右军三藏圣教序记（现藏于陕西历史博物馆）。"圣教"即佛教之义，因唐代崇佛教，尊称佛教为"圣教"，该碑也见证了唐代对外交往的历史。

三、宗族门第观念的影响

中国自东汉开始即出现了士族阶层，这促进了中国家族和宗族的发展，日本学者诸桥辙次从法律或仪礼的角度研究了中国家族、宗族的制度。

---

① 张晓旭：《隋—唐碑刻研究（上篇）》，《南方文物》2002 年第 2 期。
② 〔日〕山崎宏：《"支那"中世佛教的展开》，东京，清水书店，1942 年，第 95 页。
③ 孙昌武：《中国佛教文化史》（第一册），北京，中华书局，2010 年，第 30 页。
④ 张晓旭：《隋—唐碑刻研究（下篇）》，《南方文物》2004 年第 2 期。

他认为，"以不变的家族的仪制为基础，考察中国社会的一面"①。在唐代，士族力量影响深远，这些士族阶层垄断了文化和经济的发展，士族儒雅的门风和文化修养是其社会门第产生的基础。士族的门第观、婚姻观等观念融合在一起，形成了士族社会的地位观念，这些促使士族社会力量长久发展。唐初因承三国两晋南北朝之余风，对于"家学""门风"等观念的重视不仅并未稍减于前，而且还形成了相当浓厚的门第观念，此一观念也促成了唐碑的兴盛。

宗族门第观念主要表现为妇女的守节、敬老、德行善举等行为。唐代虽然在思想上有所开放，但妇女并非毫无贞节观念，不改嫁者占据多数，妇女离婚并非绝对自由。②孀居守节使妇女得到旌旗版授并立碑表彰，所以妇女死后一般都有墓志记载并与夫合葬，而且其上的纹样多与其夫墓纹样相同，如尉迟敬德墓志和尉迟敬德夫人苏氏墓志纹样都是云纹装饰。唐代还以贵德尚齿、尊老敬耆作为施行孝道的重要内容，以版授高年作为标榜盛世的一种手段，其在唐前期风行一时，直到高宗时期仍长盛不衰，这为墓志的大力推广起到了重要的促进作用。③笔者在阅读《隋唐五代墓志汇编》《唐代墓志汇编》的过程中发现了大量版授高年的记载，这是反映那个时代的珍贵资料。中国传统社会，士大夫追求"内圣外王"的精神境界，良好的品行有利于宗法社会的稳定，并能起到良好的表率作用。良好的品德是他们"三省其身"而毕生追求的，也是衡量他人的标准。因此，德行善举被作为一种榜样立碑以示世人。由上可见，守节、敬老、德行善举等各种宗族门第观念极大地促进了唐代碑刻的树立。

四、统治者的倡导

唐代碑刻昌盛的原因还与帝王的喜好和倡导有着直接的关系。唐开国皇帝李渊喜好书法，唐太宗李世民亦酷好书法，他专设弘文馆，吏部还根据书、言、身、判来授官职。帝王提倡树碑，在碑刻上题字刻字，如唐太宗李世民垂青于写碑、树碑，一些大型碑刻都是其亲笔所书，大唐三藏圣教序碑由李世民作序，李治作记，褚遂良书丹。武则天、唐玄宗等也热衷于写碑，唐纪泰山铭、少林寺碑、阙特勤碑、石台孝经碑④等均由唐玄宗

---

① 转引自〔日〕竹田龙儿：《关于唐代士族的家法》，《史学》2008年第1期。

② 胡戟等主编：《二十世纪唐研究》，北京，中国社会科学出版社，2002年，第216页。

③ 毛阳光：《唐墓志与唐代风俗文化研究》，陕西师范大学硕士学位论文，2000年。

④ 该碑刻于唐玄宗天宝四载（745），由唐玄宗李隆基亲自作序、注解并书写，李亨篆额。书法工整，字迹清新，秀美多姿。此碑由四块黑色细石合成，方额、盖石、顶上等均做了非常艺术化的处理，碑下有三层石台阶。

书写。此外，唐代皇帝还时常命人书碑、立碑。唐太宗时期，朱子奢奉敕撰文、虞世南书的唐幽州昭仁寺碑，颜师古奉敕撰文的唐代等慈寺碑，魏徵奉敕撰文、欧阳询奉敕书丹的唐九成宫醴泉铭，等等均为明证。[①]由上可见，唐代皇帝非常重视书碑，这是唐代碑刻繁荣的直接原因。唐代皇帝之所以大量立碑除了喜欢书法之外，也是为了记载善行表彰，对廉明公正、为百姓做好事的官吏、士绅进行赞扬与称颂，这为其推广善行的思想起到了重要的作用，如功德碑一般树立在城邑要衢、礼制官署等处，选碑者既有皇帝、官员，也有地方士绅、百姓、门生故吏等。此类碑有唐显庆四年（659）大唐纪功颂、唐乾封元年（666）赠太师鲁国孔宣公碑等。

五、对外交流的发展

唐代对外交流的开展极大地促进了文化的发展，此时对外交流可以分为两部分：一部分为国外与中国的交流；另一部分为少数民族与汉族的交流融合。

唐代对外开放，与世界上特别是亚洲国家交流频繁，如唐代长安的国子监和太学有来自日本、朝鲜等国的留学生，长安的鸿胪寺相当于现在的外交部，是接待各国使节的外交机构。唐代在宗教领域中也大大开放，为促进中外文化的交流，增进中国对各国的了解和友谊起到了推动作用。现存唐代中外文化交流的碑刻不少，如上文提到的大秦景教流行中国碑，记载着景教在中国的流行及外来传教士的传教过程等，这些传教士将其本土的审美文化带入中国，这在碑刻纹样中确有体现。

隋唐两代尤其是唐代是一个开放的多民族融合发展的时代，它与少数民族文化有着直接的关联。隋炀帝杨广的母亲、唐高祖李渊的母亲都是拓跋鲜卑族的独孤氏，唐太宗李世民的母亲也是鲜卑族，其长孙皇后的父系和母系也都是鲜卑族，唐高宗李治亦承袭鲜卑族血统。胡汉民族融合不仅表现在服饰、饮食生活等生活方面，对碑刻纹样也有相当大的影响。唐代出现了很多少数民族的墓碑，如唐蕃会盟碑（又名甥舅和盟碑、长庆会盟碑）立于 823 年（原在西藏自治区赤岭城，现立于西藏拉萨市大昭寺），它是汉藏两大民族团结友好的历史见证。又如厥特勤碑（唐时突厥汗国碑刻，刻于唐开元廿年，即 732 年）、南诏德化碑（唐代宗大历元年，即 766 年）等。

---

① 张晓旭：《隋—唐碑刻研究（下篇）》，《南方文物》2004 年第 2 期。

六、制碑技术的发达

唐碑制碑技术的发展不仅表现在雕刻纹样上，还表现在碑石形制的制作上，唐代碑刻形制分碑首、碑身、碑座三部分，碑首由早期的晕纹逐渐演化为盘绕的蟠龙，显得雄浑而有气魄。唐碑的碑身也比以前更为讲究，许多唐碑的碑阴或碑侧刻有精美的花纹图案。唐碑的碑座不再像汉碑那样采用简单的长方形石块，而是改为雕刻精良的巨型石龟，也有为方趺的，雕刻龟石的碑座叫"龟趺"。"龟趺"的使用增添了碑刻的神圣气势，碑身则一般为长方形竖石，正面谓"阳"，刊刻碑文，碑的反面谓"阴"，刻题名。[①]

此外，唐碑碑额、碑座和碑侧十分讲究雕饰，如褚遂良雁塔圣教序碑上雕刻佛像，刀法圆熟，技术高超，与碑文相得益彰。唐代碑石纹样雕刻技艺比三国两晋南北朝时期大为提高，北朝大多数碑刻纹样不太讲究纹样线条使转细微的雕刻，而这种细微的变化至唐代逐渐为刻工所掌握，刻工更注意碑刻纹样与名家书法的不同特点和风格的协调一致。碑刻书写在当时都选择名家，刻石同样也要选择技艺高超的刻工。从现存的实物资料来看，规范完整的唐碑均由碑首、碑身、碑座三部分组成，其各部分的造型有很大变化，纹样也相当精美。就碑身来看，唐碑远比汉碑精致华丽，许多唐碑碑阳刻碑文，碑阴和碑侧镌刻极为精致华丽的纹样，这都离不开碑刻技术的发展，如兴福寺残碑（开元九年，即 721 年），其碑侧的纹样雕刻精美别致，在波纹里外均雕刻精细，构思奇异大胆，表现出雕刻技艺的高超。又如大智禅师碑，其碑身两侧雕刻精美的纹样，碑侧雕刻以富有装饰趣味的蔓草组合菩萨、狮子、迦陵频伽鸟、凤鸟等形象，华丽异常，画面生动、活泼、繁复华丽，雕刻技法纯熟精炼，刀法精确细致，堪称首屈一指的精美作品。还有刻于唐武宗会昌元年（841）的玄秘塔碑、刻于唐宣宗大中六年（852）的杜顺和尚行记碑、刻于唐高宗龙朔三年（663）的道因法师碑、刻于唐宪宗元和元年（806）的慧坚禅师碑等，许多名碑的碑身两侧，都雕刻有精美的花纹图案。刻于开元四年（716）的净域寺法藏禅师塔铭，碑阳四周还刻有花纹边框；净住寺释迦文贤劫像铭的碑阴，还浮雕有千佛像；隆阐法师碑等碑侧刻有线刻纹样等。所有这些都清晰地表明，唐碑碑身的雕刻艺术较之前朝代有了很大的发展和提高。就碑座（即碑趺）而言，唐朝时龟趺碑则数量大大增加，成为较为普遍的一种碑座的形制。到唐代时，随着碑文化的繁荣兴盛和人们对立碑的高度重视，对碑的使用形成了一定的等级规定。碑在唐代已完

---

① 王鹏江：《唐碑研究》，首都师范大学博士学位论文，2006 年。

全发展成熟，形制、撰书、雕刻、使用等各方面均已形成规范，后世之碑基本上是对唐碑的沿袭，没有再发生过什么重大演变。唐代雕刻技术之高度发达可见一斑。

第二节　隋唐碑刻纹样研究

　　隋唐时期是中国纹样史上一个重要的转折时期，除传统题材的鸟兽纹样之外，花鸟纹已经成为这一时期纹样的主题，中国哲学的基调之一是把无生物、植物、动物、人类和灵魂统统视为在宇宙巨流中息息相关的乃至相互交融的实体。①因此，碑刻纹样装饰在隋唐时期尽管进入到以植物图案为主体的时代，但这种植物装饰为了与其他实体相互交融，必然要在形态上较原初的实物进行变化，即结合先人赋予植物装饰的诸如辟邪、趋吉等种种观念来表达植物纹样的内在意蕴。故隋唐与前朝在装饰上有了明显的差异，之前注重动物纹、几何纹、云气纹等的纹样被植物纹所代替，这种变化的客观原因在于：一方面，"丝绸之路"的开通促进了中西方的交往，具有异域风格的西方植物装饰纹样传入中国；另一方面，佛教文化继续传入，佛教相关的题材如莲花纹、忍冬纹、葡萄纹、海石榴纹等新奇纹样流行开来。卷草纹成为唐代广泛流行的装饰纹样，随着时间的推移，其在保持 S 形曲线的基础上，和各种花叶、鸟兽、人物等结合，产生了新的装饰形式，对现代装饰纹样有着深远的影响。

　　隋唐时期的碑刻纹样越来越复杂多变，突出表现在以下两方面：其一，植物纹样占主体，植物纹样中又以卷草纹、莲花纹、忍冬纹、牡丹纹、草叶纹等为主体，其中尤以卷草纹、莲花纹、忍冬纹样变化最为丰富，这与当时金银器的盛行密切相关，很多纹样受金银器纹样的影响。此时的植物纹样从三国两晋南北朝时期的神坛进入了体现以人为本的百花园，植物纹样的大量运用标志着人的思想的解放。其次是动物纹样、人物纹样，风景纹样较少见，几何纹样处于陪衬地位。两汉时流行的伏羲女娲、四神纹和流云纹等有部分运用，车骑出行和飞禽走兽已不多见。其二，隋唐造像碑上的纹样已不多见，但是墓志和碑石上的纹样增多，尤其是唐代墓志大多都刻有纹样。从调研收集的资料来看，唐代墓志以昭陵博物馆和千唐志斋博物馆所藏墓志居多，而碑石比较有代表性的则为唐代的大智禅师碑和大唐嵩阳观纪圣德感应之颂碑上的纹样，碑制宏

---

　　① 杜维明：《试谈中国哲学中的三个基调》，《中国哲学史研究》1981 年第 1 期。

大，雕刻精美，纹样丰富。墓志纹样则指刻于墓志盖四边及墓志侧面的纹样。

一、灵活多变的卷草纹

（一）卷草纹的起源

卷草纹是以柔和的波状线组成连续的草叶纹样装饰带，构图原理类似缠枝纹，即以植物枝、茎作连续波卷状，以波状线与切圆线相组合，作二方连续展开，形成波卷缠绵的基本样式，再以切圆线为基干，变化出有规则的草叶或茎蔓，形成枝蔓缠卷的装饰花纹带。卷草纹到了隋唐时期显得异常突出，其适应唐代植物纹样的大发展，碑刻上的卷草纹无论是构图形式，还是卷草的形态，抑或是卷草母体纹样都非常多样。

卷草纹的名称在不同历史朝代和不同国家有不同的表达。隋唐之前称之为卷草纹或卷枝纹、卷叶纹，到了唐代亦称唐草、蔓草纹和藤蔓纹，南宋时期称之为万寿藤，明代称为缠枝。在欧洲国家称卷须饰，在阿拉伯称藤蔓纹，而日本人则称之为唐草、蔓草，日本人是从纺织包袱布上的花纹认识到蔓草这种装饰纹样的。"唐草"[①]一词大约出现在日本平安时代。实际上，由于中西文化的不同对这种纹样的理解亦各有差异，所以纹样也表现出很大的不同，欧洲人说其为"卷须饰"是因为其受启发于"卷须"这种植物，卷须是由茎或叶变态形成的须状物，多发生于攀援茎上，用以卷附他物使茎上升。"卷须饰"一词最早由阿洛瓦·里格尔提出。他是这样描述的："弯曲的梗不过是一个波状的卷须，这个卷须分叉形成几组梗和较大的、带涡卷的叶。"[②]他的这种描述符合欧洲人普遍的审美习惯，卷须表现出一种非常流畅的形式美，表现出与波形弧线相适应的特点。而"蔓草纹"这个称呼似乎更适合中国人的心理特征，因为蔓草能表现出其有生命力的特点，"蔓"有延伸的意思，而"卷"只是表现一种形态。《汉语大词典普及本》这样解释："蔓：草本蔓生植物的细长不能直立的枝茎。"[③]多用于合成词，如蔓草、蔓延。这种纹样的来源有多种说法：有说是受启

① "唐草"的"唐"字指中国的唐代，日本习惯把从中国唐代传入的东西冠以"唐"字，在日本有很多类似的称呼，如京都西阵地区仿照中国纺织制作的锦类织物称"唐织"；唐式的镜子称"唐镜"等。参见〔日〕杉浦康平：《造型的诞生》，李建华、杨晶译，北京，中国青年出版社，1999年，第76页。

② 〔奥〕阿洛瓦·里格尔：《风格问题——装饰艺术史的基础》，刘景联、李薇蔓译，长沙，湖南科学技术出版社，1999年，第62页。

③ 本书编委会编：《汉语大词典普及本》，上海，汉语大词典出版社，2000年，第704页。

发于"常春藤"这种植物，常春藤是一种常绿攀援藤本，其有极强的繁殖力，其形成螺旋的茎能缠上其他物体和树干，然后急速繁殖，乃至覆盖其他物体和树干，人们也许从这种植物中感受到了无限繁荣的力量和旺盛的生命力，因此赋予它茂盛、长久的吉祥寓意，然后将这种植物纹样化，用于装饰来期望自己的生活繁荣、生命不息。另一说法是：这种纹样是历史上不断演化的产物，是经夸张变形而创造出来的一种意象性装饰纹样，它的演化与严格的装饰有关，而与对自然的模仿无关，是逐步地、微妙地使传统的植物图案自然化、灵活化。人们在追根溯源的时候发现这种纹样和蔓草相似，便起了一个名字。①而西方学者阿洛瓦·里格尔则认为蔓草纹作为植物纹起源于古埃及，由地中海地区传入西亚，再经西亚传入印度和中国。他认为："这种纹样在不同的地区，以不同题材，逐渐变化发展，最后融合统一而成，古埃及艺术是最先把植物图案加以改变，以莲花和纸莎草作蔓草状连续，继而在克里特发展为连续的波状形纹样，在美索不达米亚平原的棕榈叶，在希腊的莨苕叶，分别产生并融合成了蔓草纹样的原型，使之成为纯装饰形式。"里格尔还认为，这种弯曲的植物纹样，早在迈锡尼美术时期就应用于装饰目的，也可以说迈锡尼艺术家最先发现了充满生机的植物卷须饰，并布置图案，即迈锡尼美术是产生连续波形卷须饰及 S 形间断卷草纹样的摇篮。②日本学者杉浦康平在其所著《造型的诞生》中也同意阿洛瓦·里格尔的观点。他认为："蔓草纹由古希腊传入罗马，再经同样途径传到西亚、印度，在印度被引进佛教美术，与佛教一起传入东南亚和中国，再经过中国和朝鲜也来到了日本。"③

实际上唐代的卷草纹跟宝相花纹样一样，是集合各种花草植物纹样特征于一身而经过变形夸张创新发展而来的。它是以藤蔓植物为基本元素的装饰纹样，以一条连续不断的 S 形波状曲线向四周作任意延伸，形成的连续纹样或单独纹样，再饰以各种花卉、枝叶和一些独具特色的禽兽动物，如凤、鸟、狮子等，有时还有佛教人物等。陈绶祥在《遮蔽的文明》中谈道："它以那旋绕盘曲的似是而非的花枝叶蔓，得祥云之神气，取佛物之情态，成了中国佛教装饰中最普遍而又最有特色的纹样。"④从碑刻纹样来看，卷草纹与战国时期就已出现的穿枝花草和藤蔓纹有一定的渊源关系，

---

① 王艳婷：《唐代碑侧蔓草纹探析》，陕西师范大学硕士学位论文，2010 年。

② 〔奥〕阿洛瓦·里格尔：《风格问题——装饰艺术史的基础》，刘景联、李薇蔓译，长沙，湖南科学技术出版社，1999 年，第 65 页。

③ 〔日〕杉浦康平：《造型的诞生》，李建华、杨晶译，北京，中国青年出版社，1999 年，第 55 页。

④ 陈绶祥：《遮蔽的文明》，北京，北京工艺美术出版社，1992 年，第 205 页。

它在汉画像石中已有大量的运用，这在本书的汉代碑刻纹样中已经有所分析。至三国两晋南北朝时，卷草纹开始大量运用于碑刻及墓志的边饰。初期卷草纹流行于7世纪中叶左右，有明显的分枝回旋的茎脉，茎端连接部分为三片叶组成的花形纹，叶片短小，但叶端已经有内旋的造型特征。其盛行于唐代，唐时在称谓上有多种变化，卷曲的形式多种多样，枝蔓的变化也丰富了许多。唐代的卷草纹极其富丽华美，富有浓郁的生活气息，摆脱了前朝的拘谨、冷峻和纤细，更为舒展、自由而生气蓬勃。有研究者称："其S形的构成是中国习惯上称作'太极'图形的构成形式，它是中国古老传统的太极阴阳哲学在造型艺术中的体现，它一阴一阳、一反一正、一明一暗，是在一个统一体中存在的相互矛盾的不断运动发展的生命力的表现，蕴含变化、运动等情感。"①

总体而言，从碑刻所发现的边饰卷草纹样来看，卷草纹在两汉时期为萌芽期，风格古拙质朴；三国两晋南北朝时期为发展阶段，其具有清新泼辣的特点；隋唐尤其是唐代达到了鼎盛时期，其展现了绚丽、旺盛、多彩的风格。从历史发展来看，卷草纹是从一种藤蔓卷草得到启发，经过艺术加工和提炼变化形成的，具有较强的动感，委婉多姿，充满活力。卷草纹的最主要特点是构成灵活自由，在波状曲线的基线上，有的向同一方向循环构成，有的向左右或上下构成，也有的向四面环绕组成，根据用途可以任意组合成各种形式，可大可小，可方可圆，方圆自如，长短皆可，多数组成二方连续纹样，有的组成边缘纹样、单独纹样或者四方连续纹样进行装饰，至今仍用于各种装饰中。卷草纹之所以生生不息具有如下原因：其一，卷草纹S形波状曲线骨架连绵不断，卷草纹在民间被俗称为扯不断的纹样，在这一点上它与老子"道生一，一生二，二生三，三生万物"的道家思想十分契合；其二，卷草纹构成灵活多变，形态也不尽相同，自由随意的特点适用于任何装饰画面，尤其是在边角可以起到辅助装饰的作用。

（二）卷草纹的构成形式

从构成形式来看，隋唐的卷草纹继承了两汉时期卷草纹的特点以S形波线作基线，在每一波曲间配置卷叶。三国两晋南北朝时期卷草纹多取于忍冬纹的变体，以波状线与切圆线相组合，作二方连续展开，形成波卷缠绵的基本样式，再以切圆线为基干变化出有规则的草叶或茎蔓，形成枝蔓缠卷的装饰花纹带。唐代以牡丹的枝叶卷曲变形为多见，其花

① 王艳婷：《唐代碑侧蔓草纹探析》，陕西师范大学硕士学位论文，2010年。

朵层次繁复，华丽多姿，叶脉卷曲旋转，极富动感，构成之完整和变化之丰富为前朝所未见，并且充满了世俗生活的气息。[1]诸葛铠认为唐代卷草纹的这种装饰特点与唐人追求自然生机的审美情趣是相吻合的，这种装饰在形式上更加利于抒发气势和情感。[2]

隋唐碑刻卷草纹的构成形式主要有以下特点：其一，以一条波线为基线构成，在每一波曲间穿插花叶，采用这种形式的碑刻比较多，如唐代大智禅师碑，该碑上的卷草纹刻于碑侧，以一条委婉波动的缠枝曲线为基线，上面盛开丰满的牡丹，花叶茂密，在每一波曲间配以凤凰、狮子、鸳鸯、佛像和鸟兽纹样，华美壮丽，匀称和谐，具有活泼生动的气势；其二，以平行双曲线为基线构成，这在隋代墓碑中最为多见，如表4-1（Ⅱ式云纹卷草纹）中的三坟记碑[3]，构图形式以双曲线平行交叉形成波状式延伸；其三，以互交曲线为基线构成，以唐代碑刻最为多见；其四，随着波线的走向，向四周往返环绕构成，这在唐代碑刻中也较为普遍；其五，在每一波曲间配以人物、鸟兽和各种花果，这种形式在唐代碑刻中变化最多，而最具特色的一种卷草纹为人物鸟兽卷草纹，一般装饰在碑刻的侧面，如表4-1（Ⅶ式动物卷草纹）中的吴文残碑，该碑为唐代所刻，画面丰富多样。

（三）卷草纹的分析

关于唐卷草纹中主体花卉的变化，学术界有多种见解。例如，田自秉在《中国工艺美术史》中认为唐代卷草多以牡丹为主花。[4]而薄小莹在《敦煌莫高窟六世纪末至九世纪中叶的装饰图案》中认为唐代卷草纹多以海石榴花纹为主体，并说由海石榴花纹演变而来。[5]从碑刻上调研纹样来看，卷草纹的花头造型无论是牡丹花、莲花还是海石榴花，其花头都经过变体重组，并不是原来的自然形态。因此，可以看出在唐代卷草纹已较抽象化和程式化，并且经过宋元时期的过渡和发展，于明清时期基本定形，这在后文将继续进行分析。根据隋唐卷草纹的纹样变化特征来进行分类，主要可分出忍冬卷草纹、云纹卷草纹、莲花卷草纹、石榴卷草纹、葡萄卷草纹、百花卷草纹和动物卷草纹等，具体分类见表4-1。

---

[1] 袁宣萍：《论我国装饰艺术中植物纹样的发展》，《浙江工业大学学报（社会科学版）》2005年第1期。

[2] 诸葛铠：《唐代外来纹样民族化的几点看法》，《装饰》1983年第2期。

[3] 宋代重刻，李阳冰书写，该碑记述李季卿改葬他三位兄长之事。

[4] 田自秉：《中国工艺美术史》，北京，知识出版社，1985年，第224页。

[5] 薄小莹：《敦煌莫高窟六世纪末至九世纪中叶的装饰图案》，见马世长编：《敦煌图案》，乌鲁木齐，新疆美术摄影出版社，1992年，第92—94页。

表 4-1　隋唐碑刻卷草纹分类

类型	纹样	著录	来源
I 式 忍冬 卷草纹		佛造像，隋代	笔者拍摄、绘制
		徐景辉造像碑，隋开皇八年（588）	笔者绘制
		臧质墓志，隋开皇二十年（600），四川奉节（今重庆奉节）出土。墓志通高 96 厘米，宽 48 厘米	笔者绘制
		姬威墓志，隋大业六年（610），陕西西安出土。该墓志长、宽均为 81 厘米，侧宽 12 厘米；盖长、宽均为 84 厘米，侧宽 5 厘米。此为墓志盖，墓志为十二生肖纹样	笔者绘制
		苟君妻宋玉艳墓志，隋大业十一年（615），河南洛阳出土，曾归三原于右任。拓片长 49 厘米，宽 47 厘米；盖长 49 厘米，宽 50 厘米，正书，盖阳文篆书，此拓片系北京图书馆旧藏	笔者绘制
		统毗伽可贺敦延陁墓志盖，唐贞观二十一年（647），出土于陕西礼泉昭陵乡庄河村西北大夫李思摩墓	笔者绘制
		李思摩墓志盖，唐贞观二十一年（647），出土于陕西礼泉昭陵乡庄河村西北李思摩墓中	笔者绘制
		王君墓志盖，唐代	笔者绘制
		王素墓志，唐永徽五年（654），河南洛阳出土。墓志长、宽均为 55 厘米，厚 10 厘米，正书，墓志四侧均刻花纹，此拓片系北京图书馆旧藏	笔者绘制

类型	纹样	著录	来源
Ⅰ式 忍冬 卷草纹		唐代碑刻	笔者绘制
		唐代碑刻	笔者绘制
Ⅱ式 云纹 卷草纹		李寿墓志盖，唐贞观四年（630）	笔者绘制
		张琮碑，唐贞观十三年（639），原立于陕西咸阳秦都区双照街道肖何庙村东南，1963年移至咸阳博物院	笔者绘制
		独孤开远墓志盖，盝面，唐贞观十六年（642）	笔者绘制
		张士贵墓志，唐永徽三年（652）	笔者绘制
		唐故支君（隆）墓志，唐显庆三年（658），志长60厘米，宽60厘米，厚18.5厘米，盖长60厘米，宽60厘米，厚1厘米。盖文两行，篆书，有界格，宽带内为忍冬纹，志文25行，正书，亦有界格，四侧为平级四神纹，其中上下两侧各为神兽，左右两侧各为异莲纹和飞云。河北临漳羽文乡西太平村出土，现藏于临漳县文物保管所	上图：中国文物研究所、河北省文物研究所编：《新中国出土墓志·河北（一）》（上册），北京，文物出版社，2004年，第52页 下二图：笔者绘制
		郑仁泰墓志盖，唐麟德元年（664）	笔者绘制
		道因法师碑，南唐，江苏南京牛首山出土	笔者绘制
		房陵大长公主墓志，唐咸亨四年（673）	笔者绘制
		三坟记碑，唐大历二年（767）	笔者绘制

续表

类型	纹样	著录	来源
Ⅱ式 云纹 卷草纹		道安塔记，唐总章三年（670）建于陕西西安终南山，端方旧藏	笔者绘制
		波斯河罗憾墓志，唐景云元年（710），河南洛阳出土，端方旧藏	笔者绘制
		韩君墓志盖，唐刻，拓片长宽均为 44 厘米	北京图书馆金石组编：《北京图书馆藏中国历代石刻拓本汇编35（唐、附燕、附南诏）》，郑州，中州古籍出版社，1989年，第27页
		唐玄懿法师碑，唐代	笔者绘制
		墓志，唐代	笔者拍摄
Ⅲ式 莲花 卷草纹		贾敦颐墓志，唐代显庆元年（656），洛阳市冠奇工贸有限责任公司 8 号墓出土	笔者拍摄
		李勣墓志盖，唐总章二年（669），刘祎之奉敕撰，出土于陕西礼泉烟霞乡烟霞新村西约 200 米处李勣墓中	笔者拍摄、绘制
		王大礼墓志盖侧局部，唐咸亨元年（670）	上图：张鸿修主编：《唐代墓志纹饰选编》，西安，陕西人民美术出版社，1992年（图17） 下图：笔者绘制
		赵府君墓志盖局部，唐弘道元年（683）	笔者绘制
		袁公瑜墓志，武周久视元年（700）葬于河南洛阳，张钫旧藏	北京图书馆金石组编：《北京图书馆藏中国历代石刻拓本汇编19（唐）》，郑州，中州古籍出版社，1989年，第11页

续表

类型	纹样	著录	来源
Ⅲ式莲花卷草纹		韦洄墓志盖，唐景龙二年（708）	笔者绘制
		贺兰都督墓志侧局部，唐景龙三年（709）	笔者绘制
		李贤墓志盖局部，唐景云二年（711）	笔者绘制
	  	杨执一妻独孤氏墓志盖，唐天宝四载（716）	笔者绘制
Ⅳ式石榴卷草纹		阿史那毗伽特勤墓志，侧局部，唐开元十二年（724）	笔者绘制
		冯君衡墓志盖，唐开元十八年（730）	笔者绘制
		史思礼墓志盖，盝面的局部，唐天宝三载（744）	笔者绘制
	 	扶风法门寺碑刻，陕西宝鸡，唐代	左图：吴山编著：《中国纹样全集（魏晋南北朝·隋唐·五代卷）》，吴山、陆晔、陆原绘图，济南，山东美术出版社，2009年，第165页 右图：笔者绘制

续表

类型	纹样	著录	来源
IV式 石榴 卷草纹		唐代碑刻	笔者绘制
		杨执一墓志，唐代，陕西	笔者绘制
		崇陵华表，唐代碑刻，陕西	笔者绘制
		王君墓志，唐代	笔者绘制
V式 葡萄 卷草纹		唐代碑刻	吴山编著：《中国纹样全集（魏晋南北朝·隋唐·五代卷）》，吴山、陆晔、陆原绘图，济南，山东美术出版社，2009年，第158页
VI式 百花 卷草纹		独孤氏墓志盖，刹面的局部，唐贞观十六年（642）	笔者绘制
		文帝昭容韦尼子墓志盖，唐显庆元年（656）	笔者拍摄
		王德妻鲜于氏墓志，唐麟德元年（664）	笔者拍摄
		房陵大长公主墓志盖，唐咸亨四年（673）	笔者绘制
		李凤墓志盖，刹面的局部，唐上元二年（675）	笔者绘制

续表

类型	纹样	著录	来源
Ⅵ式 百花 卷草纹		阿史那忠墓志，唐上元二年（675），出土于陕西礼泉烟霞乡西周村西南约50米处阿史那忠墓中	笔者拍摄
		雍王贤墓志盖局部，唐神龙二年（706）	笔者绘制
		万泉县主薛氏墓志侧局部，唐景云元年（710）	笔者绘制
		李贞墓志局部，唐开元七年（719）	笔者绘制
		杨执一墓志盖局部，唐开元十五年（727）	张鸿修主编：《唐代墓志纹饰选编》，西安，陕西人民美术出版社，1992年（图43）
		隆阐法师碑，唐天宝二年（743）怀恽书写	笔者拍摄
		申屠晖光墓志，唐元和十一年（816）	笔者绘制
		白敏中墓志盖，刹面，唐咸通二年（861）	笔者绘制
		法门寺塔庙碑，唐天祐十九年（922），拓片高177厘米，宽93厘米，薛昌序撰，王仁恭正书，孙福镂，石碑在陕西扶风	北京图书馆金石组编：《北京图书馆藏中国历代石刻拓本汇编34（唐）》，郑州，中州古籍出版社，1989年，第157页
		唐代碑刻	笔者绘制
		南唐碑刻，南京牛首山出土	笔者绘制

续表

类型	纹样	著录	来源
Ⅵ式百花卷草纹		乐君墓志，唐刻，拓片长、宽均为 30 厘米	笔者绘制
Ⅶ式动物卷草纹		韦洞墓志盖边饰，唐景龙二年（708）	张鸿修主编：《唐代墓志纹饰选编》，西安，陕西人民美术出版社，1992 年（图 29）
		李贞墓志局部，唐开元七年（719）	张鸿修主编：《唐代墓志纹饰选编》，西安，陕西人民美术出版社，1992 年（图 38）
	 	杨执一墓志盖，唐开元十五年（727）	笔者绘制
	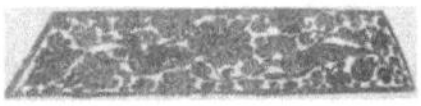  	李廷祯墓志盖，唐代，河南偃师出土	上二图：吴山编著：《中国纹样全集（魏晋南北朝·隋唐·五代卷）》，吴山、陆晔、陆原绘图，济南，山东美术出版社，2009 年，第 159 页 下图：笔者绘制
	  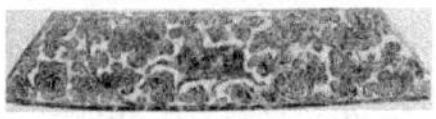    	石台孝经碑座，唐代，现藏于西安碑林博物馆	上四图：吴山编著：《中国纹样全集（魏晋南北朝·隋唐·五代卷）》，吴山、陆晔、陆原绘图，济南，山东美术出版社，2009 年，第 162 页 下三图：笔者绘制

续表

类型	纹样	著录	来源
Ⅶ式动物卷草纹		吴文残碑，唐代，现藏于西安碑林博物馆	笔者绘制

Ⅰ式忍冬卷草纹特点：该式卷草纹以忍冬纹为基础的元素形态，以 S 形为基本的骨骼，忍冬纹花瓣和叶片围绕 S 形骨架上下翻转，忍冬花有不同形态的变化，有的两瓣，有的三瓣，有的三瓣以上，在方向上也是有多种变化形式，如姬威墓志和苟君妻宋玉艳墓志中的忍冬花都为多瓣（三瓣以上）式，缠绕在 S 形骨骼上，形成波状式的延伸。而臧质墓志和王素墓志中的忍冬卷草纹则为三瓣式，相对显得简单。

Ⅱ式云纹卷草纹特点：该式中的卷草纹在继承传统卷云纹的基础上进行变化创新，因此，从碑刻上所见云纹卷草纹来看，有的继承了汉代和三国两晋南北朝卷云纹的形式，有的在前朝的基础上有了部分变化，如郑仁泰墓志盖、李寿墓志盖、张士贵墓志，这三块墓志中的云纹卷草纹比较相近，此形式在汉画像石中即有出现，一直延续到三国两晋南北朝时期，如表 3-15Ⅲ式卷云纹中的冯邕妻元氏墓志的卷云纹就与唐代云纹卷草纹有传承关系。此外，该式也有适应当时时代的创新特点，如房陵大长公主墓志，该墓志在三国两晋南北朝卷云纹的基础上进行变化，云头压扁，云卷曲的效果更明显，卷曲的分支也更多，看上去形似章鱼。又如道安塔记和波斯河罗憾墓志中的云纹卷草纹在三国两晋南北朝时碑刻中未有出现，纹样虽简单了些，但可以看出在形态上更加自由轻松，又似以叶片的变体进行卷草装饰。因此，我们通过以上对比分析可以看出，三国两晋南北朝时期的卷云纹略显刻板，而隋唐则趋向于自然，这无不与人们思想的解放有关。

Ⅲ式莲花卷草纹特点：该式中的卷草纹以莲花为母体，加上枝叶的组合形成卷曲的形态，莲花的形态又有多种变化，常见的有多层（三层以上）式重叠、三层式重叠和两层式重叠莲瓣，如李勣墓志盖、王大礼墓志盖、贺兰都督墓志、李贤墓志盖等墓志以多层式重叠莲瓣为主体，枝叶穿插其中形成上下翻卷的卷草纹，画面构图饱满，自由随意。而贾敦颐墓志、赵府君墓志盖、袁公瑜墓志、杨执一妻独孤氏墓志盖等的莲花卷草纹其莲花则为三层瓣叠加。

Ⅳ式石榴卷草纹特点：该式卷草纹实际上是一种综合式的变体纹样，即以石榴为母体构成的卷草纹，花瓣的中间为石榴状，外瓣实际上是卷曲的牡丹或莲花，如史思礼墓志盖、扶风法门寺碑刻、杨执一墓志、崇陵华表等都是以石榴与牡丹的组合变体形成的卷草纹。

Ⅴ式葡萄卷草纹特点：该式也是综合的构成形式，由牡丹卷草、葡萄卷草和瑞兽神仙等共同组成画面，唐代碑刻反映了葡萄纹样在卷草纹中的典型运用形式。

Ⅵ式百花卷草纹特点：该式花瓣形态各异，很难确定为具体的某个花瓣形态，故在此称之为百花卷草纹。无论花瓣如何改变，满密的画面均体现了唐代追求丰满的审美特点。但阴刻和阳刻的百花卷草纹所产生的艺术效果完全不同，如王德妻鲜于氏墓志、申屠晖光墓志为阴刻，其形式感略显单薄。百花卷草纹的另外一个特点是，花瓣小而多，零散分布于 S 形骨架的两边，相对来讲，其骨骼就比较突出和清晰，如文帝昭容韦尼子墓志盖、房陵大长公主墓志盖、李凤墓志盖、阿史那忠墓志。

Ⅶ式动物卷草纹特点：该式为动物与其他卷草纹的组合，为了与卷草纹波状动势相协调，动物的形态一般都刻画成奔跑状，一方面体现了动物的勇猛；另一方面使画面更具动态美。例如，李贞墓志、杨执一墓志盖、李廷祯墓志盖等，这些墓志纹样中的动物均表现出奔跑之势，而卷草纹则以牡丹卷草居多，表现出动物在枝繁叶茂的丛林中奔跑的画面效果。动物大多为写实性的，动物形象经过艺术加工提炼，形体彪悍体健硕大。

总体上，隋唐碑刻所见卷草纹以唐代居多，而唐代则多见于墓志上，墓志上的卷草纹有忍冬纹的变体，也有牡丹、莲花、石榴等图案的变体，并有野兽走禽等动物穿插其中形成百花卷草和动物卷草。以莲花和石榴构成的称为莲花卷草纹和石榴卷草纹。从表 4-1 可以看出，唐初（约 7 世纪初）的卷草纹比较简单，一般以简单的忍冬纹组合成卷草。而到了 7 世纪中叶则以云纹卷草纹为主体，至中唐时期（约 7 世纪末至 8 世纪末）卷草纹的形式越来越复杂，出现了莲花卷草纹、石榴卷草纹及动物卷草纹等各种形式，花纹在形态上也越来越趋向自然写实，如白敏中墓志盖和法门寺塔庙碑，二者的卷草纹明显比前朝要更趋向于写实性。

唐代墓志中的卷草纹以花头为主体，叶片藤蔓为辅助，花形饱满，叶脉旋转，构图自由，画面富丽繁复。构图形式并非都是按二方连续或四方连续规律排列，而是任由其随意地翻卷，如阿史那忠墓志的花叶造型前后相连，根据形式灵活变换、不重复。在造型风格上，满密的构图与圆浑的造型是相辅相成的，卷草纹花头密集的花蕊和不断重叠的卷曲叶子，以及其他纹样中一些由圆点组成的不知名花串，都带给人们满、密的感觉。即使在一些稀松的构图结构中，也经常用密集的底纹作陪衬，以便有充实的效果。①如李勣墓志盖中的卷草纹与云纹极其相似，形成缠绕的二方连续纹样，叶脉卷曲满布于主枝干上，纹样舒展而流畅，饱满而华丽，富有灵动感。从调研的情况来看，唐代墓志集中于陕西的昭陵博物馆和河南的千唐志斋博物馆。

二、圆满繁复的牡丹纹

唐代民俗有看花、赏花的喜好，牡丹花便是该时期流行观赏的花卉之一，尤其是长安和洛阳，富贵人家多喜种养牡丹，尤其是洛阳牡丹在唐代名冠天下。牡丹具有繁荣昌盛、美好幸福的象征，被称为"富贵之花"，故在墓志装饰中多用作主纹，以显示墓志人身份的高贵。唐代牡丹纹之所以大盛有其发展的必然性。刘禹锡《赏牡丹》云："庭前芍药妖无格，池上芙蕖净少情。唯有牡丹真国色，花开时节动京城。"《唐国史补》记载："长安贵游尚牡丹三十余年。每春暮，车马若狂，以不就观为耻。"②由上可见牡丹纹在当时的流行之盛。因此，唐代牡丹纹进入装饰领域便成顺其自然之事，在碑刻中亦是流行，其常常与卷草纹结合，堪称中国古代植物纹样发展演进中的重要转折点。

隋唐碑刻牡丹纹样花头变化较多，有的似莲花花瓣层层叠加，有的花蕊为石榴状，有的花瓣硕大，花与叶不分，各自卷曲形成卷草纹。这里根据牡丹纹构图形式的不同将其分出以下几类进行对比分析（表4-2）。

---

① 李元：《唐代佛教植物装饰纹样的艺术特色》，《文物世界》2010 年第 6 期。
② 转引自黄燕：《牡丹纹考》，《美与时代（上）》2011 年第 7 期。

表 4-2　唐代碑刻牡丹纹分类

类型	纹样	著录	来源
I 式		牛进达墓志，唐永徽二年（651），出土于陕西礼泉赵镇石鼓村西北约 1000 米处牛进达墓中	笔者拍摄
		沙陁公妻阿史那氏墓志，唐开元八年（720），陕西西安出土。拓片长 88 厘米，宽 86 厘米，正书，此拓片系北京图书馆旧藏	北京图书馆金石组编：《北京图书馆藏中国历代石刻拓本汇编 21（唐）》，郑州，中州古籍出版社，1989 年，第 124 页
		唐故中山刘公（腾京）墓志，唐贞观十四年（640），志长 47 厘米，宽 46 厘米，厚 9 厘米，盖长 48 厘米，宽 46 厘米，厚 5.5 厘米，志文 19 行，满行 19 字，正书，有界格，下侧为牡丹纹。河北保定唐县出土，现藏于唐县文物保管所	笔者绘制
		孟再荣造像，唐元和三年（808），石碑在陕西西安，吴昌绥旧藏。造像拓片高 25 厘米，宽 32 厘米	北京图书馆金石组编：《北京图书馆藏中国历代石刻拓本汇编 29（唐）》，郑州，中州古籍出版社，1989 年，第 35 页
		元君墓志盖，唐刻，拓片长、宽均为 27 厘米	笔者绘制
II 式		潘师正碣，周圣历二年（699），石碑在河南登封嵩山老君洞，拓片碑、额通高 289 厘米，宽 123 厘米，王适撰，司马承祯隶书，额篆书，阴侧均宋人题名	北京图书馆金石组编：《北京图书馆藏中国历代石刻拓本汇编 18（唐）》，郑州，中州古籍出版社，1989 年，第 157 页
		唐故中山靖府君京兆田夫人合葬墓志，大中十四年（860），覆斗盖，志长 46 厘米，宽 47.5 厘米，厚 8.5 厘米，盖长 46.5 厘米，宽 47 厘米，厚 11 厘米。盖文 3 行，满行 3 字	中国文物研究所、河北省文物研究所编：《新中国出土墓志·河北（一）》（上册），北京，文物出版社，2004 年，第 125 页
		某万精绩上记碑	笔者绘制

类型	纹样	著录	来源
Ⅲ式		尉迟敬德墓志，唐显庆四年（659）	笔者绘制
		李福墓志，唐咸亨二年（671），出土于陕西礼泉烟霞镇严峪村西北约600米处李福墓中	笔者绘制
		契苾夫人墓志，唐开元九年（721）	笔者绘制
		张说墓志并盖，唐代开元二十年（732），河南伊川吕店镇袁庄村出土，志主张说，洛阳人，唐代名相，志文由工部侍郎张九龄撰，朝散大夫梁升卿书，三川县丞卫灵鹤刻，梁升卿篆盖	笔者绘制
		史思礼墓志盖，盝边，天宝三载（744）	笔者绘制
		墓志边饰，牡丹纹，唐代	笔者绘制
		墓志边饰，牡丹纹，唐代	笔者拍摄
		大唐故王雍君墓志	笔者绘制

　　Ⅰ式特点：该式为独立的牡丹花重复排列形成二方连续的纹样，没有枝叶穿插，如孟再荣造像的牡丹纹是以独立的牡丹为基本的元素，通过上下反向交错重复排列形成二方连续的图案形式，说明唐代时期碑刻纹样越来越趋

向于图案化的装饰形式。另一种形式为以独立的牡丹花为基本元素顺着一个方向重复排列，如牛进达墓志和元君墓志盖中的牡丹纹均为同方向重复排列，但二者又有不同，元君墓志盖没有枝干相连，而牛进达墓志除了有独立的牡丹外还通过枝干相连接，牡丹以束带形式相连接，花头分为两层，叶片似云纹卷曲衬托于缝隙处。

Ⅱ式特点：该式的牡丹纹为单独纹样，这种形式一般装饰于墓志或墓志盖的四角，或者碑头文字的两边，如潘师正碣，该碣中的牡丹纹装饰在碑碣额部字体的两边，以单独纹样的形式衬以叶片丰富画面，牡丹花头硕大饱满。

Ⅲ式特点：该式为卷草牡丹纹，其运用于各种不同的器物上，尤其在碑刻边饰中。从碑刻收集的资料来看，该式卷草牡丹纹根据花头的不同又有多种不同的变化，一种为比较抽象化的牡丹造型，牡丹花头较小，如尉迟敬德墓志在昭陵博物馆的墓志中无论是书法还是墓志装饰纹样都具有与众不同的艺术风格，墓志盖四盝和四刹刻画牡丹纹，采用阳刻的技法使牡丹纹样异常醒目。牡丹以二方连续形式组合画面，叶片又形似卷草纹，牡丹花头也变体为卷叶状，流动感极强。该墓志中牡丹纹比较有特色，牡丹花头廋小，似含苞待放的花骨朵，花朵上下分布，花瓣少卷曲，叶片略卷围绕枝干形成 S 形卷草形式，牡丹花的这种变体形式在唐代碑刻中比较少见，墓志盖的刹面、侧面纹样均为牡丹，雕刻技法采用浅浮雕和线刻相结合，盖面中间为飞白书，飞白书的四边也用牡丹卷草纹样装饰，该墓志盖上的牡丹卷草形态独特，与其他形式的牡丹卷草有很大的差异，体现了尉迟敬德将军高贵的社会地位。李福墓志中的牡丹纹与此有相似性，但该墓志的牡丹纹枝叶卷曲更明显也更多，因此，在形式上显得更加复杂。此外，有的卷草牡丹纹硕大饱满，比较写实，如裴觉墓志盖，此墓志牡丹纹叶大而写实，少量穿插于枝蔓上，也是采用二方连续的卷草构图。又如大智禅师碑，它是唐代纹样的优秀代表，是唐玄宗开元二十四年（736）为大慈恩寺大智禅师所立，史维则隶书。此碑为牡丹、海石榴和卷草、瑞兽、凤鸟、菩萨等的综合装饰，菩萨的王冠是日月形三面宝冠，瑞兽为狮形有角有翼的神兽，鸟尾与花同化。此碑牡丹纹采用二方连续缠枝的形式，花头分为多层，硕大繁复，饱满卷曲，呈散开状，枝叶似卷草纹的变体，缠绕于枝蔓上，使画面显得满密而碎，故难以区分出花与叶的形体，加上神仙瑞兽穿插于卷草牡丹纹中，使画面具有飘逸之感。整个纹样富丽华美，花朵丰硕，叶片舒卷，以阴线刻画出花叶的脉络和轮廓，使人感到枝叶茂盛，富有生命力，纹样布置虚实相间，有韵律感，画面以剔地法刻出画面以外的空地，再在花纹面上刻出流畅的线条，活泼而自然，丰满而典雅，具有盛唐艺术特色。

总之，唐初时期牡丹纹受云气纹的影响，叶瓣呈现了宽阔繁复的趋势，花叶中还出现了装饰性的茎脉，有独立的叶茎和花头。唐中后期，在受到中唐卷草纹影响的基础上，牡丹纹表现出更多程式化的造型，如石榴花头、宝相花头、莲花头等。故可以看出，唐代牡丹纹花头多为变体，尤其是二方连续的牡丹纹，为了与卷草的叶片相呼应，花头也往往刻画成卷曲的层叠形，花头硕大饱满，有些还与瑞兽、神仙和十二生肖等组合，使画面动中有静，整体构图满密，呈飘逸升腾之势，这些装饰的变化体现了唐代以肥胖为美，以及珍爱自然生命的特性。

三、新颖丰富的宝相花纹

"宝相"一词出现在三国两晋南北朝时期，武敏在《吐鲁番出土蜀锦的研究》一文中指出，"宝相花"一词首见于北宋《营造法式》[①]；王婧怡和包铭新在《宝相花纹样小考》一文中将记载"宝相"一词的古代典籍整理成表考证后，也认为北宋《营造法式》中最早提及该词。[②]实际上，"宝相"一词最初用以歌颂佛祖金光照耀，法力无边，或颂扬帝王金光四射，高贵神仪，隋唐时期运用已非常广泛，故被学术界约定俗成地称为唐代独具特色的一种装饰纹样。宋元时期，宝相花已出现在建筑、丝织等诸多领域，但此时的宝相花已表现得程式化，与唐代的宝相花不属于同一范畴。可见，宝相花纹的出现与佛教关系密切，它是隋唐时期工匠、艺人想象力和审美创造力的具体体现，它优美的图像里蕴涵深刻的佛学内涵。相关"宝相"一词的古代典籍如表 4-3 所示。

表 4-3　记载"宝相"一词的古代典籍

著作	作者	时代	出版信息	摘要及备注
《酉阳杂俎》	段成式著，杜聪校点	唐	济南，齐鲁书社，2007 年	书中都无宝相花的记录，蔷薇也没有（《广群芳谱》将以"宝相"为题诗文列于"蔷薇花"一类之后）
	段成式撰，许逸民注评		北京，学苑出版社，2001 年	

---

① 武敏：《吐鲁番出土蜀锦的研究》，《文物》1984 年第 6 期。
② 王婧怡、包铭新：《宝相花纹样小考》，《山东纺织经济》2009 年第 6 期。

续表

著作	作者	时代	出版信息	摘要及备注
《营造法式》	李诚编修	宋	上海，商务印书馆，1939年	"宝牙花系花心外饰牙状花瓣；宝相花花心为如意形。"
《梦粱录》	吴自牧著，符均、张社国校注		西安，三秦出版社，2004年	卷十八"花之品"一节中列举花品：蔷薇、宝相、月季
《新唐书》	欧阳修、宋祁撰		北京，中华书局，1975年	卷四十一《地理志五》有越州贡宝花纹罗的记载
《全芳备祖》前集	陈景沂编辑		北京，农业出版社，1982年	卷二十七记载，"宝相花（赋咏祖）"五言绝句："开荣同此春，淡艳自生光。不为露益色，不为风益香。节换叶已密，尚可见余芳。"
《花镜》	陈淏子辑	清	北京，中华书局，1956年	卷四记载："若宝相亦有大红、粉红二色，其朵甚大，而千瓣塞心，可为佳品。"
《广群芳谱》	清圣祖敕撰		上海，商务印书馆，1935年	卷四十二，花谱二十一记载："蔷薇，一名刺红，它如宝相，全钵盂，佛见笑，七姊妹，体态相类，种法亦同。"

资料来源：转引自田自秉、吴淑生、田青：《中国纹样史》，北京，高等教育出版社，2003年，第229页

　　单从字面来理解，宝相花顾名思义含有"宝"和"像（相）"之意，花瓣形似如意，具有"宝"和"仙"之寓意。它最初是以圣洁的莲花为主要造型依据，吸收汉晋以来传统的云气纹，融入具有中亚地域特色的缠枝忍冬和海石榴等形象，形成了极富大唐气韵的个性纹样，充分体现了大唐帝国雄视八方、吞吐万象的恢宏气势，成为中国文化史上融古贯今、惠内秀外、镶金嵌玉的艺术瑰宝。[1]对其名称寓意的来源，学术界有不同的说法，有的将雍容华贵、圣洁高雅的莲花图案统称为宝相花；有的将一些有特色的莲花称为宝相莲花、宝相牡丹花或缠枝宝相花等。《中国纹样史》中是这样定义宝相花的："指以牡丹或莲花为母体的经过艺术加工的一种花纹，它吸取众花的形象特点，简化提炼，使之程式化、样式化，从而富于装饰美。"[2]赵丰在《中国丝绸通史》中对宝相花作如是概括："宝花是一种综合了各种花卉因素的想像（象）性图案，叶中有花、花中有叶、虚实结合、真假难辨、花蕾相间、正侧相叠。在

---

① 胡良仙：《隋唐宝相花纹样及其演变》，《文物世界》2009年第4期。

② 田自秉、吴淑生、田青：《中国纹样史》，北京，高等教育出版社，2003年，第229页。

其造型中，既有来自地中海一带的忍冬和卷草，还有中亚盛栽的葡萄和石榴……这是一种兼容并蓄的艺术，是中外文化交流的花朵。"①赵丰还认为，四瓣的柿蒂花纹样便是早期最为简单的宝相花纹。张朋川在《宇宙图式中的天穹之花——柿蒂纹辨》一文中运用考古的排比方法及多方面对比研究，考证出柿蒂花形的图纹为莲花纹及其变体的样式。②柿蒂花在唐代丝绸中也的确多见，赵丰认为柿蒂花纹是简单的宝相花纹也在情理之中。由此，我们可推得这三种纹样有发展传承之关系：莲纹—柿蒂花纹—宝相花纹。高山指出宝相花的形式结构和联珠纹的辅纹有相似之处，认为团窠宝相花是联珠纹的后续发展形式，他在《从唐联珠猪头纹锦看联珠纹样发展过程中的装饰演变》一文中这样认为，宝相花"是以莲花为主要造型依据，又吸取了传统纹样中的云纹、当时流行的忍冬纹藤以及带中亚地域色彩的石榴纹等精华，形式上采用四向或多向对称放射状做出圆形适合、菱形方形适合的装饰纹样，富有富贵宝气之象。宝相花的这种结构形态与联珠纹锦珠圈外的辅纹有颇多相似之处"③。黄燕在《牡丹纹考》一文中提及："宝相花之'宝相'一词，语出魏晋南北朝时期佛教文献，即象征佛、法、僧三宝的'庄严相'。宝相花纹在衍化过程中已经形成了自身独特的模式化图形，其语境与宋代文献中提到的宝相花植物（蔷薇）已有疏离。"④薄小莹在《敦煌莫高窟六世纪末至九世纪中叶的装饰图案》一文中，对宝相花纹样做了初步确定，认为宝相花一般应包括四个基本元素，即花瓣勾卷、莲花造型、云朵纹、忍冬纹。⑤齐东方在《唐代金银器研究》一书中，对宝相花有了更深刻的认识。⑥徐殿魁在《洛阳地区唐代墓志花纹的内涵与分期》一文中，将宝相花界定出四点要素。⑦胡良仙在其《隋唐宝相花纹样及其演变》一文中将宝相花纹的特征概括为五点：其一，宝相花纹样是一种模式化图案，它只限于平面构图，可以有层次但绝无实际花朵的质感；其二，整体花形为六出莲花或八出莲花，用莲瓣组成花朵轮廓线；其三，每一

① 赵丰主编：《中国丝绸通史》，苏州，苏州大学出版社，2005年，第247页。
② 张朋川：《宇宙图式中的天穹之花——柿蒂纹辨》，《装饰》2002年第12期。
③ 高山：《从唐联珠猪头纹锦看联珠纹样发展过程中的装饰演变》，《四川丝绸》2008年第1期。
④ 黄燕：《牡丹纹考》，《美与时代（上）》2011年第7期。
⑤ 薄小莹：《敦煌莫高窟六世纪末至九世纪中叶的装饰图案》，见北京大学中国古代史研究中心编：《敦煌吐鲁番文献研究论集》第五辑，北京，北京大学出版社，1990年，第137页。
⑥ 齐东方：《唐代金银器研究》，北京，中国社会科学出版社，1999年，第24页。
⑦ 徐殿魁：《洛阳地区唐代墓志花纹的内涵与分期》，见荣新江主编：《唐研究》第四卷，北京，北京大学出版社，1998年，第267页。

莲瓣的外轮廓用两片对卷忍冬叶勾勒出尖角花叶；其四，花心部分融进中国传统云气纹或勾卷的云朵纹，使图案活泼而富于变化；其五，花心写实更接近牡丹花、石榴花，力求艳丽而蕴涵深远。①

实际上，目前学术界主要将宝相花的花瓣分为侧卷瓣和云勾瓣两类，忍冬纹与石榴纹演化为宝相花瓣形中的侧卷瓣，如意云纹演化为对勾瓣，牡丹纹演化为云曲瓣。唐代碑刻，尤其是墓志上出现大量的宝相花纹样，墓志上的宝相花纹样大多为变体莲花、海石榴花和牡丹花，花瓣层层交错做辐射状排列。宝相花花瓣形似如意云头，造型丰满，瓣芯有的为石榴心，有的为荷花心，有的叶间往往镶有宝珠纹。唐中期墓志的宝相花花瓣叠层加多，形成花中套花的形式，具有宝石的华丽感。宝相花的造型概括起来有两种主要的形式：一是四瓣花头的造型，即四出的十字结构。二是多瓣或团花的造型。这种造型与团花类似，不同之处在于宝相花结构由中心向外发散，团花则无规则。根据对碑刻宝相花纹的研究，笔者认为，宝相花纹是一种抽象的、模式化的装饰图案，根据时代的发展而不断地变化，初期在以莲花和忍冬装饰为主体的背景下，宝相花是以莲瓣和忍冬瓣为主体的变体纹；唐中期牡丹纹发展到鼎盛，宝相花以牡丹瓣为主体进行变体，之后发展为多种花为母体，如海石榴等。不过，无论其以哪种花瓣为主体，构成特征均以六出或八出瓣形重叠围绕形成团花状，表现出雍容华贵的审美特点，与唐代丰腴艳丽的审美取向相吻合。隋唐碑刻宝相花纹分类见表 4-4。

表 4-4　隋唐碑刻宝相花纹分类

类型	纹样	著录	来源
Ⅰ式		永泰公主墓志，唐神龙二年（706）	张晓霞：《天赐荣华：中国古代植物装饰纹样发展史》，上海，上海文化出版社，2010 年，第148 页
		梁府君墓志盖，唐大中八年（854）	张鸿修主编：《唐代墓志纹饰选编》，西安，陕西人民美术出版社，1992 年（图 115）

① 胡良仙：《隋唐宝相花纹样及其演变》，《文物世界》2009 年第 4 期。

类型	纹样	著录	来源
I式		大唐故王雍君墓志	笔者绘制
		崔缜墓志，唐代	笔者绘制
II式		杨万荣墓志盖，唐贞元六年（790）	张鸿修主编：《唐代墓志纹饰选编》，西安，陕西人民美术出版社，1992年（图82）
		柳昱墓志盖，唐永贞元年（805）	笔者绘制
		张怙墓志盖侧面，唐元和十三年（818）	张鸿修主编：《唐代墓志纹饰选编》，西安，陕西人民美术出版社，1992年（图95）
		孙君墓志盖，唐刻，拓片长25厘米，宽24厘米	笔者绘制
		徐盼墓志，唐大和三年（829），洛阳出土，此墓志为银青光禄大夫李德裕为其夫人徐盼撰写，隶书体	笔者绘制
		王府君墓志盖，唐大和三年（829）	笔者绘制
III式		郑国大长公主墓志盖，唐贞元二年（786）	笔者绘制

类型	纹样	著录	来源
Ⅲ式		张怙墓志盖及其盝面与刹面，唐元和十三年（818）	笔者绘制
		慧坚禅师碑，唐代	左二图：吴山编著：《中国纹样全集（魏晋南北朝·隋唐·五代卷）》，吴山、陆晔、陆原绘图，济南，山东美术出版社，2009年，第163页 右图：笔者绘制
		唐代碑刻	笔者绘制

Ⅰ式特点：该式宝相花纹的花头造型多以莲花为主体，花头重叠，多层交错，这种样式的宝相花纹多出现于早期，莲花花头的造型有差异，如永泰公主墓志中的宝相花纹为莲瓣形，莲瓣瓣尖呈尖状，莲瓣围合成团花形重叠交错；而梁府君墓志盖和崔缜墓志中的宝相花纹虽为莲瓣，但在形态上与永泰公主墓志有很大的区别，以上两墓志中的莲瓣呈圆弧；大唐故王雍君墓志中的莲瓣则呈波状多层弯曲。从昭陵博物馆藏的墓志纹样来看，装饰宝相花的墓志少有，仅见有形似荷花的宝相纹，如长乐公主墓志，在墓志盝面卷草纹的四角布置宝相纹，其形似盛开的荷花，花瓣交错呈辐射状。但在其他唐代墓志中宝相花纹样还是比较多见，如秦朝俭墓志、张怙墓志，其上宝相花的花心为石榴形；而车益墓志、张渐墓志等墓志上的宝相花为多层花瓣叠加。

Ⅱ式特点：该式宝相花纹以牡丹花头居多。牡丹花头肥短，复层花瓣重叠，花瓣边沿有云曲瓣，花形显得非常丰满，这正体现了唐人追求肥美之审美理念，也表现出"富贵"之内涵特征，而且以牡丹花头变体的宝相花多以正侧面或大半侧面来装饰，如孙君墓志盖中的牡丹纹以单独纹样的形式装饰于墓志盖的四角形成角隅纹样，没有添加叶片穿插，四条边的中间也是牡丹，但该牡丹的左右还衬以叶片，使画面显得满密。

Ⅲ式特点：该式宝相花与海石榴结合形成硕大的花头，有的花瓣重叠排列中间布置石榴形，如张怙墓志盖和慧坚禅师碑，花瓣圆形饱满层层叠加，中间装饰一石榴；有的花瓣卷曲中间装饰硕大的石榴，在石榴里面再布置花纹，这样便达到了重叠繁复的装饰效果。

总之，隋唐宝相花花头结构变化繁复多姿，尤其到唐代华丽富贵气象顿生，造型上趋于繁缛，团窠式造型使图案形象渐趋饱满，并吸收了牡丹、石榴纹样的特点，单元花瓣除了桃形莲瓣纹外，还有对勾瓣、云曲瓣等，有的甚至是多种组合形式同时出现，桃形莲瓣由侧卷瓣构成，对勾瓣的外层瓣由云曲瓣或内卷对勾瓣构成，尤其唐开元中期以后，宝相花大多表现为牡丹花头的变体，云曲叠晕的形式也较多。这种形式的产生一方面源于外来文化与本土文化的交流，适应于融合逐渐发展出的创新纹样；另一方面源于外来文化与汉文化的融合，正是这种交流与融合使得纹样具有外来装饰范式的鲜明气质。花瓣的外轮廓更加圆润饱满，在风格上更加趋于写实，出现了点状花蕊的花心及向同一方向侧卷的花瓣，这就使得花瓣更具有立体感。

唐代墓志宝相花纹样形式变化较多，主要为多层花瓣作散开状，形似莲花座，花心有石榴形、菊花形、荷花形等。而昭陵博物馆的墓志中所见宝相花纹样较少，由其可见，唐代墓志纹样中宝相花的运用在初唐时期较少，到了中唐之后逐渐流行，而且形式变化也越来越多。

该时期宝相花纹样是将几个不同个体的花纹的主要特征进行变体集合成一个完整的创新纹样，这种纹样在现实当中是无法找到的，是构建于理想的纹样，是运用创造性的造型手法和构成法则，将外来纹样演变成中国纹样的范例。这种造型形式在之后的宋元和明清碑刻纹样中发展得越来越明显，尤其是为吉祥图案的发展提供了基础。

四、丰肥硕体的莲纹

隋唐时期文化艺术繁荣，尤其是盛唐时期政治昌明，佛教平稳发展，莲花在佛教艺术中仍然是最重要的装饰题材，但此时的莲花不再是独立的莲花装饰，而是结合宝相花或卷草纹形成多变的纹样，从而使莲花结构变得更加复杂，层次更加丰富，装饰性也更强了。本章前文已对隋唐创新莲纹中的莲花卷草纹和莲花宝相花纹的变体等进行了对比分析，此处不再赘述，下面要分析的是隋唐沿袭前朝的莲纹形态，尤其是菩萨头部和底座所雕刻的浮雕莲纹。隋唐碑刻莲纹分类见表4-5。

表 4-5　隋唐碑刻莲纹分类

类型	纹样		著录	来源
I 式			赵君墓志盖，武周时期，拓片长、宽均为 32 厘米，篆书，此拓片系北京图书馆旧藏本	笔者绘制
			关预仁妻茹氏墓志，唐显庆五年（660），河南洛阳出土，河南图书馆旧藏。拓片长、宽均为 48 厘米，盖长、宽均为 31 厘米。正书，盖阳文篆书，此拓片系北京图书馆旧藏（此莲纹装饰在墓志的四角）	左图：笔者绘制右图：北京图书馆金石组编：《北京图书馆藏中国历代石刻拓本汇编 13（唐）》，郑州，中州古籍出版社，1989 年，第174 页
II 式			长乐公主墓志，唐贞观十七年（643），出土于陕西礼泉烟霞乡陵光村中岭长乐公主墓中	笔者绘制
			李中郎墓志盖及其边饰和刹面，唐天宝三载（744）	笔者绘制
III 式			四面千佛造像碑，隋代，原存于河南淇县	笔者绘制
			弥勒佛石造像，唐代，河南郑州出土	笔者绘制

类型	纹样	著录	来源
Ⅲ式		阿弥陀佛石坐像，唐代，河南巩义出土	笔者绘制
Ⅳ式		邴法敬造像碑，隋开皇二年（582），河南滑县出土	笔者绘制
		佛立像，北周至隋	笔者绘制
		佛立像，北周，陕西西安灞桥区湾子村出土	笔者绘制
		佛立像，北周至隋	笔者绘制
		佛立像，唐代	笔者绘制
		阿弥陀佛石造像，唐代，河南荥阳大海寺遗址	笔者绘制
Ⅴ式		舍利石函，隋仁寿四年（604）	笔者绘制

Ⅰ式特点：该式莲纹为图案化，一般装饰在墓志的四角或者碑文的四角。这种装饰形式在三国两晋南北朝时期少有，该时期墓志还没有大量推广，所见纹样主要雕刻在造像碑上。这种装饰手法适用于四方造型的边角上，而隋唐墓志和碑石志文部分的边角正迎合了这种装饰手法，如赵君墓志盖和关预仁妻茹氏墓志，在志文的四边进行装饰，莲纹分出四瓣，每瓣又重叠小瓣形成层次感使纹样更加丰富。

Ⅱ式特点：该式莲纹为写实的莲花与卷曲的枝蔓结合装饰于墓志的四角和四边，画面繁复饱满，如长乐公主墓志和李中郎墓志盖中的莲纹为独立纹样，莲花花头多瓣重叠，加上卷曲的叶蔓。长乐公主墓志中莲纹装饰在志文的四角形成角隅纹样，李中郎墓志盖则装饰在志文的四边形成单独纹样。而舍利石函（表4-5Ⅴ式）中的莲纹则装饰在石函侧面的中间部位，由此可见，这种纹样因为添加了枝蔓，纹样造型卷曲优美、丰富饱满，适合装饰在碑刻的不同位置，所以在隋唐碑石中应用较多。但它与前面谈到的莲花卷草纹又有差异，这里只是枝蔓卷曲，莲纹写实，属于单独纹样，而莲花卷草纹因多枝莲纹连续排列卷曲，形成二方连续纹样，在形式感上又比该形式的单独纹样要复杂多变。

Ⅲ式特点：该式莲纹为造像碑上菩萨头部纹样，隋唐造像碑佛之头部莲纹基本没什么变化，无论花瓣的造型还是装饰的手法都沿袭前朝。如弥勒佛石造像，该造像中的莲纹形态与表3-7Ⅲ式中三尊菩萨造像和骆道明造像的莲纹形态相似，该种莲纹形态在三国两晋南北朝运用得非常多，有的装饰在佛像头部，有的装饰在佛像脚部。而表4-5Ⅲ式中阿弥陀佛石坐像和表3-7Ⅱ式李慧珍等造像莲花记在形态上又极其相似，对比之下可以看出其承袭前朝的风格特点。

Ⅳ式特点，隋唐造像碑底座的莲纹基本为此形态，这种形态的莲纹在三国两晋南北朝时期所见也较多，莲纹特点表现为对分式层叠，与表3-5Ⅱ式贾智渊造背屏三尊像相似，略有不同的是隋唐该式莲纹（表4-5Ⅳ式中的佛立像）显得更加丰满，而前者的莲纹相对尖细些。

Ⅴ式特点：该式为多分层叠式，中间再装饰莲蓬。这种形式与表3-7Ⅱ式中元天穆墓志极其相似，但不同之处在于，三国两晋南北朝元天穆墓志中的莲纹仅仅是莲花造型，而该式中隋代的舍利石函在莲纹的四边还加了三瓣式忍冬纹。

总之，隋唐时期莲花在佛教艺术中仍然是最重要的装饰题材。特别是隋代石窟藻井莲花图变得更复杂、层次也更丰富，成为此时佛教装饰艺术中颇有特色的形式。同时，唐代的政治、经济、文化状况更为装饰艺术的发展提供了土壤，除了佛教艺术外，在雕塑、建筑、绘画，以及铜镜、石刻、砖刻、陶瓷、金银器、染织、刺绣等工艺中莲花装饰也很常见。此外，唐代的莲花图像在造型上更加丰富，装饰性更强，出现了莲花与牡丹、石榴相结合的新的宝相花纹，这种纹样综合了莲花、牡丹等的共同特点，成为此时装饰图案的典型形式。

五、减退沿袭的忍冬纹

忍冬纹在三国两晋南北朝时期运用得非常多，可以说已达到了高峰期，到隋唐时期在碑石上虽然也多有运用，但造型特点多为沿袭前朝，只有些许微妙的变化。隋唐碑刻忍冬纹分类见表4-6。

表4-6　隋唐碑刻忍冬纹分类

类型	纹样	著录	来源
I式		宋磨侯造像，隋开皇十二年（592），拓片高39厘米，宽20厘米，正书	笔者绘制
		段志玄碑，唐贞观十六年（642），陕西礼泉出土	笔者绘制
		弥勒佛石造，唐代，河南郑州出土	笔者绘制
II式		舍利石函，隋仁寿四年（604）	笔者绘制

续表

类型	纹样	著录	来源
Ⅱ式		杨恭仁墓志，唐贞观十四年（640），陕西礼泉出土。此为墓志刹面纹样	笔者绘制
Ⅲ式		僧智等造像，隋仁寿二年（602），拓片碑阳高210厘米，阴高208厘米，宽均为84厘米	笔者绘制
		僧智等造像，隋仁寿二年（602）	笔者绘制
		菩萨立像，底座纹样，隋代	笔者绘制
Ⅳ式		管妃造像，隋开皇九年（589），端方旧藏，后流于国外。拓片面高75厘米，宽57厘米，背高74厘米，宽61厘米	笔者绘制
Ⅴ式		隋代碑刻，陕西麟游仁寿宫遗址出土	吴山编著：《中国纹样全集（魏晋南北朝·隋唐·五代卷）》，吴山、陆晔、陆原绘图，济南，山东美术出版社，2009年，第168页
Ⅵ式		舍利石函，隋仁寿四年（604）	耀县博物馆，笔者拍摄，笔者绘制

续表

类型	纹样	著录	来源
Ⅵ式		邴法敬造像碑，隋开皇二年（582），河南滑县出土	笔者绘制
Ⅶ式		唐代石刻	笔者绘制
Ⅻ式			

Ⅰ式特点：该式表现为每瓣忍冬叶独立卷曲形成不规则的造型特征，根据主体纹样所装饰的不同部位而形成不同的造型形态，如宋磨侯造像和弥勒佛石造均为自由式的构图。这种随意构图的形式在三国两晋南北朝时期没有出现，反映了隋唐时期人们的思想较为开放。

Ⅱ式特点：该式忍冬纹叶片拉长呈飘带状，这种形式与三国两晋南北朝时期有相似之处，如王毛郎造像（表3-10Ⅴ式）忍冬纹的叶片呈拉长形，构图有规律，但该式中拉长的叶片飘逸随性，如杨恭仁墓志中的忍冬纹叶片卷曲拉长，构图随意。由此可见，从三国两晋南北朝到隋唐，该种形式的忍冬纹叶片在发展的过程中是呈逐步拉长卷曲的，并且在构图上由严谨到自由，这体现了人们思想的逐步解放及对自由生活的追求。

Ⅲ式特点：该式即以一桃心为基础单元向两边延伸形成二方连续纹样，而忍冬纹则布置在桃心内。该式忍冬纹比较少见，从查阅的碑刻来看，仅见于隋代，唐代未见有类似造型的忍冬纹。因忍冬纹布置于桃心内，故纹样比较小而碎，如僧智等造像，四边均刻有忍冬纹，中间是一佛像，佛像的头顶亦刻有二方连续的忍冬纹。菩萨立像中的忍冬纹则装饰在其底座的四边。

Ⅳ式特点：该式一般表现为下部装饰莲瓣，上面装饰忍冬纹，忍冬叶为两至三瓣，一般独立构图，如管妃造像中的忍冬纹下部为散开的莲花座，上部装饰忍冬纹。

Ⅴ式特点：该式忍冬纹具有图案式风格，像织锦上的绶带纹。绶带纹图案在魏晋隋唐时期流行于墓室壁画和织物图案中，从考古文物所展现其分布范围看，这种图案样式散落在"丝绸之路"沿线地区，并从新疆向东传入中原腹地。据史料记载，在唐代绶带纹之物即为贡品。所以绶带纹器物均为当时极有身份的人方可使用的，很可能是御赐之物，非常珍贵。

Ⅵ式特点：该式为多枝忍冬纹交叉组合成一枝复杂的忍冬纹，这种形式的忍冬纹在北魏时期即已出现，如田延和造像（表3-10Ⅳ式）中的忍冬纹亦是多枝组合构成。

Ⅶ式特点：该式忍冬纹形态为四瓣或多瓣式，在构图上单枝忍冬纹倒挂并组合成一个倒立的三角形，如邧法敬造像碑采用浅浮雕的技法，倒立的构图形式看似一棵忍冬树。

Ⅻ式特点：该式忍冬纹沿袭三国两晋南北朝特点。

六、变化多端的云纹

云纹具有很深的寓意，表现了云气升腾、生生不息的祥瑞之气，也与中国人升天的思想相吻合。云纹在结构上回转交错，曲线飘逸，极富动感，体现了中国古典审美的韵律与流动。云纹的运用相当广泛久远，不同时期由于审美文化的不同，云纹又有较大的变化，就其他器物上的云纹而言，最早的云纹是旋云纹；商周形成云雷纹；春秋战国为卷云纹；秦汉出现云气纹；三国两晋南北朝流行流云纹；隋唐变化为朵云纹和如意云纹。[①]上文已对汉画像石和三国两晋南北朝碑石所刻云纹进行了分析，汉画像石多为云气纹，三国两晋南北朝出现了流云纹、团云纹、卷云纹，而隋唐时期的云纹更加多样化，从调研资料来看，昭陵博物馆的唐代墓志纹样中的云纹运用得较多，其造型也有多种变化，主要有卷云纹，如张士贵墓志、李思摩墓志、杨恭仁墓志、王君鄂墓志；如意云纹，如临川公主墓志；朵云纹，如李震墓志；流云纹，如苏氏墓志。昭陵博物馆墓志云纹装饰形式有以单独纹样形式运用，如临川公主墓志；也有与其他纹样组合运用，如与龙纹和四神纹组合，与四神纹结合的云纹，变化较多，有的为流云纹，有的为如意云纹，流云纹多为水平飘动，云尾较长，与四神结合似波涛汹涌之势，云纹纵向腾升又似四神腾云驾雾气势磅礴；与十二生肖组合，与十二生肖结合的云纹其云头一般较大，且云头多呈飘逸向上腾升之形，如苏氏墓志；与走禽组合等，如李贤墓志。隋唐碑刻云纹分类见表4-7。

---

① 徐丽慧、郑军编著：《中国历代云纹纹饰艺术》，北京，人民美术出版社，2010年，第48页。

表 4-7　隋唐碑刻云纹分类

类型	纹样	著录	来源
Ⅰ式如意云纹		临川公主墓志盖，唐弘道元年（683）	笔者绘制
		韦洞墓志盖及侧边，唐景龙二年（708）	笔者绘制
		大唐嵩阳观纪圣德感应之颂碑，唐天宝三载（744），碑高 9.02 米，宽 2.04 米，厚 1.05 米	笔者拍摄
		韩贞瓒女二娘造浮图铭，唐天宝十四载（755），拓片高 57 厘米，宽 78 厘米	笔者绘制
		郑国大长公主墓志，唐贞元二年（786）	笔者绘制
		杨万荣墓志，唐贞元六年（790）	笔者绘制
		杨氏墓志盖及侧面，唐元和三年（808）	笔者绘制
		正觉纪德碑，唐元和十二年（817），石碑在四川万县，拓片高 146 厘米，宽 60 厘米，宇文籛撰，袁亮正书，李昌镌	笔者绘制
		白敏中墓志盖刹面，唐咸通二年（861）	笔者绘制
		石台孝经碑，唐玄宗天宝四载（745），碑高 620 厘米，共 4 面，每面宽 120 厘米	笔者拍摄
Ⅱ式云气纹		杨恭仁墓志，唐贞观十四年（640），出土于陕西礼泉烟霞乡山底村沟东约 700 米处杨恭仁墓中	笔者绘制

续表

类型	纹样	著录	来源
Ⅱ式云气纹		长乐公主墓志，唐贞观十七年（643），出土于陕西礼泉烟霞乡陵光村中岭长乐公主墓中	笔者绘制
		统毗伽可贺敦延陁墓志，唐贞观二十一年（647），出土于陕西礼泉昭陵乡庄河村西北大夫李思摩墓中	笔者绘制
		李思摩墓志，唐贞观二十一年（647），出土于陕西礼泉昭陵乡庄河村西北李思摩墓中	笔者绘制
		文帝昭容韦尼子墓志，唐显庆元年（656），出土于陕西礼泉烟霞乡凌光村北约 300 米处韦尼子墓中	笔者绘制
		赵王妃宇文修多罗墓志，唐显庆五年（660），出土于陕西礼泉烟霞乡严峪村西北约 500 米处赵王李福墓中	笔者绘制
Ⅲ式朵云纹		张君墓志盖，武周时期，拓片长、宽均为 29 厘米，篆书，此拓片系北京图书馆旧藏	笔者绘制
		观世音菩萨像铭，周天授二年（691），拓片高 127 厘米，宽 48 厘米，陕西出土，藏于美国国家博物馆	笔者绘制
		乘象的普贤菩萨及供养菩萨，唐代石刻	笔者绘制
Ⅳ式与动物组合云纹		独孤氏墓志盖，刹面的局部，唐贞观十六年（642）	笔者绘制
		尉迟敬德夫人苏氏墓志，唐显庆四年（659），出土于陕西礼泉烟霞乡烟霞村公路北侧尉迟敬德墓中	笔者绘制
		尉迟敬德墓志，唐显庆四年（659），出土于陕西礼泉烟霞乡烟霞村公路北侧尉迟敬德墓中	笔者绘制
		唐代碑刻线画，陕西乾县乾陵出土	笔者绘制

类型	纹样	著录	来源
Ⅳ式与动物组合云纹		唐代碑刻线画,陕西乾县乾陵出土	笔者绘制
V式与龙组合云纹		周府君墓志盖	笔者绘制
		唐代碑刻,陕西乾县乾陵出土	笔者绘制
		王元遵墓志,八骏图纹,河北定县出土	吴山编著:《中国纹样全集(魏晋南北朝·隋唐·五代卷)》,吴山、陆晔、陆原绘图,济南,山东美术出版社,2009年,第159页
Ⅵ式卷云纹		阿弥陀佛石坐像,唐代,河南巩义出土	笔者绘制
Ⅶ式流云纹		段志玄碑,唐贞观十六年(642),陕西礼泉昭陵镇庄河村北约150米处段志玄墓前所立	笔者绘制
Ⅺ式其他形式云纹		邴法敬造像碑,隋开皇二年(582),河南滑县出土	笔者绘制
		牛进达墓志,唐永徽二年(651),出土于陕西礼泉赵镇石鼓村西北约1000米处牛进达墓中	笔者绘制

　　Ⅰ式如意云纹的特点:如意云纹顾名思义其形态像如意,从碑刻资料来看,如意云纹在三国两晋南北朝时期没有发现,应是隋唐时期新创纹样,其大量运用在墓志及碑上。最具有代表性的如现藏于西安碑林博物馆的石

台孝经碑，该碑集三帝于一身：碑文为文帝孔子所撰《孝经》；唐玄宗以隶书抄写；由唐肃宗题写碑额，是唐代最精致的碑石之一。它的造型相当精美，碑头上雕刻着如意云纹簇拥的双层花冠，如意云纹排列紧密，雕刻精细，高贵典雅；碑身由四块青石相合而成，华丽大方；碑身的正文是孔子《孝经》的原文，由唐玄宗李隆基亲笔抄录，为隶书，用笔丰腴华丽、大气磅礴，结构庄严恢宏，充分显现了开元盛世的堂皇和大唐基业的雄风。还有一块具有代表性的唐碑，即大唐嵩阳观纪圣德感应之颂碑，该碑刻于唐玄宗天宝三载（744）。这两块极有影响力的大碑碑头都刻如意云纹，可见当时如意云纹的流行，其寓意平安如意吉祥，表达了美好的愿望。该碑头的如意云纹没有石台孝经碑精细，如意卷曲得更加明显。唐代如意云纹根据碑主人地位不同，其纹样雕刻的精细程度明显有差异，如韩贞瓒女二娘造浮图铭和正觉纪德碑的如意云纹就比石台孝经要简单，而墓志相较之于碑石又更简单，这主要是受制于装饰画面的面积，墓志装饰的面积小故纹样相对简洁，如临川公主墓志盖、韦洞墓志盖、郑国大长公主墓志、杨氏墓志盖上的如意纹都比较简略，一般雕刻两层。

Ⅱ式云气纹特点：云气纹一直是沿袭汉代的形式，大体上没变，只是在局部上略有变化，在隋唐墓志的雕刻中运用得较多。这种云纹的特点表现得比较抽象，给人一种狰狞感，运用在死者的墓志上正迎合了一种煞气之感，如杨恭仁墓志、长乐公主墓志、统毗伽可贺敦延陁墓志、李思摩墓志、文帝昭容韦尼子墓志、赵王妃宇文修多罗墓志等。从以上墓志来看，其年代均在唐中期，可见，这种形式的云气纹在唐中期的墓志中非常流行，这些墓志中的云气纹一般都装饰在墓志盖面文字的四边或者墓志的刹面、侧面，纹样卷曲缠连。

Ⅲ式朵云纹特点：朵云纹也是隋唐时期的新创，受唐代审美追求满密的影响，朵云纹表现得非常繁复，云的形态层层卷曲叠加形成独立的一朵，故名朵云，其与如意云纹的相似之处是尾部都是向下形成飘逸的形态。朵云纹一般与菩萨或瑞兽组合运用于墓志的装饰中，如张君墓志盖、观世音菩萨像铭、乘象的普贤菩萨及供养菩萨等。

Ⅳ式与动物组合云纹特点：该式云纹主要体现在与动物组合构成画面，一般以二方连续的卷云纹居多，也有以朵云纹的形式组合的，动物一般居中，若是安排两种动物，则采用对称的形式，如独孤氏墓志盖、尉迟敬德夫人苏氏墓志、尉迟敬德墓志均为与动物组合的画面，而与瑞兽组合的画面相对较少。

Ⅴ式与龙组合云纹特点：与龙组合的云纹在形态上一般为朵云纹或

意云纹，如周府君墓志盖、王元逸墓志、独孤开远墓志盖（表 4-1 Ⅱ 式云纹卷草纹）有一些意云纹，而龙的形态有的抽象，有的写实，如王元逸墓志雕刻出了龙的鳞片，其状栩栩如生，而独孤开远墓志盖则以简单的线条勾勒出龙的形体。

Ⅵ式卷云纹特点：该式卷云纹继承了前朝的云纹特点，在隋唐时期碑刻上所见不多，而且卷云也有些变体了，其形似叶片又似云，如张祖墓志[①]。

Ⅶ式流云纹特点：流云纹在三国两晋南北朝时期所见较多，隋唐基本与前朝一致，如段志玄碑。

Ⅺ式其他形式云纹特点：隋唐时期除了大量流行的如意云纹和朵云纹外，还有一些继承自前朝，另有一些运用较少但比较独特的云纹，如牛进达墓志，该墓志中的云纹装饰在牡丹纹的上下边，起点缀作用，其造型呈一个三角形的独立纹样。邸法敬造像碑中的云纹很独特，该云纹为变体形式，独立的变体云纹重叠排列成三排。

七、盛极一时的联珠纹

联珠纹在三国两晋南北朝时期的碑刻上已有出现，隋代所见甚少，但到了唐代极为盛行，而且珠子由隋代的大圆而变成小圆，一般为 16～20 个，圆珠的形状也由正圆变化到长圆，有的还变化成心形、花形及一些特殊的形态，可以说具有明显的时代特点。其构图形式也有了变化，或与禽鸟组合，或与花草组合，或与动物组合，或与人物组合；有单独纹样，也有对称格式，形似一串联珠。

从笔者考察的资料来看，昭陵博物馆的墓志上所见较多，该馆藏墓志上的联珠纹排列得很紧密，一般多刻于盖面，也有刻于刹面的，但刻于刹面的较少，如燕妃墓志（唐咸亨二年十二月二十七日，即672年2月1日）。联珠纹的构图主要可以分为三种形式：第一种是围绕盖面题字的四边装饰联珠纹；第二种形成两排连续排列的联珠纹，如长乐公主墓志，在盖面四边纹样的上下排列了两层联珠纹，极富装饰性；第三种是呈体型构图与刹面的梯形相呼应，如杨恭仁墓志，其盖面总体上形成三层装饰，最中间是以篆书题字，围绕题字的四边布置二方连续的卷草纹，而联珠纹样围绕卷草纹形成梯形排列，与刹面的梯形相呼应，最外层是几何纹。李寿墓志的盖面有两层装饰，中间为题字，外层布置二方连续的卷草纹，联珠纹也以梯形的结构围绕卷草纹进行装饰。联珠纹分类见

---

① 拓片长、宽均为 55 厘米，盖长、宽均为 37 厘米，正书，盖阳文篆书，此拓片系北京图书馆旧藏。

表 4-8。

表 4-8 隋唐碑刻联珠纹分类

类型	纹样	著录	来源
I 式 圆形		姬威墓志，隋大业六年（610），陕西西安出土，墓志长、宽均为 81 厘米，侧宽 12 厘米；盖长、宽均为 84 厘米，侧宽 5 厘米	笔者绘制
		李寿墓志盖，唐贞观四年（630）	笔者绘制
		杨恭仁墓志，唐贞观十四年（640）	笔者拍摄
		长乐公主墓志，唐贞观十七年（643）	笔者拍摄
		张士贵墓志盖，永徽三年（652）	张鸿修主编：《唐代墓志纹饰选编》，西安，陕西人民美术出版社，1992 年（图 7）
		道因法师碑，唐代	笔者绘制
II 式 椭圆形		唐代碑刻	笔者绘制
III 式 心形		王君鄂墓志，唐永徽六年（655），出土于陕西礼泉昭陵镇庄河村南约 658 米处王君鄂墓中	笔者绘制

续表

类型	纹样	著录	来源
Ⅲ式 心形		李贞墓志，唐开元六年（718），出土于陕西礼泉烟霞乡兴隆村东李贞墓中	笔者拍摄
		雍王贤墓志盖，刹面，唐代	笔者绘制
Ⅳ式 花形		雍王贤墓志盖，刹面，唐代	笔者绘制
Ⅴ式 其他特殊形		尉迟敬德夫人苏氏墓志盖，唐显庆四年（659）	笔者绘制

Ⅰ式圆形特点：该式继承前朝的形式，以圆形的连续排列构成边饰花纹，唐代墓志中所见较多，一般装饰在墓志的两边，在构图上没有多大的变化，如姬威墓志、李寿墓志盖、杨恭仁墓志、长乐公主墓志、张士贵墓志盖、道因法师碑等，均是装饰在墓志及碑的两边。

Ⅱ式椭圆形特点：椭圆的纹样在北魏时期即有出现，在唐代延续发展，在墓志和碑石上均有发现，如唐代碑刻，与北魏不同之处在于联珠纹连接得更加紧密，每个珠子都是紧靠连接，而北魏时期珠子中间留有缝隙。

Ⅲ式心形特点：该式是唐代碑刻上所出现的创新纹样，以爱心进行连接。有的爱心形似尖头，层层叠加构图，形成满密的艺术效果；有的爱心似桃形，两颗之间留有缝隙，但以装饰在墓志上为多见，如李贞墓志和尉迟敬德夫人苏氏墓志（表 4-7Ⅳ式与动物组合云纹），该两方墓志在盖面和刹面都布置有联珠纹，联珠的形制都是以心形形成叠加，联珠纹的中间以二方连续的牡丹纹为主体纹样。尉迟敬德夫人苏氏墓志为覆斗式，盖面篆书，斜坡刻缠枝牡丹纹，侧面刻十二生肖，配以卷草纹、流云纹，纹样形态生动，书法严谨有力。从表现形式上可以看出，联珠纹被当作分割线划分墓志装饰面；有的仅以圆珠构成，布置于盖面字体的四周；有的再以其他图形将它二等分或四等分，若成相切的二方连续或四方连续时，这些图形则作为连接纽带。在圆点的形制上不仅仅是圆形，还有心形，心形以叠加的形式相连接。[①]

Ⅳ式花形特点：花形也是唐代的创新纹样，即以一朵花的图案进行联珠排列，因此视觉效果更加复杂、自然，但这种造型所见甚少，仅在雍王贤墓志盖上出现此种造型，联珠纹为竖式构图，与其他构图有所差异，其他一般为横式构图。

Ⅴ式其他特殊形特点：该式亦是唐代的新创联珠纹，没有固定的造型，这里暂且定其为几何形联珠纹，如尉迟敬德夫人苏氏墓志盖，该墓志盖联珠纹串联在每一条墓志盖边饰的两边，使墓志盖画面显得满密。

从以上墓志和碑石上的联珠纹可以看出，唐代墓志上的联珠纹布置于盝面上，联珠的形状有圆形也有心形、花形等，在构图形式上多有变化，一般是围绕二方连续的植物纹样，每个联珠都紧密相连甚至有的叠加排列，其排列形式比前朝更加紧密。

八、疏朗陪衬的几何纹

几何纹早在汉画像石中即有大量的运用，三国两晋南北朝时期运用已少，但出现了龟背式的几何纹，隋唐则没有出现很大的创新变化，基本延续前朝的几种样式，但从其他器物来看，几何纹运用得还是越来越丰富，其形式有卍字、菱格、回纹、方胜、龟背、云纹等。唐代几何纹造型丰富、主纹突出、地纹疏朗，常用对称形式等。

昭陵博物馆唐代墓志几何纹的形式主要有菱格形、龟背纹形、回纹形等。龟背形装饰于墓志盝面，寓意长寿，如李寿墓志盝面布满六边形的龟背纹。龟背纹整体为长形纵向排列，寓意长寿。回纹寓意"富贵不断头"，它是由横竖短线按照方形或圆形折绕组成的几何纹样，形如"回"字，所以称回纹。墓志中的回纹形相对简单，一般只有两个转折相交错形成二方连续纹装饰于墓志主纹的四边，昭陵博物馆墓志中的回纹主要装饰于刹面和侧面，也有装饰于盝面主纹四边的。菱格纹在墓志中一般装饰于盝面的四角，如杨氏墓志，其墓志盝面围绕志文分里外两层纹样，里面一层纹样中间为单独的宝相花纹样，宝相花的两边为菱格的几何纹；外层为四神纹和云纹的组合，菱格纹穿插于中间的四角使墓志盝面简洁，从而更加突出了宝相花和四神纹样。[②]

① 徐志华：《昭陵博物馆藏唐代墓志纹饰研究》，《艺术百家》2013 年第 4 期。
② 徐志华：《昭陵博物馆藏唐代墓志纹饰研究》，《艺术百家》2013 年第 4 期。

几何纹在昭陵博物馆唐代墓志中一般用来衬托花草纹样，使主纹更加突出，不同的几何纹图案运用于不同的装饰部位。唐代碑刻几何纹分类见表4-9。

表4-9　唐代碑刻几何纹分类

类型	图片	著录	来源
I式回纹		常俊墓志，唐大历十四年（779），北京西直门外出土，周肇祥旧藏，后归北京市文物工作队	北京图书馆金石组编：《北京图书馆藏中国历代石刻拓本汇编27（唐）》，郑州，中州古籍出版社，1989年，第135页
		崔载墓志，唐元和十四年（819），北京大兴出土，宝瑞臣旧藏	北京图书馆金石组编：《北京图书馆藏中国历代石刻拓本汇编29（唐）》，郑州，中州古籍出版社，1989年，第45页
II式编绳纹		赵思忠墓志，唐开元十二年（724），河南洛阳出土，张钫旧藏	笔者绘制
III式龟背纹		唐代墓志盖，几何纹	笔者绘制
		李寿墓志盖，唐贞观四年（630）	笔者拍摄

I式回纹特点：该式在三国两晋南北朝碑石中已有出现，在隋唐时期所见增多，纹样特点为回转连接形成二方连续纹样，回纹转绕的线条有的为一圈有的为两圈，如崔载墓志和常俊墓志，该两方墓志的回纹转绕的线条为两圈，因此图形上更加复杂。

II式编绳纹特点：该式初看与回纹略有相似，实则不同，其特点是在回纹的基础上交错连接形成二方连续纹样，如赵思忠墓志，该墓志中以双线回旋形成回纹再通过编绳样交错连接形成二方连续的形式。

III式龟背纹特点：该式在三国两晋南北朝碑石中已有出现，但较之三国两晋南北朝略有变化，三国两晋南北朝时期龟背纹线条层叠的层数要多，其为五层，而隋唐时期线条层叠层数明显减少为三层。所以从形式感上看，三国两晋南北朝的龟背纹显得更加密集，而隋唐则比较疏松，如李寿墓志盖。

九、寓意吉祥的瑞兽瑞鸟纹

瑞兽和瑞鸟在隋唐碑刻边饰上所见较多，尤其是在墓志上运用广泛，从调研收集的资料来看，该时期的瑞兽、瑞鸟纹的特征主要有四点：其一，瑞兽和瑞鸟多以写实为主，瑞兽一般多装饰麋鹿、马、雄狮等，其中麋鹿和马以写实为多见，雄狮等则较抽象，造型结实，瑞鸟纹装饰也是以写实为主。其二，瑞兽和瑞鸟纹样基本都是与卷草纹组合画面，瑞兽和瑞鸟穿插于卷草纹中，使画面显得满密。其三，其动态则表现为奔跑和飞翔之势，少有做静止状的。其四，一般都有吉祥的含义，尤其是瑞兽和瑞鸟与卷草纹组合寓意吉祥。该时期的瑞兽和瑞鸟纹已完全脱离了前朝诡秘多变的形态特征，多是反映自然的艺术特征。隋唐碑刻瑞兽纹、瑞鸟纹分类见表 4-10。

表 4-10　隋唐碑刻瑞兽纹、瑞鸟纹分类

类型	纹样	著录	来源
I 式瑞兽纹		徐景辉造像碑，隋开皇八年（588）	笔者绘制
		杨执一夫人独孤氏墓志盖，唐贞观十六年（642）	笔者绘制
		杨执一墓志盖，唐开元十五年（727）	笔者绘制

续表

类型	纹样	著录	来源
I 式瑞兽纹		吴文残碑，唐代，现藏于西安碑林博物馆	笔者绘制
		唐代碑刻	笔者绘制
II 式瑞鸟纹		李贤墓志盖，局部，唐景云二年（711）	笔者绘制
		白敏中墓志盖，刹面，唐咸通二年（861）	笔者绘制
		大智禅师碑，唐代	笔者绘制

I 式瑞兽纹特点：该式中的瑞兽纹为麋鹿、马、雄狮，雕刻技法有阴刻和阳刻两种，还有线刻的形式，并与卷草纹组合，也有与莲花组合的，瑞兽多为奔跑的姿势，如杨执一夫人独孤氏墓志盖、雍王贤墓志盖及局部（表4-12 II 式）、韦洞墓志盖及侧边（表4-12 II 式）、杨执一墓志盖，以上瑞兽纹雕刻精细，肌肉发达，神态威猛配以卷草，动势极强。此外，瑞兽纹还有的布置于卷草纹的中间，瑞兽脚踏花纹，一人物骑在瑞兽背上，瑞兽体健硕大，引头长啸，神态极其凶猛，如吴文残碑。

II 式瑞鸟纹特点：瑞鸟纹多为写实性，并和卷草纹等植物纹样组合，具有寓意，如李贤墓志盖和白敏中墓志盖，两个墓志盖中的瑞鸟均运用写实性手法，瑞鸟呈飞翔之势，穿插于卷草纹中，单线雕刻出鸟纹的形态。而大智禅师碑上的瑞鸟则为对鸟衔花，表现出了吉祥寓意，鸟尾巴部分与花叶的形态自然融合，具有装饰性。

十、避邪祈福的四神纹

四神纹样在唐代墓志中运用得较多，从调查资料来看，昭陵博物馆所藏唐代墓志多刻有四神纹，尤其是一些达官贵人的墓志，一般都刻饰四神装饰，一方面四神具有辟邪祈福之意；另一方面也使得墓志精美高贵。唐代四神纹样根据人们审美观念的变化而有了明显的分期，昭陵博物馆中的墓志四神常与十二生肖、卷草纹、几何纹、祥禽瑞兽等组合画面，也有与祥云组合的，四神的形态有静有动，飞跃的四神与祥云正吻合了死后升天的传统观念。同时，四神与植物花卉的组合也丰富了画面的内容，更体现了墓主的高贵与雍容。

唐代四神纹的发展演化主要分为早期、盛期和晚期三个阶段，具体如下。

第一，早期。该时期墓志四神纹的青龙和白虎身形修长，形态极为相像，青龙身上饰有鳞片，而白虎身上则刻有条纹；朱雀身上长着华丽的羽毛，其形似凤凰展翅欲飞；玄武则是龟蛇缠绕，龟身甲壳上的花纹刻画细致，如长乐公主李丽质墓志、独孤开远墓志、王君愕墓志、赵王妃宇文修多罗墓志、程知节墓志等。

第二，盛期。该时期又可以分为两个阶段，即690—740年达到顶峰，该时期墓志四神纹中的青龙、白虎的形态依然修长，但比初期更显丰满，大多四足腾空，呈飞奔状，青龙身上还刻有鳞片。朱雀尾部的羽毛也雕刻得很精细，玄武四足微微伏地，向前爬行，其动势刻画得栩栩如生，如安元寿夫人翟六娘墓志、永泰公主李仙蕙墓志、李承乾墓志、韦承庆墓志、臧怀亮墓志。741—805年，墓志四神纹逐渐减少，但在雕刻上，此时的四神刻画更加精细，神态多为动势，体态丰满，这与此时追求丰满圆润的审美观有很大的关联。青龙、白虎身体长而肥大，还刻有鬃毛，鳞片也更加精细，青龙还刻有锯齿形的鳍，而白虎也画有斑纹，形象更加逼真，青龙和白虎都踩着祥云，做腾空奔走状，神态相当威武凶猛。朱雀身形肥硕，翅膀向上张开，雀趾锋利，呈起飞状；玄武是体态丰满肥硕，龟蛇身上的花纹刻画精美，突出刻画四足[1]，如豆卢建墓

---

① 雷婧：《唐代墓志四神图像纹饰论析——以陕西关中地区为例》，陕西师范大学硕士学位论文，2012年。

志、张去逸墓志、宇文氏墓志、第五玄昱墓志。

第三，晚期。该时期四神纹的神态和刻画有较大变化，青龙和白虎没有腾空跃动之势而是立足不动；朱雀一改之前的侧面飞跃之势改为正面站立不动；玄武是正面龟身，龟首向前，隐约可见蛇绕龟身，与龟首相对峙。如车益墓志、贾温墓志、贺从章墓志、赵群墓志。

唐代墓志上所刻四神纹主要集中于四刹，其他面则少有，如杨恭仁墓志盖（贞观十四年，即 640 年）四刹饰四神纹样，墓志四侧饰十二生肖图案；长乐公主墓志（贞观十七年，即 643 年）四刹饰四神及云、山、树木等纹样；王君愕墓志（贞观十九年，即 645 年）四刹为四神，间以云、山、花纹；李思摩墓志盖（贞观二十一年，即 647 年）四刹刻有四神纹样；统毗伽可贺敦延陁墓志（贞观二十一年，即 647 年）、牛进达墓志（永徽二年，即 651 年）、唐俭墓志（显庆元年，即 656 年）、赵王妃宇文修多罗墓志盖（显庆五年，即 660 年）四刹亦均刻有四神纹样；虢国夫人岐氏墓志（显庆二年，即 657 年）除墓志盖四刹刻有四神，间有云、山、树木等纹样，四侧有卷云纹；李震墓志（显庆五年，即 660 年）四刹为四神，间以朵云，四侧为绕枝卷花。唐代碑刻四神纹分类见表 4-11。

表 4-11　唐代碑刻四神纹分类

类型	纹样	著录	来源
I 式四神纹与卷草纹组合		史思礼墓志盖，盔、刹面的局部，唐天宝三载（744）	上二图：张鸿修主编：《唐代墓志纹饰选编》，西安，陕西人民美术出版社，1992 年（图 57、58）下二图：笔者绘制
		大唐故王雍君墓志盖	笔者绘制

续表

类型	纹样	著录	来源
Ⅱ式四神纹与云纹组合		豆庐建墓志盖，盝面，唐天宝三载（744）	上二图：张鸿修主编：《唐代墓志纹饰选编》，西安，陕西人民美术出版社，1992年（图50、51） 下图：笔者绘制
		高元珪墓志盖及刹面的局部，唐天宝十四载（755）	上图：张鸿修主编：《唐代墓志纹样选编》，西安，陕西人民美术出版社，1992年（图72、73、74） 下四图：笔者绘制
		张登山墓志盖，刹面的局部，唐天宝十四载（755）	张鸿修主编：《唐代墓志纹饰选编》，西安，陕西人民美术出版社，1992年（图77）
		张渐墓志盖，唐会昌五年（845）	张鸿修主编：《唐代墓志纹饰选编》，西安，陕西人民美术出版社，1992年（图103）
		刘士准墓志盖及侧面，唐大中四年（850）	张鸿修主编：《唐代墓志纹饰选编》，西安，陕西人民美术出版社，1992年（图109）

类型	纹样	著录	来源
Ⅱ式四神纹与云纹组合		梁府君墓志盖，唐大中八年（854）	张鸿修主编：《唐代墓志纹饰选编》，西安，陕西人民美术出版社，1992年（图115）
Ⅲ式四神纹与牡丹纹组合		车益墓志盖，唐太和七年（833）	张鸿修主编：《唐代墓志纹饰选编》，西安，陕西人民美术出版社，1992年（图100）
		段文绚墓志盖，唐大中三年（849）	张鸿修主编：《唐代墓志纹饰选编》，西安，陕西人民美术出版社，1992年（图10）
		郑国大长公主墓志盖，唐贞元二年（786）	张鸿修主编：《唐代墓志纹饰选编》，西安，陕西人民美术出版社，1992年（图80）
Ⅳ式四神纹与其他组合		统毗伽可贺敦延陁墓志，唐贞观二十一年（647），出土于陕西礼泉昭陵镇庄河村西北大夫李思摩墓中（墓志盖刹面）	笔者拍摄

续表

类型	纹样	著录	来源
Ⅳ式四神纹与其他组合		赵王妃宇文修多罗墓志盖，唐显庆五年（660），出土于陕西礼泉烟霞镇严峪村西北约500米处赵王李福墓中	笔者拍摄
		裴小娘子墓志盖，唐大中四年（850）	张鸿修主编：《唐代墓志纹饰选编》，西安，陕西人民美术出版社，1992年（图113）

Ⅰ式四神纹与卷草纹组合特点：四神纹与卷草纹相结合，如陕西西安市西郊三民村出土的唐贞观五年（631）的李立言墓志。整幅画面中，滋长延伸的蔓草纹样缠绕着四神图像，使四神形象更显丰美。具有茂盛、长久、绵延不断吉祥寓意的蔓草纹样给青龙、白虎、朱雀、玄武四种神灵增添了许多活力，与此同时也预示着墓主人的灵魂不朽。

Ⅱ式四神纹与云纹组合特点：墓志盖四刹为四神纹样，志石四侧为云纹。其中云纹的表现方式多种多样，有卷云纹、流云纹、如意云纹等，如陕西西安出土的唐神龙二年（706）的韦承庆墓志、陕西礼泉出土的唐永徽六年（655）的张廉穆墓志盖四刹，刻有四神纹和卷云纹；陕西礼泉出土的唐麟德二年（665）的程知节墓志盖四刹，刻有四神纹与流云纹；而陕西西安长安区出土的唐太和八年（834）的严愈妻李氏墓志上，精美地雕刻着四神图像与如意云纹。以上这些墓志都将四神纹样与各种云纹巧妙地结合在一起，不仅画面丰富、美观，而且具有高升、如意的深刻寓意。

Ⅲ式四神纹与牡丹纹组合特点：四神纹与牡丹纹组合在墓志中出现得比较多，有的将四神装饰在牡丹花的中心，大朵的牡丹花盛开着，四神纹与牡丹纹相结合，如大唐太和七年（833）的车益墓志盖，在志盖四刹上的四神两侧均雕刻有正在绽放的牡丹花，使画面变得更加雍容华贵，牡丹纹不仅在观赏效果上增强了视觉冲击力，而且具有花开富贵的吉祥寓意，又使墓志纹样的文化底蕴更加丰厚。有的则在四神纹的两边雕刻牡丹，四神纹雕刻在墓志侧面的中间部位，如郑国大长公主墓志盖。

Ⅳ式四神纹与其他组合特点：墓志盖四刹为四神纹，志石四侧为神兽类纹样，如陕西咸阳出土的唐永徽五年（654）的王恭墓志和陕西礼泉出土的唐永徽六年（655）的张廉穆墓志等。墓志盖四刹为四神纹，志石四侧为十二生肖纹，如陕西礼泉出土的唐显庆五年（660）的赵王妃宇文修多罗墓志盖和陕西礼泉出土的唐麟德二年（665）的程知节墓志。墓志盖四刹为十二生肖纹，志石四侧为四神纹，如陕西韩城出土的唐乾符六年（879）的唐白敬宗墓志。

概言之，唐代四神纹大多与其他纹样组合画面，使画面变化丰富，流行四神纹与云纹、蔓草纹相结合，如陕西三原县出土的唐开元十八年（730）的臧怀亮墓志；四神与云纹、花朵图案相结合，如陕西彬县出土的大唐吴令俊墓志；四神与蔓草纹、花卉纹相结合，如陕西乾县出土的唐神龙二年（706）的永泰公主李仙蕙墓志。四神纹与花卉、云纹、卷草三种组合方式，已经突破了四神只与一种特定纹样相结合的表现形式，而是与两种纹样相结合，不仅使画面更加丰富、美观，就连寓意也增加了不少。四神与云、山、树木等纹样组合成的森林画面相结合，如出土于陕西礼泉的唐贞观十七年（643）的长乐公主李丽质墓志。此种组合方式，使四神形象奔驰于整个森林之中，动态感更强，生命力更旺，将具有灵气的四神与具有生命力的大自然相结合，恰到好处。这样一组丰富的画面，不仅给整个志石增添了生命，而且仿佛使本已逝去的墓主人再次重获生命的希望。以上这些组合方式，都是在同一平面内四神图像的不同表现，可谓丰富多彩。整体上，墓志的四神纹样在初唐、盛唐、中唐、晚唐都呈现出各自的艺术特色，并且呈现出一种整体的变化趋势，那就是在晚唐以前长安及关中地区墓志上的四神图像轻盈、灵动而又不失活力，处处洋溢着大唐盛世的气息。到了晚唐时期，墓志上的四神图像则变得略显钝重，原本腾空呈飞奔状的青龙、白虎也开始站立不动了，展翅翱翔的朱雀也渐渐地停滞了。

十一、灵动神采的十二生肖纹

十二生肖是与天干地支相结合使用的纪年法，在东汉时已形成。至于十二生肖纹的使用，至少在三国两晋南北朝时期就已经出现，唐代墓志石刻中尤其多见，其蕴含的寓意主要有如下说法：首先，墓志中运用十二生肖以示天地间的时辰概念，象征墓主在阴间地府亦能知晓时辰。其次，古人运用志盖的覆斗形制与墓志表面刻绘神灵动物纹样来寄托生死轮回的灵魂不灭思想，并力图为逝者营造一个与天地同在的冥冥世界，代表十二辰的十二种动物被视为神灵，其中自然亦蕴含冀求得到天地四方神灵和十二辰保佑之意。[①]其刻画雕琢不仅表现出十二辰动物的灵动神采，也起到了装饰美化墓志的艺术效果。最后，十二生肖因其代表生死轮回，所以也就蕴含古人意识中追求灵魂不灭的思想，其在演变过程中出现与十二辰的对应关系，反映了古人文化观念与自然信仰中的一种感性认知和理性象征。

墓志上出现十二生肖纹相对较晚，其产生可能受十二生肖俑与十二生肖墓室壁画的影响。目前最早的实物资料是出土于山东成阳的北周宣政元年（578）独孤藏墓志，其十二生肖动物原形刻画于志石四侧的壸门内。[②]十二生肖墓志纹样在隋唐时已相当丰富，北朝到唐初，十二生肖纹与比其更早出现的四神纹一样，只有等级较高的墓主人如皇族贵戚、功臣大将的墓志才能用来装饰。[③]晚唐以后，在普通官员和庶人的墓志上也开始有了这种纹样的装饰。昭陵博物馆藏唐代墓志十二生肖纹样有多种艺术风格，多数与植物纹样组合画面，十二生肖取奔跑状，形成于山林草木间动物腾跃的画面，其纹样流畅，以刀代笔，纵情刻画，极富情趣，如显庆四年（659）独孤氏墓志；从盛唐到晚唐，十二生肖纹样在墓志志石与志盖上的表现更加丰富多样，有的风格趋向写实，如表 4-7Ⅳ式与动物组合云纹中尉迟敬德夫人苏氏墓志和尉迟敬德墓志；有的夸张变形；有的采取拟人化，只取头部特征，身子则为宽袍大袖的人身，还有手持笏板的人形生肖式样，也有头顶生肖动物的文官俑形式样。此时的生肖装饰，多数有一定的规制，受当时线刻人物艺术的影响较深，风格以流美见长。从墓志上原生动物本身到人格化的十二辰动物的发展演进过程，不但表现出了人神结合的伟大艺术创造力，也体现了墓葬纹样由自然天成到渗透人情世态的重要转折。[④]

唐代墓志十二生肖纹因其与天干地支的关联而大量运用于墓志装饰中，体现了生命轮回的自然现象，以及人民追求灵魂不灭的观念。十二生肖纹样根据墓主人身份的不同而装饰有别，如果墓主人为大将军，则十二生肖与花草纹结合采用二方连续的构图形式，十二生肖纹往往为写实的形象，其姿态多呈奔跑状。而有些普通官员的墓志所刻十二生肖纹多为身穿宽袍大袖

①　夏鼐：《武威唐代吐谷浑慕容氏墓志》，《考古学论文集》，北京，科学出版社，1961 年，第 231 页。
②　员安志编著：《中国北周珍贵文物——北周墓葬发掘报告》，西安，陕西人民美术出版社，1993 年，第 126 页。
③　赵超：《试谈北魏墓志的等级制度》，《文物》2002 年第 1 期。
④　刘天琪：《略论隋唐十二生肖墓志的起源与装饰风格》，《美苑》2009 年第 2 期。

的人身，并与云纹组合形成单独纹样。唐代碑刻十二生肖纹分类见表4-12。

表 4-12 唐代碑刻十二生肖纹分类

类型	纹样	著录	来源
I式		郑仁泰墓志,唐麟德元年（664）	笔者绘制
		刘穆墓志,唐先天二年（713）,河南洛阳出土,关葆谦旧藏	笔者绘制
		程伯献墓志，唐开元二十七年（739），洛阳邙山出土	笔者拍摄
		张去奢墓志盖侧局部,唐天宝六载（747）	张鸿修主编:《唐代墓志纹饰选编》,西安,陕西人民美术出版社,1992年（图62）
		张去逸墓志及侧面,唐天宝七载（748）	张鸿修主编:《唐代墓志纹饰选编》,西安,陕西人民美术出版社,1992年（图68、70）
		宜都公主墓志侧面,唐贞元二十年（804）	张鸿修主编:《唐代墓志纹饰选编》,西安,陕西人民美术出版社,1992年（图85）
		秦朝俭墓志侧面局部,唐元和十二年（817）	张鸿修主编:《唐代墓志纹饰选编》,西安,陕西人民美术出版社,1992年（图90）

续表

类型	纹样	著录	来源
Ⅰ式		杜日荣墓志，唐宝历元年（825），陕西西安出土，拓片长38厘米，宽37厘米，侧宽10厘米，此拓片系北京图书馆旧藏	北京图书馆金石组编：《北京图书馆藏中国历代石刻拓本汇编30（唐）》，郑州，中州古籍出版社，1989年，第46页
		皇第五孙女墓志侧面	张鸿修主编：《唐代墓志纹饰选编》，西安，陕西人民美术出版社，1992年（图101）
		刘士准墓志	张鸿修主编：《唐代墓志纹饰选编》，西安，陕西人民美术出版社，1992年（图111）
Ⅱ式		雍王贤墓志盖局部，唐神龙二年（706）	张鸿修主编：《唐代墓志纹饰选编》，西安，陕西人民美术出版社，1992年（图27）
		韦洞墓志盖及侧边，唐景龙二年（708）	笔者绘制
		墓志，侧面边饰，唐代	笔者拍摄
Ⅲ式		尉迟敬德墓志，唐显庆四年（659），出土于陕西礼泉烟霞乡烟霞新村街道北边尉迟敬德墓中（墓志侧面纹样）	笔者拍摄

续表

类型	纹样	著录	来源
Ⅲ式		尉迟敬德夫人苏氏墓志,唐显庆四年(659),出土于陕西礼泉烟霞乡烟霞新村街道北边尉迟敬德墓中	笔者拍摄
		耿君墓志盖,唐刻,拓片长、宽均为43厘米	北京图书馆金石组编:《北京图书馆藏中国历代石刻拓本汇编34(唐)》,郑州,中州古籍出版社,1989年,第27页
Ⅳ式		薛君墓志盖,唐刻,北京西城姚家井出土,拓片长82厘米,侧宽8厘米	北京图书馆金石组编:《北京图书馆藏中国历代石刻拓本汇编35(唐、附燕、附南诏)》,郑州,中州古籍出版社,1989年,第57页
Ⅴ式		徐盼墓志,唐大和三年(829),洛阳出土,此墓志为银青光禄大夫李德裕为其夫人徐盼撰写,隶书体。侧面边饰	笔者拍摄
		墓志,侧面边饰,唐代	笔者拍摄
		墓志,侧面边饰,十二生肖	笔者拍摄

Ⅰ式特点:该式为团花形式的边框固定构成单独纹样,十二生肖纹一般与云纹组合形成单独纹样,云纹有的表现为流云,如刘穆墓志,拓片长

59厘米，宽58厘米，侧宽12厘米，正书，盖篆书题"大唐故刘府君墓志"，此墓志十二生肖纹为侧面边饰。有的为如意纹，如张去逸墓志、宜都公主墓志、皇第五孙女墓志，以上墓志中的十二生肖纹周边雕刻如意云纹，形成团花形式，有的在团花式的边框中只单独雕刻十二生肖，如刘士准墓志。除了云纹的变化外，该形式的十二生肖纹也各有不同，有的为写实性，如程伯献墓志，程伯献为程咬金之孙，历任多职，志文由当时善文者刘彤撰写，由书法家褚庭海书，行书志文少见。

Ⅱ式特点：该式多为初唐延续北朝至隋的生肖写实的形象，纤细线刻生肖形象奔走于花草纹样之间，也有规格较高的用全满减地平雕或半地平雕，刻画生动，线条流畅，艺术表现力极强，如韦洞墓志盖及侧边。

Ⅲ式特点：该式与云纹组合画面与Ⅰ式中的云纹组合又有差别，Ⅰ式中为单独纹样，而该式为重复式的二方连续纹样，如尉迟敬德墓志，该墓志中的云纹为流云纹，随意飘动，构图上满密繁复，十二生肖为写实形态。

Ⅳ式特点：此种形式比较粗略，十二生肖独立雕刻，大小不一，如薛君墓志盖。

Ⅴ式特点：该式为线刻十二生肖俑形式，出现在盛唐时期较多，表现为相首人身，即人身生肖头，十二生肖为身着官服、手持笏板、头戴生肖帽子或手抱生肖的形象或者坐像的文官形象，大多为线刻，偶有减地平雕，很少有全满减地，这种纹样的大量出现与唐时期神仙迷信思想流行分不开，但雕刻工细、美观程度不及初盛唐的纤细文雅、精美流畅，体积大小、间隔和构图也不如初盛唐时期讲究，如徐盼墓志等。

十二、隋唐时期的其他纹样

唐代的凤纹显得富丽雍容，丰富多彩，受佛教艺术影响，忍冬纹、莲花纹常与凤纹结合在一起，形成新颖、华美的凤纹，并被赋予了特殊的含义，如欢快跳跃的凤纹，嘴上衔一枝忍冬草，表示长寿永康，如表4-13大智禅师碑。衔接一条"同心结"的飘带则表示同心相印。有的凤纹尾部为一长串花草，被称为"花凤纹"。此外，还出现人面凤身、半人半凤的形象，把带有吉祥含义的内容综合到一个画面上，使人浮想联翩。

隋唐时期统治阶级对牡丹尤为偏爱，特别是武则天和杨贵妃等把牡丹抬上了"花中之王"的宝座，素以鸟王为称的凤凰和花王牡丹相配，出现"凤穿牡丹"的形式，象征富贵吉祥、夫妻恩爱、幸福和谐等，如表4-13大智禅师碑侧面的凤纹，凤的双足下垂，口衔莲花，正昂扬地往天上升去，它的呈叶状的卷纹式尾部和凤翅翼部的花纹相一致。①

　　唐代的龙纹大多呈腾飞状，龙的头部扁而长，上唇上翘，呈梳状，龙角明显出分叉，值得注意的是龙角生长的部位已大大前移，它不是生长在龙头的后额部位而是从前额的眼睛部位生出，这是唐代龙纹的典型特征。龙身上往往满布网格状的鳞纹，背鳍十分明显，排列整齐而细密，腿部丰满，前腿与关节处有翼状肘毛，完整而美丽，爪均为三趾。龙尾也十分别致，虎形尾渐渐转为蛇形尾，往往穿过自己的一条后腿，呈S形弯曲。至唐代后期，逐渐开始出现尾鳍。

　　隋唐碑刻其他纹样分类见表4-13。

表4-13　隋唐碑刻其他纹样分类

类型	纹样	著录	来源
I式 凤鸟纹		史思礼墓志盖，盝、刹面的局部，唐天宝三载（744）	张鸿修主编：《唐代墓志纹饰选编》，西安，陕西人民美术出版社，1992年（图56）
		大智禅师碑，唐代，现藏于西安碑林博物馆	吴山编著：《中国纹样全集（魏晋南北朝·隋唐·五代卷）》，吴山、陆晔、陆原绘图，济南，山东美术出版社，2009年，第154页
		崇陵华表	吴山编著：《中国纹样全集（魏晋南北朝·隋唐·五代卷）》，吴山、陆晔、陆原绘图，济南，山东美术出版社，2009年，第155页

① 徐华铛等编著：《中国龙凤艺术》，天津，天津人民美术出版社，2000年，第21—22页。

续表

类型	纹样	著录	来源
I式 凤鸟纹		雍王墓志盖，陕西乾县出土	吴山编著：《中国纹样全集（魏晋南北朝·隋唐·五代卷）》，吴山、陆晔、陆原绘图，济南，山东美术出版社，2009年，第156页
		慧坚禅师碑，唐代	吴山编著：《中国纹样全集（魏晋南北朝·隋唐·五代卷）》，吴山、陆晔、陆原绘图，济南，山东美术出版社，2009年，第163页
		吴文残碑，唐代，现藏于西安碑林博物馆	张道一：《中国图案大系·隋唐五代》，北京，美工图书社，1995年，第111—112页
		大智禅师碑侧人面凤身，唐代，现藏于西安碑林博物馆	笔者绘制
II式 龙纹		唐代碑刻，陕西乾县乾陵出土	笔者绘制
		唐代碑刻，山东济南长清区出土	笔者绘制
III式 火焰纹		僧智等造像，隋仁寿二年（602），拓片碑阳高210厘米，阴高208厘米，宽均为84厘米	笔者绘制

第三节　隋唐碑刻纹样的艺术特点

隋唐时期是中国历史上大统一时期，结束了三国两晋南北朝时期分裂的局面，隋代虽只有短短的几十年，但是在统一后，经济文化稳定发展，这为唐代的繁荣打下了良好的基础。到了唐代，国势强盛、经济发达、文化繁荣、思想开放，受这些因素的影响，人们逐渐认识到其主体地位。从碑刻纹样来看，隋代承继汉魏六朝的四神纹、忍冬纹和莲纹，也有流行于唐代早期的联珠纹、卷草纹。唐代打破了汉魏以来长期以动物神兽为主题的装饰内容，花鸟题材增多，其艺术风格脱离了汉魏的古拙而具有现实生活的写实风格，这不仅反映了装饰意义的转变，也反映了在生活中以人为本的主体地位的确立，发展了审美主体所需的审美对象。

一、自然的生活情趣

唐代尤其是中晚唐之后，人们开始从现实生活中寻求端庄自然的美学品位，七律的成熟、词的出现、楷体书法的普及等使得此时描绘虚幻神怪的宗教画迅速降温，取而代之的是描绘人间生活的人物、动物、花鸟等自然形态。唐代碑刻纹样中抽象的神兽减少，花草及写实动物增多，富有人间生活情趣，多含有隐喻，如鸾鸟衔枝、并蒂莲等，鸟雀喧闹，蜂蝶起舞，表现出一派繁华景象及富有人情味的自然之景。这种自然之景多通过写实手法来表现，有的也在写实的基础上通过夸张、概括等手法加以提炼达到美化的效果。唐代纹样在构成形式上不拘泥于格式化的表现形式，而是顺其自然无固定规律可循，灵活变化，绝无重复，表现了唐代追求充满生机的自然之美的审美情趣。

此外，人们把蛇、虎、鸡、龟、鹤等视为祥禽瑞兽，认为它们能起到辟邪镇守作用，因此，在墓志中运用得相当广泛，如表4-12的十二生肖纹样，瑞鸟和瑞兽纹样等都具有一定的吉祥寓意。此外，自然界中的云纹、火焰纹、水纹等都是在均衡中保持物象的自然状态，当然，这些自然纹样在发展的过程中为了构图的需要在形态上逐渐地产生了多样性的变化，但不管怎么变化，隋唐碑刻纹样都体现了追求自然的形式美，反映了当时人们开放的思想观念。

二、构成形式多样

隋唐时期的碑刻纹样在构成形式上受思想开放的影响，不拘泥于某种单一的形式，而是追求多样化发展，如团花式的单独纹样形式、波状式的二方连续纹样形式等。团花式的构成形式体现为花纹的组合呈团状结构，如融合多种花纹特征的、抽象造型的宝相花是唐代最流行的装饰纹样之一，在唐代的各类器具、丝绸、建筑、碑刻等上均有出现。团花的构成形式可以分为两种，一种是由里向外层叠排列呈发散状，如宝相花纹样呈团状装饰在墓志四角；另一种是由单独的折枝花卷曲呈团状，有的也在中间布置动物纹样，外圈为植物纹样或云纹卷曲呈团状，如表 4-12 中十二生肖中的纹样多为此构图。

卷曲的波状二方连续构成形式也是隋唐碑刻纹样中所见极多的，卷草的形式又有不同的特点，一种是单独的植物纹样通过花草花朵或果实等通过波状的构图形成卷曲的二方连续形式，另一种是纹样中的曲线朝或正或反向延续发展。卷草纹、忍冬纹等都是此时在碑刻上十分流行的纹样，这主要缘于其卷曲的波状形态正符合碑刻纹样装饰的构成形式。

三、丰满卷曲的特性

隋唐是一个大统一时期，尤其是唐代盛世繁盛、自信开放，在审美上追求丰满、圆浑的艺术特点，因此，无论是装饰纹样的造型还是构图都突出表现为追求"丰满"二字，如宝相花、团花的流行都体现了丰满的特征。这种流行丰满的造型不仅体现在宝相花和团花上，牡丹、荷花同样通过卷曲的形态来达到追求丰满的艺术效果，卷草纹的枝叶也由之前的细瘦向饱满演变，并且在构图上达到满密的效果。

总体上，隋唐碑刻纹样善于利用流动的曲线表现出圆润饱满、层叠繁华的艺术效果。卷草纹与牡丹、荷花、石榴等的结合通过密集的卷叶和层层叠叠的花头，以及边角上密集的联珠纹等共同构成了丰满的艺术特征。此外，隋唐碑刻纹样中多为卷曲的波状二方形态，表现出循环往复的画面节奏，碑刻纹样中卷曲的纹样体现了古人对线的艺术的运用，体现了隋唐追求浪漫、激扬开放的思想，因为线的回旋与重叠产生的变化效果让人可以随意地抒发情感，表现了唐代追求自由飘逸的生活理念。

四、装饰题材广泛

隋唐时期受外来文化的影响，佛、道、儒融合发展，碑刻纹样装饰在题材上相当广泛，除了鸟、兽等各种动物外，植物、花卉开始成为主题，常用的纹样有卷草纹、牡丹纹、宝相花、花鸟纹、华盖纹、联珠纹、缓带纹、瑞兽、十二生肖、几何纹等。装饰手法有写实的、夸张变形的，并采用大 S 形弧线、花中套花、叶中套花、枝中饰人等构成巧妙的艺术手法，隋唐时期是我国传统装饰纹样发展的重要历史时期。每个阶段又有差异，唐初至高宗时期，纹样简洁明快，以缠枝忍冬纹、卷云纹为主，枝蔓肥大，花叶多为单层三瓣形，如尉迟敬德墓志。武则天时期，则以云纹、忍冬纹及花鸟为主，纹样变得纤细繁缛，花朵、花瓣为多重形式，缠枝纹形成多组二方连续图案，如亡宫三品婕妤金氏墓志（永昌元年，即 689 年）等。开元年间，忍冬纹的花蕊变大，并且形成多重花瓣，出现了对叶忍冬花结、四象云气纹及十二生肖纹样，如李贞墓志（开元六年，即 718 年）和契苾夫人墓志（开元九年，即 721 年）等。天宝年间，以花草纹居多，且肥厚丰硕，还流行团花纹等。安史之乱以后，碑刻纹样明显减少，变得粗率简略，花饰以团花、宽肥的簇叶纹、回形折线纹、四象及开光式十二生肖纹为主。这种雕饰至唐末一直沿用，基本上没有发生过大的改变，只是在晚唐时期，纹样越来越粗略简单。

第四节　隋唐碑刻纹样的意义

唐代是中国封建社会最为兴盛的重要阶段，唐碑作为中国古代文化遗产的重要组成部分，对于唐代政治史、文化史、艺术史、宗教史的研究有着重要的意义。唐代碑刻之所以能达到全面兴盛的局面，与唐代技术、经济、宗族、对外交流等的发展有着重要的关联，反映了该时期社会文化发展的时代需求。唐代碑刻不但碑石宏伟巨制，碑文书法更为精妙，而且纹样装饰华丽繁复，这对后世产生了巨大的影响。碑是一种社会文化产品，有着一定的演进规律，伴随着社会文化的发展而不断地变化，因而，每一块碑都是当时历史文化的见证，碑刻上纹样的变化反映了当时审美观念、生活方式、技术发展和文化交流的变化。

第一，隋唐碑刻体现了隋唐审美文化的变迁。

隋唐时期随着对外交流的扩大，社会经济发展，人们的生活也越来越富裕，唐帝国是当时世界上最强大且文明、富庶的国家，在这样的历史背景下，唐代形成了其独特的文化风格，同时形成了独具特色的本民族审美观念。唐代审美以追求雍容华贵、体态丰满为主要特点，碑刻辅助纹样刻画得富丽堂皇，表现出唐人大胆追求生机活力的审美意识，以及朝气蓬勃、积极向上的审美意识形态。尤其是到了盛唐和中唐时期，经济繁荣、政治稳定，上流社会注重享乐，出现追求奢靡绮艳的社会风气，唐人不遗余力地追求外表的美丽，无论是服饰还是发式都千变万化。这样的大背景使得这种多样的美在艺术作品中也有所反映，其中碑刻艺术也不例外。

唐代墓志纹样多刻绘精致，花纹装饰繁缛，即使是动物纹样也要在动物上增加花纹进行装饰，使得动物纹样变化多端、丰富多彩，也说明唐人还具有多样性的审美意识。碑刻上的花草和四神纹大多表现飘逸腾升的气势，体现了唐代繁荣昌盛之势，也表现了唐人追求死后升仙的思想。另外，唐代碑刻边饰上的花草纹样以卷草纹、牡丹纹为多见，枝蔓肥大，云纹往往比前朝更加丰富多变，有单层三瓣，有多层多瓣，喜用缠枝的二方连续的构图形式，使画面形成满密的构图，体现了唐人追求丰满的审美观，且具有健康浓烈的审美情趣和多样性的审美意识。总之，唐代以丰肥浓丽为审美标准的审美新观念，这种健康浓烈、重表现、重意蕴的审美新观念是大胆追求新理念的必然结果。

第二，隋唐碑刻体现了隋唐在对外交流中广泛吸纳他人精华的包容性。

唐朝是中国封建社会最辉煌的时期，在国内经济大力发展的同时，唐代对外贸易也非常频繁。唐朝不但和国内少数民族政权之间存在贸易关系，而且和外国也进行商品交易。和唐朝进行贸易的少数民族政权有回纥、党项、吐谷浑、突厥、南诏、渤海、契丹、吐蕃及西域诸国；和唐朝进行商品交易的国家有米国、康国、火寻、安国、石国、曹国、波斯、何国、史国、大食、印度、林邑、拔汗那、吐火罗等。唐代的对外贸易不但促进了商业的发展，丰富了人们的物质生活，还开阔了人们的视野。正是贸易的发展使得许多域外的植物和奇禽异兽以贸易的形式被引进中国，这使得唐代花鸟画上的动植物纹样的种类较前代增多了不少。谢弗在其《唐代的外来文明》一书中的第三、四、五、七章中就分别考察了由域外传入的植物、野兽、家畜、飞禽等。[①]这些罕见的异域动植物的传入，不但极大地开阔了艺术家的眼界，而且也激发了他们的创作激情和灵感，这些域外纹样被艺术家或绘画于纸绢上或雕刻于碑石上。这些域外纹样的传入极大地促进了唐代碑刻纹样种类的丰富性，从而使隋唐碑刻装饰得到空前的繁荣和发展。

另外，唐朝还是当时世界上开放程度最高的国家，它在文化上具有极大的对外开放性和包容性，这使得该时期的碑刻艺术大放光彩。从隋唐碑刻来看，该时期的碑刻技法大胆创新，这也充分说明了隋唐文化的包容和艺术的兴盛。从唐朝墓志上的四神纹和植物纹，我们就能感受到开放、包容的大唐精神。唐墓志上的四神纹和植物纹既吸收了前朝墓志纹样内秀的特征，又融入了本朝豪放的风格，有的还加入域外植物纹样的特征，如宝

---

① 〔美〕谢弗：《唐代的外来文明》，吴玉贵译，北京，中国社会科学出版社，1995年，第26页。

相花纹与海石榴结合构成硕大的花头，如表 4-4Ⅲ式张怡墓志盖和慧坚禅师碑。有的墓志上的联珠纹是传自撒珊波斯（今伊朗）①的纹样，在隋唐时期也是运用得相当多。受胡风的影响，墓志上的四神纹样雕刻得豪放大气。可以说，隋唐碑刻纹样一改以往一成不变的风格特点，敢于吸收外来文化进行大胆创新，展示了大唐海纳百川的文化气象。

第三，隋唐碑刻在中国碑刻纹样发展史中起着承上启下的作用。

自三国两晋南北朝开始，佛教莲纹、忍冬纹、卷草纹等开始发展，至隋唐时期，这些植物纹样进一步发展，在形式上更加丰富，结构上也更加多样，这充分说明隋唐碑刻纹样承袭三国两晋南北朝佛教题材纹样进行创新发展。

此外，唐代动物纹或四神纹多与云朵、山峦、树木、花草等植物纹样组合成完整的画面，减少了四神纹样变幻莫测的神秘感，从而使画面具有动静结合的艺术特点，这也折射出唐朝山水画与花鸟画的显著发展，为宋元时期的山水画和花鸟画的发展奠定了坚实的基础。

第五节　本章小结

隋朝继秦汉之后再度统一了全国，为繁盛的唐朝奠定了基础，使得唐朝国势强盛，无论是政治、经济，还是文化、艺术、对外交流都得到了大发展。正是这种国力强盛、民族繁荣促成了唐人胸怀的广阔和无比的自信，对外交流进一步扩大，外来文化和多民族文化的交融使该时期的艺术百花齐放，碑刻艺术达到了空前的繁荣阶段。

首先，碑刻品种繁多，宗教碑刻、墓葬类碑刻、颂先贤碑刻、纪功碑刻、典章制度碑刻等数不胜数。此时因宗教的盛行，促进了宗教碑刻的蓬勃发展，著名的如大智禅师碑、道因法师碑、多宝塔碑、隆阐法师碑、慧坚禅师碑、道德寺碑、玄秘塔碑、房山石经及各种石经幢；道教方面的则如大秦景教流行中国碑、唐奉仙观老君像碑、回元观钟楼铭等；伊斯兰教方面的如阿拉伯文石刻《古兰经》及泉州伊斯兰教各种石刻等。唐代墓葬类碑刻的数量也非常多，总数近 5000 种，有墓碑、墓志、陪葬石刻、塔铭等形制。初唐和盛唐时期的墓志形制颇大，雕镂精湛，书法精绝。此外还有一些少数民族碑刻，如唐蕃会盟碑和厥特勤碑等。

其次，唐代碑刻的繁荣昌盛，不仅体现在它的数量和品种繁多，还

---

① 尚刚编著：《中国工艺美术史新编》，北京，高等教育出版社，2007 年，第 256 页。

体现在其形制的华丽与高大①，以及碑刻纹样雕刻的精致。唐碑碑身左右侧均雕刻成图案精致的动物纹、花卉纹、几何纹、四神纹，碑座的雕刻也异常精美。还有如道因法师碑、大智禅师碑、大秦景教流行中国碑等碑刻的纹样都非常丰富。此时的墓志纹样极其精湛，多数墓志盖上饰有宝相花、牡丹、十二生肖、四神纹等，尤其是牡丹花纹、卷草纹和宝相花形式更加多样，集合各种花进行变体创新，丰富了画面效果。纹样的雕刻技法极其丰富，有线刻、浅浮雕、深浮雕、阴刻和阳刻等，并且一组纹样往往采用多种技法结合，使画面显得更加丰富。

　　总之，唐碑在中国碑刻史上具有举足轻重的地位，主要表现为数量多、种类多，碑刻形制华丽高大，纹样繁复精湛，碑石体例完整，碑刻署撰写人和书丹人，刻工刊刻立石人的姓名已成定制，并开始摹刻前代名人手迹，这为宋代刻帖打下了基础。唐代碑刻之所以达到如此之高的成就，究其原因大致如下：其一，与唐代的繁荣稳定、政治文化和生产力的长足发展，以及对外交流的开展分不开；其二，唐代注重书法艺术，倡导社会名流书写碑文，并以刻碑、立碑为时尚；其三，统治者重视和提倡写碑、树碑，他们身体力行，如唐太宗李世民、唐高宗李治、唐玄宗李隆基都为很多碑刻作序或书写碑文，著名的碑刻如雁塔圣教序记、唐同州三藏圣教序记等分别由李世民作序，李治作记，褚遂良书丹。唐纪功颂碑由唐高宗本人亲自撰文和书丹，唐明征君碑由唐高宗撰文。唐纪泰山铭、阙特勤碑、少林寺碑、石台孝经由唐玄宗李隆基撰文和书丹，玉真公主祥应记碑由玄宗题写碑额。唐代帝王重视写碑、立碑，直接带动了唐碑的繁荣发展。可以说，唐代碑刻气势恢宏、壮丽雄大、风采绚丽，体现出一个充满创造与革新精神时代背景下的审美面貌。

---

① 唐碑通高平均在 3.5 米，宽在 1.4 米以上，最高的碑，如唐玄宗所书"岳庙碑"通高达 10 余米，龟趺螭首，可谓壮观精绝。现存最大的唐碑是在河北大名的何进滔德政碑，该碑龟趺螭首，通高 12.34 米，宽 3.04、厚 1.08 米。见张晓旭：《隋—唐碑刻研究（下篇）》，《南方文物》2004 年第 2 期。

第五章 转型与定型：碑刻纹样的 过渡发展（宋元）

宋元时期的碑刻不再有唐碑那样雄浑的气势、华丽的风格、丰满的内容、灵活的形式，虽然也出现了一些丰碑巨制，但都难与唐碑巍峨雄伟、磅礴向上的气势媲美。宋代碑刻虽然不及唐代碑刻那样精致，但出现了很多其他碑刻，如少数民族古文字碑大量产生，还出现了白话碑，即将口语刻于碑上；还有科技碑刻的大发展，如天文学碑刻、水文科学碑刻、水利科学碑刻、医学碑刻、人文地理科学碑刻等，以上碑刻多为图碑，即以图来刻画，为后世留下了一批科技史资料。

宋元时期碑刻纹样逐渐摆脱宗教的影响向世俗化发展，题材内容有所扩大，动物纹样常见的有狮子、麒麟、孔雀、蝙蝠、鹿、羊、鹤、鹰、锦鸡等；花卉果实题材有梅花、荷花、菊花、牡丹花、兰花、牵牛花、竹子、松树、灵芝、石榴、枇杷、梨、杏、葡萄等。装饰技法上广泛多变，有的采用借用和结合的手法，有的进行艺术化和理想化的处理，如禽鸟与花卉的组合、昆虫与花卉的组合等，增强了装饰情趣。吉祥图案开始流行，如"八吉祥""道八宝""八仙纹"等。这些时代审美取向深刻地影响着碑刻纹样的发展，从墓室的神道碑到民间的歌功颂德碑，再到传教士墓碑，皆表现出世俗化的趋向。

第一节　宋元碑刻纹样过渡发展的影响因素

宋元碑刻纹样的转型发展离不开文化的转型，尤以宋代为代表。首先，政治上崇文抑武，用文治手段来化解武功兵事的转向，强化了文人士大夫审美观念在社会上的影响力。再加上宋代商品经济的发展促使市民阶层的产生，市俗文化逐渐繁荣，在艺术建构中占有一席之地。正是这两种文化的充斥及融合，使宋代文化呈现出五光十色的迷人景象。其次，理学的转向。宋代崇尚理学，崇尚人内心世界的思辨，因此宋代艺术偏向清丽温婉的风格。再次，艺术的变革。宋代的绘画思潮由院体画转为文人画，这些都促进了宋代植物纹样的写实主义及写意风格的发展。此外，宋代诗词的美学也促进了宋代植物纹样的诗意化发展。①最后，文化地位的提升和思想自由、学术精神的独立、书院的兴盛、禅宗的发展等，也都使宋代文化有别于唐代文化的豪放恢宏，转而追求内足的精髓境界。

一、城市经济的繁荣发展

宋代结束了五代十国时期的分裂局面，再次建立了一个统一的封建王朝，此时的统治者非常注重吸取前朝战乱分裂的教训，施行了一系列宽松政策，比如减少赋税。《宋史·食货志·赋税》记载："自唐建中初变租庸调法作年支两税，夏输毋过六月，秋输毋过十一月，遣使分道按率。其弊也，先期而苛敛，增额而繁征，至于五代极矣。宋制岁赋，其类有五：曰公田之赋，凡田之在官，赋民耕而收其租者是也。曰民田之赋，百姓各得专之者是也。曰城郭之赋，宅税、地税之类是也。曰丁口之赋，百姓岁输身丁钱米是也。"②由上可见，宋代的赋税制度相比晚唐和五代十国减轻了很多，农民获得了更多的人身自由，不再仅仅依附于土地，而是可以利用空余时间从事别的工作，这给宋代手工业的发展提供了大量的劳动力支持。张择端的《清明上河图》就对当时的汴京做了一番描绘："雕车竞驻于天街，宝马争驰于御路。金翠耀目，罗绮飘香……八荒争凑，万国咸通。"③此外，宋室南渡带来了北方人口的大量南移，给南宋带来了充足的劳动力，以及先进的生产技术和丰富的生产经验，这些都极大地推动了南方社会经济的发展。宋代手工业的发展催生出市民阶层，带动了平民文化的兴起，促使了宋代商品经济的发达，宋代街市上到处可见各种商贩、人群往来一片热闹气氛。宋代城市经济繁荣发展，商业和手工业兴盛，海外贸易空前活跃，而工艺产品技艺的提高也毫无疑问地带动了纹样装饰的发展。

二、文人士大夫的兴起

前已述及，宋代施行崇文抑武的政策。这一政策的实施培养了一大批文人士大夫，帝王对文人士大夫非常重视，赵匡胤采取了"杯酒释兵权"等夺兵措施，抬高了文人的地位，并誓言"不欲以言罪人""不杀士大夫""优待文士"，这些政策使文人士大夫的社会地位得以提升。庞大的知识阶

① 刘方：《宋型文化与宋代美学精神》，成都，巴蜀书社，2004年，第147页。
② 《宋史·食货志·赋税》，北京，中华书局，1985年，第32页。
③ 转引自（宋）孟元老撰，邓之诚注：《东京梦华录注》，北京，中华书局，1982年，第29页。

层造就了明显的知识风气，他们的审美观念和思想观念也成为世人追求的一种风尚。在审美上，文人的审美观念由壮美转向优美，书法由唐人时期的重碑转向重帖，由外向开拓转向内向体验；在思想上，他们寻找理想化、田园化的生活方式，追求隐逸平淡的生活。"平淡"也反映在士大夫更加崇尚自然、山水之乐上。正如苏轼所提出的："当使气象峥嵘，五色绚烂，渐老渐熟，乃造平淡。"①他们的这种思想观念逐渐带动了整个社会文化的转型，正如葛兆光所说的，宋代的文人士大夫文化"渐渐从中心向边缘、从都市到乡村、从上层向下层扩张开来，建构了以汉族为中心的中国人的同一性生活伦理"②。可见宋代士大夫的精神不是表现在物质层面，而是深入触及人的心灵层面。有的士大夫一反唐代耻于充当"画师"的作风，以卖画为生，他们当中有的也参与碑刻书法的撰写和碑刻纹样的绘画创作。文人文化的兴起和逐步平民化，与世俗文化碰撞交合，无疑提高了社会的整体审美水平，碑刻纹样装饰受这种文化的影响越来越丰富多样。

三、理学思想的影响

理学③的发生阶段应是中唐到北宋庆历之际，南宋至明盛行。理学之所以流行，缘于理学融合三教复归儒宗，其包含的思想为：一是以儒家为本位，同时吸收佛、老思想，具有融合三教的特点；二是发挥"义理"④，讲究从内心体悟的"内省"与"自得气"；三是研究"心性"（或"性理勾"和"天道"），将哲学加以伦理化；四是注重理论的系统化，吸收了佛、老思想体系的思辨特点。理学家还吸收了佛禅文化的思维方式，宋代士人禅法通于诗法、书法、词法、画法，侧重发挥人的主观灵性，激发起一种动态活泼的、洋溢乐观意趣的灵智，这给纹样装饰注重灵动诗意性提供了条件。

---

① （宋）赵令畤撰：《侯鲭录》，上海，商务印书馆，1939 年，第 79 页。

② 葛兆光：《中国思想史》第 2 卷《七世纪至十九世纪中国的知识、思想与信仰》，上海，复旦大学出版社，2000 年，第 251 页。

③ 关于"理学"之名，学术界存在多种说法，或称"道学""宋学""新儒学"等，不一而足。对于争论甚大的"道学"与"理学"这两个比较接近之名称，各有相当理由。冯友兰、陈寅恪采用"新儒学"。傅小凡《宋明道学新论——本体论建构与主体性转向》（北京，社会科学文献出版社，2005 年）中赞同"道学"之说。田浩在《儒学研究的一个新指向：新儒学与道学之间差异的检讨》一文中有详细的论述，见〔美〕田浩编：《宋代思想史论》，杨立华、吴艳红等译，北京，社会科学文献出版社，2003 年，第 77 页。"宋学"为清代考据学家所习用，与"汉学"对称，而"理学"是大多数人认同的名称，始于南宋。

④ "义理"就是"理之义"，是指本然的义理，旧时学问分义理之学、辞章之学、考据之学。参见冯友兰：《贞元六书（上）·新理学》，上海，华东师范大学出版社，1996 年，第 151 页。

理学的发展促进了北宋书院的发展，私人创办的全国著名书院有江西白鹿洞书院、湖南岳麓书院、湖南石鼓书院、河南应天书院、河南嵩阳书院、浙江茅山书院等①，书院与理学的结合，促进了藏书、刻书的建设和碑刻的发展，使藏书、刻书与理学的学术活动联系起来并更具特色，对后世产生了深远的影响。②因此，书院中的碑刻也成为一大亮点。理学的提倡还影响了文人士大夫的思想，他们公开打出了"尚理"的旗帜，以理学的"致用"精神为标尺，常常过着隐居的山水田园生活，渴望寻求山水之乐，尤其是理学思想中的"天理说"和"气韵说"，在文人士大夫的绘画创作中得以体现，从而形成了独特的审美品格。这种审美品格的转变对碑刻纹样的转型发展产生了一定的影响。

四、绘画的影响

王伯敏在《中国绘画通史》（上册）中认为："宋代的绘画，是中国绘画史上的鼎盛时期，标志着我国中古时期绘画高峰的出现。"③郑午昌在《中国画学全史》中也认为："我国绘画分为实用时期、礼教时期、宗教化时期、文学化时期四个发展阶段，前三个时期为绘画的古代期，宋代则是绘画进入文学化时期。"④他的这种观点被一些理论家认为是很有宏观意识的。宋代绘画一方面延续并发展着前朝绘画的礼教化和宗教化风格；另一方面受文人士大夫的影响又具有了文学化的特征。文人士大夫的兴起、书院的建立、理学的盛行等，给绘画艺术提供了发展的条件。五代后蜀和南唐开始设有专门的翰林画院，征召大批著名画家到画院供职，服务宫廷。自唐代之后花鸟画盛行，在唐末五代时分成了工笔和写意两派，到了北宋，花鸟画的创作进入了一个新的高潮，翰林院日益扩大，宋徽宗赵佶扩充画院，使画院容纳了天下各方人才，此时成为我国中古时期宫廷绘画最繁荣的时期。由于帝王偏爱名花异草，画院还强调花鸟画的创作，并借助古人的"格法"和写实手法，形成了独特的宫廷画风即"院体画"。这种画风的形成直接影响北宋的瓷器、漆器、丝织品、碑刻等上的纹样装饰。尤其是到了北宋后期文人士大夫文化与平民文化的结合，文人画兴起并逐渐影响民间绘画。很多文人都喜欢以梅、竹、兰作为绘画题材，托物言志，这

① 南宋吕祖谦提出白鹿洞书院、岳麓书院、石鼓书院、应天府书院为北宋"天下四大书院"。而南宋张栻、朱熹、陆九渊、吕祖谦四位理学家所主持的岳麓书院、白鹿洞书院、象山书院、丽泽书院，被称为"南宋四大书院"。

② 邱世鸿：《理学影响下的宋代书论研究》，南京艺术学院博士学位论文，2006年。

③ 王伯敏：《中国绘画通史》（上册），北京，生活·读书·新知三联书店，2000年，第366页。

④ 郑午昌撰，陈佩秋导读：《中国画学全史》，上海，上海古籍出版社，2011年，第57页。

些文人画虽然仍继承宫廷注重写实的绘画表现，但是改变了院体画细腻精致的工笔手法，而是逐渐注重情趣的表达和绘画性，从而使画面富有意境，体现了宋代文人洒脱、隐逸的个性。宋代花鸟画中尤其喜欢画折枝的形式，"折枝"是中国花鸟画的表现形式之一，即画花卉时不用全株的构图形式，只选择其中一枝或若干小枝作画。折枝花鸟的形式始于中唐至晚唐之际，至五代时期，折枝画法已较为普遍，及至宋代，已成为花鸟画家最常见的构图形式。

宋代写意绘画与工笔绘画的风格特点对碑刻纹样装饰风格有着很大的影响，如丝绸上的"生色花"纹样，即写实的折枝纹样，在碑刻纹样中出现较多，尤其是牡丹折枝纹样一般用在碑额上，而隋唐时期碑额上少有刻画植物纹样，隋唐多雕刻浮雕龙纹，这充分说明宋元时期碑刻纹样进一步转向以植物纹为主体，体现了人们思想和审美观念的转变。

总之，宋代文人由科举而参政，士大夫弘道、重德，他们对文艺感兴趣，纷纷参与绘画，谈文论艺，集文人、高官、学者、艺人等多重角色于一体。加之宋代手工业、商业和城市的发展共同促进了绘画的发展，画工画与文人画、院体画一起，形成总体性的雅俗结合态势，使宋代绘画达到鼎盛。[①]宋代艺术在境界上抛开了唐代的雄强博大，趋于飘逸淡雅，音乐尚"淡"，书法尚"韵"，绘画尚"逸"，整体透露出一种过渡变调的内省意识。[②]在这种大的社会格局下，该时期的碑刻纹样也趋向于过渡并定型化发展。

第二节　宋元碑刻纹样研究

一、简洁典雅的缠枝纹

缠枝纹又称"转枝纹"，因其花枝缠转不断而得名，其构成形式是以波状线与切圆线相组合，作二方连续或四方连续展开，形成波卷缠绵的基本样式，再在切圆空间中或波线上缀以花卉、叶子，形成枝茎缠绕、花繁叶茂的缠枝花卉或缠枝花果纹。宋元缠枝纹根据花体的不同而表现各异，有缠枝莲纹、缠枝菊纹、缠枝牡丹纹、缠枝石榴纹、缠枝灵芝纹、缠枝宝相花纹等。其艺术特点表现为循环往复、变化多端、婉转流畅、节奏明快。宋元碑刻缠枝纹分类见表 5-1。

---

① 邓乔彬：《论宋代绘画发达的原因》，《中国文化研究》2005 年第 2 期。
② 史鸿文：《中国艺术美学》，郑州，中州古籍出版社，2003 年，第 336 页。

表 5-1 宋元碑刻缠枝纹分类

类型	纹样	著录	来源
Ⅰ式写实花卉		玄寂塔碑，北宋开宝二年（969），石碑在江西吉水龙华寺。拓片碑身高 217 厘米，宽 84 厘米，额高 43 厘米，宽 34 厘米，韩熙载撰，张藻隶书，徐铉篆额，姚如刊刻	笔者绘制
		开封府题记碑，北宋，此碑立于北宋开封府衙署内，碑文记载有自宋太祖建隆元年（960）到宋徽宗崇宁四年（1105）共 183 名开封知府的姓名、官职、上任年月等，包括包拯、欧阳修等	笔者绘制
		资圣寺牒，北宋天禧四年（1020），石碑在山西晋城，拓片高 51 厘米，宽 54 厘米	北京图书馆金石组编：《北京图书馆藏中国历代石刻拓本汇编 38（北宋）》，郑州，中州古籍出版社，1989 年，第 51 页
		吴昭明墓志，北宋天圣十年（1032），河南洛阳出土，拓片长 62 厘米，宽 74 厘米。张伯玉撰，王积中正书并篆盖，翟灵芝刻	北京图书馆金石组编：《北京图书馆藏中国历代石刻拓本汇编 38（北宋）》，郑州，中州古籍出版社，1989 年，第 79 页
		北岳庙碑，北宋皇祐二年（1050），拓片碑身在河北曲阳，拓片碑身高 290 厘米，宽 151 厘米，阳高 272 厘米，额高 80 厘米，宽 67 厘米，韩琦撰写并正书，钱贻范篆额，郭庆谏刻	笔者绘制
		北岳庙碑，高 290 厘米，宽 151 厘米，阳高 272 厘米，额高 80 厘米，宽 67 厘米，韩琦撰写并正书，钱贻范篆额，郭庆谏刻	笔者绘制
		王公仪神道碑，北宋绍圣三年（1096），石碑在甘肃西和，拓片高 223 厘米，宽 106 厘米，王森撰，宋构正书，吕大忠篆额，王序镌	笔者绘制
		戒香寺碑，北宋绍圣五年（1098），石碑在陕西合阳，拓片碑身高 108 厘米，宽 70 厘米，额高 35 厘米，宽 33 厘米，僧文才撰并正书，薛隐刻	笔者绘制

类型	纹样	著录	来源
		符守诚墓志，北宋崇宁四年（1105），河南洛阳出土，拓片长、宽均为 84 厘米，盖长 84 厘米，宽 83 厘米。蔡天辅撰，王万正书，郑景平篆盖，刘友谅刻，此拓片系北京图书馆旧藏。四边均刻有缠枝纹	笔者绘制
		东岳行宫碑，北宋大观四年（1110），石碑在浙江临海，拓片通高 149 厘米，宽 72 厘米，陆周撰，正书，额飞白书	北京图书馆金石组编：《北京图书馆藏中国历代石刻拓本汇编 41（北宋）》，郑州，中州古籍出版社，1989 年，第 184 页
		韩僖母时氏改葬志，北宋政和二年（1112），河南安阳出土，拓片长、宽均为 55 厘米，韩僖撰，正书	笔者绘制
		孔子像赞碑，北宋宣和六年（1124），石碑在浙江绍兴，拓片高 155 厘米，宽 75 厘米，毛友撰，行书	笔者绘制
I 式写实花卉		白鹤寺诗刻，南宋绍兴六年（1136），石碑在四川邻水，拓片高 59 厘米，宽 78 厘米，赵□□撰，行书	笔者绘制
		余战墓志，南宋嘉定二年（1209），墓志宽 50 厘米，长 60 厘米，厚 10 厘米	笔者绘制
		录庆公功行碑下部，元至治二年（1322）	笔者绘制
		录庆公功行碑，元至治二年（1322），碑阳花栏	笔者拍摄
		墓碑边饰缠枝纹，元至治二年（1322）	张道一：《中国图案大系·元明时代》，北京，美工图书社，1995 年，第 57 页
		河南登封少林寺元代息庵禅师道行碑额（卷草纹）	笔者绘制
		河南登封少林寺元代缠枝牡丹纹	笔者绘制

续表

类型	纹样	著录	来源
Ⅰ式写实花卉		河南登封少林寺元代缠枝牡丹纹	笔者绘制
		墓碑边饰缠枝纹	笔者绘制
		墓碑边饰缠枝纹	笔者绘制
		河南登封少林寺，元代，息庵禅师道行碑额（卷草纹）	笔者绘制
		宋代碑刻缠枝纹	北京图书馆金石组编：《北京图书馆藏中国历代石刻拓本汇编38（北宋）》，郑州，中州古籍出版社，1989年，第64页
		元少林寺裕公碑，边饰花卉缠枝纹	笔者绘制
		竹鹤图，北宋，石碑在陕西西安，拓片长47厘米，宽87厘米，宋徽宗赵佶绘，俎志顺镌	北京图书馆金石组编：《北京图书馆藏中国历代石刻拓本汇编38（北宋）》，郑州，中州古籍出版社，1989年，第23页
Ⅱ式抽象花卉		玉兔净居诗刻，北宋明道二年（1033），石碑在山西浮山，拓片高56厘米，宽80厘米，张仲尹撰，沙门静万集王羲之行书，栗文德刻	笔者绘制
		北岳庙碑，北宋皇祐二年（1050）	笔者绘制
		苏文思墓志，北宋熙宁四年（1071），山东寿光出土，拓片长、宽均为62厘米，王沂撰，张唯新正书，刘埴篆盖	笔者绘制
		游玉华宫记，北宋元祐八年（1093），石碑在陕西宜君，拓片高63厘米，宽76厘米，盛南仲撰，王绩正书，陈玉刊	笔者绘制
		□□禅师残墓碑，辽乾统三年（1103），石旧在北京香山静宜园买卖街，幢存五面，高107厘米，宽77厘米，汉梵文合璧，记后刻陀罗尼经	笔者绘制

续表

类型	纹样	著录	来源
		六聘上方逐月朔望常供记，辽天庆五年（1115），石碑在北京房山上方山兜率寺，拓片碑阳通高 87 厘米，阴高 89 厘米，宽均为 68 厘米，侧高 55 厘米，侧宽 7 厘米，僧了沐撰，正书，额篆书	北京图书馆金石组编：《北京图书馆藏中国历代石刻拓本汇编 45（辽·附西辽·附齐）》，郑州，中州古籍出版社，1989 年，第 144 页
		宋故安丰王评事墓志，北宋宣和四年（1122）十月廿四	中国文物研究所、陕西省古籍整理办公室编：《新中国出土墓志·陕西（一）》（上册），北京，文物出版社，2000 年，第 151 页
		孔子像赞碑，北宋宣和六年（1124），石碑在浙江绍兴，拓片高 155 厘米，宽 75 厘米，毛友撰，行书	笔者绘制
		宋故墓志，宋代	笔者拍摄
Ⅱ式抽象花卉		宋故建安徐君墓志	笔者绘制
		赠龙川大士诗刻，元至元三十年（1293），河南洛阳出土，拓片高、宽均为 55 厘米，商挺撰，正书，释法海刻，陆和九旧藏	笔者绘制
		璨公塔铭，元元贞元年（1295），甘肃泾川出土，拓片高 41 厘米，宽 44 厘米，正书，汤提控刻	笔者绘制
		录庆公功行碑下部，元至治二年（1322）	笔者绘制
		碑名不详，元代	笔者绘制
		墓碑边饰缠枝纹	笔者绘制
		拉丁文墓碑，江苏扬州城根里发现	吴山编著：《中国纹样全集（宋·元·明·清卷）》，吴山、陆晔、陆原绘图，济南，山东美术出版社，2009 年，第 244 页

续表

类型	纹样	著录	来源
Ⅱ式抽象花卉		缠枝纹	笔者绘制
		缠枝纹	笔者绘制
Ⅲ式卷曲枝叶		卫国王墓志，辽应力九年（959），石碑现存于承德避暑山庄，拓片长89厘米，宽87厘米，盖长、宽均为100厘米，焦习撰	北京图书馆金石组编：《北京图书馆藏中国历代石刻拓本汇编45（辽、附西辽、附齐）》，郑州，中州古籍出版社，1989年，第35页
		北宋，琅琊王府君墓志，北宋端拱元年（988），志为石质，长54厘米，厚10厘米。志文24行，满行24字。正书。1957年11月苏州常熟虞山北面人民体育场出土。现藏于常熟博物馆	笔者绘制
		赵仲佽墓志，北宋元丰二年（1079），河南巩义出土，拓片长70厘米，宽68厘米，蔡确撰写，张隆正书，郭翼刊刻	北京图书馆金石组编：《北京图书馆藏中国历代石刻拓本汇编39（北宋）》，郑州，中州古籍出版社，1989年，第53页
		吴执中妻宇文氏墓志，北宋元丰七年（1084），河南洛阳出土，拓片长57厘米，宽56厘米，吴执中撰，侯宗质正书，阎忠美刻，此拓片系北京图书馆旧藏	笔者绘制
		显达塔铭，北宋宣和五年（1123），石碑在河南洛阳存古阁，拓片高65厘米，宽69厘米，王渊刻	笔者绘制
		皇元和圣号诏，元大德十一年（1307），碑身纹样	笔者绘制
		息庵禅师道行碑额，元代，河南登封少林寺藏	笔者绘制
		息庵禅师道行碑额，元代，河南登封少林寺藏，碑头及碑侧边饰	吴山编著：《中国纹样全集（宋·元·明·清卷）》，吴山、陆晔、陆原绘图，济南，山东美术出版社，2009年，第239页

续表

类型	纹样	著录	来源
Ⅲ式卷曲枝叶		碑名不详，北宋	北京图书馆金石组编：《北京图书馆藏中国历代石刻拓本汇编 37（北宋）》，郑州，中州古籍出版社，1989 年，第23 页
		河南少林寺元代碑刻边饰	张广立编绘：《中国古代石刻纹样》，北京，人民美术出版社，1988 年，第 175 页

Ⅰ式写实花卉特点：宋元时期受宫廷写实花鸟绘画的影响，碑刻纹样中的缠枝纹出现了大量的写实性花卉纹样，花头盛开较大，叶片以宽大为多见，如开封府题记碑、北岳庙碑、戒香寺碑、东岳行宫碑、孔子像赞碑、录庆公功行碑、元少林寺裕公碑等，以上碑刻缠枝花卉均为写实性的大朵花头，枝叶也布置得紧密，叶片大而繁。

Ⅱ式抽象花卉特点：该式的缠枝花卉纹大多延续前朝的特点，具有抽象性，有的看似卷云纹，有的又似忍冬卷草纹的变体。其虽沿袭前朝，但有些细部又与前朝有所差异，如苏文思墓志、□□禅师残墓碑、六聘上方逐月朔望常供记、赠龙川大士诗刻，这些纹样中的缠枝纹实际上都是在前朝卷云纹的基础上演变而来，只是枝干分支更细更多。

Ⅲ式卷曲枝叶特点：该式的缠枝纹特点沿袭前朝发展，没有花卉而是单独以枝叶进行卷曲缠绕形成缠枝纹，枝叶卷曲宛转似波状，韵律感极强。

二、清丽温婉的牡丹纹

宋元牡丹纹由隋唐时期的繁复丰满转变为简洁纤细风格，牡丹花纹的花瓣出现云曲状轮廓，在风格特点上可以分出以下两类：其一，折枝牡丹纹沿袭前朝的饱满华丽，呈云曲瓣桃花状，瓣内为螺旋勾曲，也有的层叠花头如松塔，平散的花蒂紧密层叠；其二，缠枝牡丹纹写实圆润，花瓣肥圆自然舒展，一般分出两三层花瓣，显得自然朴实。宋元碑刻牡丹纹分类见表5-2。

表 5-2　宋元碑刻牡丹纹分类

类型	纹样	著录	来源
I 式折枝牡丹		圣宗耶律隆绪哀册，辽太平十一年（1031），内蒙古赤峰林西出土，辽宁博物馆藏，拓片长129 厘米，宽 127 厘米，盖长、宽均为 132 厘米，张俭撰，正书，盖篆书	北京图书馆金石组编：《北京图书馆藏中国历代石刻拓本汇编45（辽、附西辽、附齐）》，郑州，中州古籍出版社，1989 年，第 27 页
		石林亭和诗，北宋嘉祐七年（1062），石碑在陕西宝鸡麟游，拓片通高 91 厘米，宽 45厘米。刘敞诗，苏轼和，李邧正书，额篆书	北京图书馆金石组编：《北京图书馆藏中国历代石刻拓本汇编38（北宋）》，郑州，中州古籍出版社，1989 年，第 32 页
		吴良墓志，北宋元祐八年（1093），山西长子出土，拓片连额通长 75 厘米，宽 54 厘米	北京图书馆金石组编：《北京图书馆藏中国历代石刻拓本汇编40（北宋）》，郑州，中州古籍出版社，1989 年，第 95 页
		石经寺释迦佛舍利塔记，碑头边饰，辽代	北京图书馆金石组编：《北京图书馆藏中国历代石刻拓本汇编 45（辽、附西辽、附齐）》，郑州，中州古籍出版社，1989 年，第 23 页
		佚名碑刻，碑头边饰，元代	北京图书馆金石组编：《北京图书馆藏中国历代石刻拓本汇编49（元）》，郑州，中州古籍出版社，1989 年，第 45 页
		世界海图，元仁宗时期，现藏于西安碑林博物馆	笔者绘制
		文武大孝宜皇帝哀册二石（辽碑九种）	笔者绘制

类型	纹样	著录	来源
Ⅰ式折枝牡丹		圣宗皇帝哀册篆盖，汉文拓，元代	《石刻史料新编》第三辑，台北，新文丰出版股份有限公司，1977年，第502页
Ⅱ式缠枝牡丹		璨公塔铭，元元贞元年（1295），甘肃泾川出土，拓片高41厘米，宽44厘米，正书，汤提控刻	笔者绘制
		护国西齐王庙碑，元代，山西芮城永乐宫，碑侧纹样	张广立编绘：《中国古代石刻纹样》，北京，人民美术出版社，1988年，第177页
		重修宣圣庙记碑，元代，左侧纹样	吴山编著：《中国纹样全集（宋·元·明·清卷）》，吴山、陆晔、陆原绘图，济南，山东美术出版社，2009年，第239页
		杨国公主墓志，宋代，河南巩义	张广立编绘：《中国古代石刻纹样》，北京，人民美术出版社，1988年，第142页
		牡丹纹，辽代	笔者绘制
		不详	北京图书馆金石组编：《北京图书馆藏中国历代石刻拓本汇编49（元）》，郑州，中州古籍出版社，1989年，第57页

Ⅰ式折枝牡丹特点：该式牡丹为宋元时期多见，隋唐时期少有，一般多装饰在碑额字体的两侧。受中国传统绘画折枝花形式的影响，该时期的折枝牡丹纹形式自由，在碑刻中运用较多。折枝牡丹给人一种高贵典雅、严谨端庄的感受，四周凌空式的折枝构图少了一分拘谨，多了一分活泼，如圣宗耶律隆绪哀册等，该类墓碑上雕刻的牡丹均为大朵的折枝卷绕，花头和叶片写实。

Ⅱ式缠枝牡丹特点：该式沿袭前朝卷草牡丹的特点，花头和枝叶藤蔓盘曲交错，疏密随意。该时期缠枝牡丹纹的花头比较疏松，花头更趋向写实牡丹，花瓣较大，层数少，动势增多，变化复杂，如护国西齐王庙碑和杨国公主墓志中还在牡丹中穿插龙纹，彰显出碑刻的高贵典雅。

三、写实求真的莲纹

碑刻莲纹的发展从三国两晋南北朝的高峰到了隋唐逐步衰弱，宋元时期运用得也不多。不过碑刻上所刻莲纹有了很大的变化，由前朝的图案式过渡到写实性，并且描写出莲塘的画面景致，成为该时期的创新形式。有的还以折枝的形式出现，而图案化的莲纹仍继承前朝的特点。宋元碑刻莲纹分类见表5-3。

表5-3　宋元碑刻莲纹分类

类型	纹样	著录	来源
Ⅰ式折枝莲纹		佚名碑刻，元代	北京图书馆金石组编：《北京图书馆藏中国历代石刻拓本汇编50（元）》，郑州，中州古籍出版社，1989年，第127页
Ⅱ式写实莲纹		护国西齐王庙碑，元代，山西芮城永乐宫，碑侧纹样	张广立编绘：《中国古代石刻纹样》，北京，人民美术出版社，1988年，第177页
		东岳岱山庙碑，元代，山西芮城永乐宫，碑侧局部纹样	张广立编绘：《中国古代石刻纹样》，北京，人民美术出版社，1988年，第179页
		大蒙古国京兆总管府奏差提领经历段继荣墓志，元至元三年（1266），陕西西安南郊曲江池出土。该墓志和墓志盖均长72厘米，宽70厘米，盖文四行，满行四字，篆书，志文30行，满行30字，正书，现藏于西安碑林博物馆	中国文物研究所、北京石刻艺术博物馆编：《新中国出土墓志·北京（一）》（上册），北京，文物出版社，2003年，第64页

类型	纹样	著录	来源
Ⅲ式图案化莲纹		元宣光九年墓志, 莲瓣八角星纹, 云南禄丰出土 (这种形式的墓志, 初次发现, 较为罕见)	笔者绘制
		元至正二十六年墓志, 莲瓣八角星纹, 云南禄丰出土	笔者绘制

Ⅰ式折枝莲纹特点: 折枝莲纹是取一枝莲花进行构图, 一般雕刻在碑额字体的两侧, 配以叶片。与折枝牡丹纹的不同之处在于折枝莲纹的枝干并不卷曲, 挺直折出, 表现出莲纹清高挺直的艺术特点, 如佚名碑刻, 该碑中的莲纹以折枝的形式雕刻在碑额的两侧, 碑额中间刻字, 因碑额为半圆形, 中间刻字后, 两侧的位置则形成一个直角三角形的构图, 而折枝的形式正好适合这个直角三角形的构图。

Ⅱ式写实莲纹特点: 写实莲纹在宋元时期为新创形式, 一般描绘莲塘景致, 荷叶、荷花、荷梗互相穿插交错, 有的还在画面中穿插龙纹, 如护国西齐王庙碑和东岳岱山庙碑, 以上两碑都是莲纹与龙纹结合雕刻在碑侧, 描刻写实的莲塘景致, 画面丰满, 雕刻精致, 为宋元时期受写实花鸟画的影响而新出现的莲纹装饰形式。

Ⅲ式图案化莲纹特点: 图案化的形式可以分为二方连续图案和四方连续图案, 以及圆形或方形适合纹样图案, 前朝碑刻中多见二方连续的适合图案, 但在宋元碑刻中又出现了圆形适合纹样图案, 如元宣光九年墓志和元至正二十六年墓志, 这两块墓碑上的莲纹雕刻成圆形适合纹样, 中间雕刻八角星, 外层雕刻层叠莲瓣, 八角星的内层还雕刻有一圈莲瓣。另有继承传统的二方连续莲纹和单独纹样莲纹, 如敕封湫水朝灵源侯牒碑, 该碑拓片高 133 厘米, 宽 72 厘米, 该碑中的莲花纹为碑下部的边饰。而大蒙古国京兆总管府奏差提领经历段继荣墓志中的莲纹为独立纹样。单独的莲纹下托祥云，云纹和莲纹共同形成单独适合纹样。受宋元织锦艺术的影响，碑刻中的图案化纹样在构成形式上也比前朝有所增加。

四、渐趋世俗的云纹

宋元的碑刻云纹继承前朝云纹特点，但如意云纹更加写意。至元代受游牧民族文化的影响，云纹形态趋向饱满并以朵云和如意云纹为主体。此时的如意云纹运用得非常广泛，陶瓷、服饰、织锦等都大量地装饰如意云纹，碑刻自然也不例外，如意云纹也雕刻得比较多，而且在宋代的基础上更加复杂，在保持朵云纹的形式感上，以多组组合为一个完整的云纹，因此，画面往往显得更加丰富多样。此外，该时期的云纹又逐步地向符号化的形式发展，单个形态往往比较简洁，多为几个单体云纹组合，少有出现单个云纹的，在碑侧往往雕刻成朵云纹，而装饰在碑额部分的云纹多为组合式云纹，但也有沿袭汉代云气纹、卷云纹，三国两晋南北朝流云纹和隋唐如意云纹、朵云纹的特点，并呈现出风起云涌、情驰神纵的生动画面。总之，宋元云纹形态的整体演变趋势呈现为在继承传统云纹的基础上，结构更加复杂，造型上也有了很多的变化。宋元碑刻云纹分类见表5-4。

表 5-4 宋元碑刻云纹分类

类型	纹样	著录	来源
I式通气云纹		罗汉尊号碑，南宋绍兴四年（1134），石碑在江苏江阴广福寺，拓片连额通高144厘米，宽77厘米	笔者绘制
		万人愁碑，宋宣和年间，碑颈	孔德平、彭庆涛主编：《游读曲阜》，济南，泰山出版社，2012年，第341页
II式如意朵云纹		东建露塘昭君王庙上记，元代	北京图书馆金石组编：《北京图书馆藏中国历代石刻拓本汇编49（元）》，郑州，中州古籍出版社，1989年，第123页

类型	纹样	著录	来源
Ⅱ式如意朵云纹		墓碑边饰祥云纹，元代	笔者绘制
Ⅲ式双尾云纹		录庆公功行碑，下部，元至治二年（1322）	上图：张秀生、刘友恒、聂连顺，等撰文，樊瑞平摄影：《中国河北正定文物精华》，北京，文化艺术出版社，1998年，第137页 下二图：笔者绘制
Ⅳ式棉朵云纹		京湖制置使元故显祖考夫人合葬之墓碑，宋代	南京市文化广电新闻出版局（文物局）编著：《南京历代碑刻集成》，上海，上海书画出版社，2011年，第67页
Ⅴ式缠枝卷云纹		千字文序碑，宋代篆书，侧面变体云纹，高225厘米	黄能馥、陈娟娟编著：《中国历代装饰纹样》，北京，中国旅游出版社，1999年，第911页

Ⅰ式通气云纹特点：该式云纹的特点是具有多个分支，并出现长长的尾巴，是在前朝流云纹的基础上进行的变化，但比流云纹更加丰富，自上而下形成一通，多个分支最后汇聚成最下面的一个尾部，其流动感更强，画面也更加多变，如罗汉尊号碑，该碑中的云纹适应碑刻的布局而进行变化，自上而下形成流水状，其形态又似三国两晋南北朝火焰纹与云纹的变体。

Ⅱ式如意朵云纹特点：朵云纹造型开创于隋唐时代，为宋代所承袭，元代在此基础上创造了如意朵云的样式。朵云纹在隋唐时期大量运用，宋元朵云纹与隋唐朵云纹有相似之处，但也有差异，有的朵云层层叠加，但每一朵云后面都拖着长长的尾部，似流水状。尾部的处理是宋元时期云纹的独特之处，此时朵云纹的尾部往往雕刻为三根或多根向下的线条。元代朵云纹在宋代基础上更趋复杂化，其构成元素形成规律性的组合，要比宋代朵云纹明显一些。它通常以一个双勾卷朵云为"云头"中心，辅以对称排列的或单勾卷或双勾卷的朵云纹，再缀上一条"云尾"而构成。因此，在保持"朵状"整体感的同时，元代朵云纹往往呈现较强的组合感，如显祖考夫人合葬之墓碑，此碑雕刻的朵云纹层层排列，其云头似如意形，其尾部形成流水状，显得很有气势，并增加了力量感和速度感。

Ⅲ式双尾云纹特点：双尾云纹也是宋元时期的创新云纹，该式云纹尾部分布在左右两边，中间为卷曲的云纹状，增加了云纹的平衡感，如录庆公功行碑，该碑双尾式云纹层层排列，装饰在碑额字体的两边，每一朵双尾云纹交错排列使画面显得满密丰富。

Ⅳ式棉朵云纹特点：该式云纹是在朵云纹的基础上变化而成的，是一种呈面状展开、层叠繁复的云纹，看上去似一朵盛开的玫瑰花。它一般由层叠茂密、弯卷的云头由内向外叠加，最后再勾卷出长长的云尾，如京湖制置使元故显祖考夫人合葬之墓碑的云纹看似一朵花状，由上而下排列装饰在碑侧，具有飘动感。

Ⅴ式缠枝卷云纹特点：该式云纹为卷云纹与缠枝样式的结合，如千字文序碑，该碑中的云纹与唐代碑刻中的云纹有相似之处，这种形式系由汉代云纹的基础上延续变化而来。

五、纤细工致的龙凤纹

（一）龙纹

龙是一种吉祥的神物，龙以蛇为原型，可能与上古存在着蛇的图腾信仰有关。许多上古神话传说中，华夏民族的始祖都被塑造成人面蛇身，如《史记》云："女娲氏亦风姓，蛇身人首。"[1]《广博物志》云："盘古之君，龙首蛇身，嘘为风雨，吹为雷电。"[2]总之，远古时代人类把蛇看作神物，并把它与祖先联系在一起，祖先变成了人面蛇身的神物，可以对风雨雷电施加影响，寄托了人们控制、驾驭自然的愿望。碑刻龙纹根据体态的变化主要分为以下五种：爬行龙纹、蟠龙纹、两头龙纹、双体龙纹、交体龙纹。

1. 碑刻龙纹的发展

碑刻上的龙纹自汉代开始已有出现，六朝时期的龙纹气韵生动，龙形洒脱修长，奔放活跃，身躯拉长，走兽状的形态逐渐削弱，但尾部仍近似虎尾，行走如云。龙的头部扁而长，并出现双鹿形角，龙嘴渐深，龙发开始向后披散，腹甲和龙鳞趋向于整齐细密，四肢开始出现肘毛，爪一般呈三趾，龙纹开始与其他纹样组合画面，其艺术特点表现为气势磅礴、敦厚

---

① 转引自王正强：《甘肃戏剧史》下编，兰州，甘肃文化出版社，2016年，第187页。
② 转引自吴泽顺：《无学斋文存》，长沙，岳麓书社，1999年，第44页。

壮丽、饱满生动。隋唐龙纹虽然没有完全脱离兽身的形态，但它已逐渐从匍匐行走的形态中有了变化，北朝龙纹开始出现腾起，到了唐代龙已大多呈腾飞状。龙的头部扁而长，上唇上翘，呈梳状，龙角明显现出分叉且前移，爪均为三趾，龙尾为蛇形。唐代后期出现尾鳍，唐代的龙纹韵律感增强。宋代龙纹形体更加修长、洒脱，并在矫健奔跑中透露出清秀的美感，奠定了龙世俗形象的写实风格。龙背双翼已消退，颈部至腹部逐渐变粗，腹部至尾部逐渐变细，颈、腹、尾三者的衔接比前朝更加流畅协调，脊背上的背鳍逐渐趋于整齐，腹甲工整，鳞片排列紧密，卷曲更为自由，龙头附加物增多，龙角分叉似鹿角，龙发披散并向发梢翻卷。至元代，龙的鬃毛开始出现，四肢和躯体配合更为协调，龙爪从宋代开始出现四爪，虎形龙尾已经消失，尾鳍逐步出现，至元代尾鳍越来越美观，肘毛有软毛和硬毛之分。宋代开始，龙大多与凤配合画面形成吉祥纹样，如"龙飞凤舞""龙凤呈祥""双龙戏珠"等，线条刻画细腻、流畅，显得华丽饱满。元代龙纹头部更加扁长，龙眼如兔眼，十分有神，龙须、龙发、肘毛向后飘散，动势呈奔跑状，龙颈如鹤颈，呈 S 形弯曲，背鳍多作齐整密集状，躯体刻画纤细，显得雄强灵活，神秘色彩减少，显得朴实、单纯、清秀、纤巧，这与宋元时期人们以追求自然写实的审美特点分不开。明清时期龙纹在造型上基本延续宋元，但龙的细部刻画更加具体精致，追求吉祥如意的意愿表现得更加明显。龙的角、眼、眉、鼻、须、发、尾鳍、背鳍、肘毛、火焰等都刻画得精细，龙鼻多作如意状，以添加吉祥如意的寓意，龙嘴拉长，龙爪多样，有五爪、四爪和三爪，尾部也是变化多样，有披散成条状的、有金鱼尾状、有线束状、有祥云状，等等。相搭配的云纹越来越细长瘦小，弯曲的弧度也更大。龙鳞刻画得越来越精细，背鳍整齐，有的还采用双勾线刻。云纹体态奔腾翻转，姿态飘逸，雕刻繁缛精致。①

2. 宋元碑刻边饰龙纹

从以上龙纹的发展历史可以看出，碑刻上的龙纹至唐代时已相当复杂。由于之前的龙纹多雕刻于碑首，且为深浮雕占据于整个碑首，在碑首部位形成主题图形，本书因为研究的范围是纹样，即对辅助纹样的研究，故之前对各朝代的龙纹一直未予以深入探讨。到了宋元时期，龙纹有了很大的变化，一些墓志的边饰和碑侧的边饰都雕刻龙纹，且出现了很多的线刻、浅浮雕的形式，所以本章把龙纹亦作为一小部分加以分析。龙纹作为

---

① 徐华铛编著：《中国神龙艺术》，天津，天津人民美术出版社，2005 年，第 20—36 页。

碑刻的纹样到了明清时期雕刻得尤其丰富，本书在下文的明清部分会对其进行更加详细的分析。

（二）凤纹

凤是综合了多种动物特征而演化出的一种神物，它最早是上古东夷族团的图腾玄鸟。东夷族当时比黄帝、炎帝族的文化更先进，虽然蚩尤率东夷与炎黄作战失利，东夷被征服，东夷族的玄鸟图腾却被流传下来，并逐步融合了其他氏族文化，演变成凤的形象。它不仅有鸡、鹰、鸟的形象，还融合了兽、鱼、蛇等的部分特征。在古史传说、部落神话、古代岩画、陶器上都有关于凤的形象的描述，碑刻上作为吉祥物更是刻画得活灵活现。唐代时期凤的造型肥硕壮实、概括洗练，宋元时期表现为苗条纤细、写实工致的形象，显得清新秀丽，趋向于世俗的写实风格特点。实际上，从凤的整体形象来讲，它是由鸡的原型美化变化而来的，眼睛细长，所以民间称眼睛漂亮者为"凤眼"，嘴巴呈鹰嘴状，长足蛇颈，翎羽刻画细致，尾翎分 2—5 条。宋代以后凤已分出雄雌，雄的称"凤"，头上有灵芝形的冠状，类似公鸡的冠，称为"胜"，雌的称"凰"，头上没有冠。凤凰在尾翎上也有差别，凤的尾翎一般比凰的尾翎更加绚丽多姿。

凤和龙虽然都是祥瑞之物，但二者的形象和内涵截然不同。龙给人以威严而神秘的感觉，不可亲近，只可敬畏；凤象征着和美、安宁和幸福，甚至爱情，让人感到温馨、亲近、安全。凤纹在碑刻上的流行，使碑刻尤其是墓碑去除了其肃穆的一面而增添了一些人性的色彩，并使世俗的特点更多地取代了宗教巫术的特点。宋元碑刻龙凤纹分类见表 5-5。

表 5-5　宋元碑刻龙凤纹分类

类型	纹样	著录	来源
I 式龙纹		四先生祠堂记，南宋端平元年（1234），石碑在广东南雄，拓片通高 173 厘米，宽 95 厘米，真德秀撰写，田圭正书，卢自明篆额	笔者绘制
		府学榜书并谢表，南宋宝祐元年（1253），石碑在浙江绍兴。拓片碑高 178 厘米，宽 96 厘米，额高 28 厘米，宽 26 厘米，理宗赵昀正书，额篆书。此为碑下边的对立的双龙，此碑四边均为双龙对立，配以云纹	北京图书馆金石组编：《北京图书馆藏中国历代石刻拓本汇编 44（南宋）》，郑州，中州古籍出版社，1989 年，第 117 页

续表

类型	纹样	著录	来源
I 式龙纹		刘尚神道碑，碑座左右侧局部浅雕龙纹，元元贞二年（1296）	笔者绘制
		牛山土主忠惠王碑，碑额双龙纹，元至正十四年（1354）	张鸿修编著：《龙集：历代龙像 500 图》，西安，三秦出版社，1993 年，第 136 页
		朱秉楸墓志，陕西西安，宋代	吴山编著：《中国纹样全集（宋·元·明·清卷）》，吴山、陆晔、陆原绘图，济南，山东美术出版社，2009 年，第 331 页
		墓志盖（佚名），青龙纹，宋代	笔者绘制
II 式龙纹		安守忠墓志盖，青龙纹，北宋咸平三年（1000）	张鸿修编著：《龙集：历代龙像 500 图》，西安，三秦出版社，1993 年，第 122 页
		戒石铭，南宋绍兴二年（1132），石碑在广西梧州，拓片高 184 厘米，宽 95 厘米。太宗赵炅撰，黄庭坚正书，额篆书，三截刻，上铭，中高宗赵构行书诏谕，下昌颐浩正书权帮彦等跋	北京图书馆金石组编：《北京图书馆藏中国历代石刻拓本汇编 43（南宋）》，郑州，中州古籍出版社，1989 年，第 27 页
		忠祐朝敕封告据碑，南宋德祐二年（1276），石碑在浙江杭州，拓片通高 172 厘米，宽 82 厘米	北京图书馆金石组编：《北京图书馆藏中国历代石刻拓本汇编 44（南宋）》，郑州，中州古籍出版社，1989 年，第 63 页

续表

类型	纹样		著录	来源
Ⅱ式龙纹			崇奉儒学圣旨碑，元至元三十一年（1294），石碑在浙江绍兴，拓片通高 205 厘米，宽 100 厘米，两列刻，上蒙文，下汉文正书，额篆书	北京图书馆金石组编：《北京图书馆藏中国历代石刻拓本汇编 49（元）》，郑州，中州古籍出版社，1989 年，第 136 页
			录庆公功行碑下部，元至治二年（1322）	张秀生、刘友恒、聂连顺，等撰文，樊瑞平摄影：《中国河北正定文物精华》，北京，文化艺术出版社，1998 年，第 137 页
			墓志盖（佚名），青龙纹，宋代	张鸿修编著：《龙集：历代龙像 500 图》，西安，三秦出版社，1993 年，第 123、138 页
Ⅲ式龙纹			护国西齐王庙碑，元代，山西芮城永乐宫，碑侧纹样	张广立编绘：《中国古代石刻纹样》，北京，人民美术出版社，1988 年，第 177 页
			护国西齐王庙碑，元代，山西芮城永乐宫，碑侧纹样	张广立编绘：《中国古代石刻纹样》，北京，人民美术出版社，1988 年，第 177 页
Ⅳ式龙纹			夔龙纹碑刻，宋代	张羿正南、潘明歌、陈宁主编：《中国历代传统纹样》，郑州，河南美术出版社，2007 年，第 117 页
Ⅴ式凤纹			六聘上方逐月朔望常供记，辽天庆五年（1115），石碑在北京房山上方山兜率寺，拓片碑阳通高 87 厘米，阴高 89 厘米，宽、均为 68 厘米，侧高 55 厘米，宽 7 厘米，僧了沐撰，正书，额篆书	北京图书馆金石组编：《北京图书馆藏中国历代石刻拓本汇编 45（辽、附西辽、附齐）》，郑州，中州古籍出版社，1989 年，第 144 页

类型	纹样	著录	来源
V式凤纹		罗汉尊号碑，南宋绍兴四年（1134），石碑在江苏江阴广福寺，拓片连额通告 144 厘米，宽 77 厘米	笔者绘制
		不详	北京图书馆金石组编：《北京图书馆藏中国历代石刻拓本汇编 49（元）》，郑州，中州古籍出版社，1989 年，第 78 页

Ⅰ式龙纹特点：该式龙纹特点是独立雕刻，底部不刻画其他纹样，龙的姿态雕刻于碑首时往往围绕碑首中间的字在两边各分布一条龙纹，两条龙纹尾部多交织在一起，龙爪有三趾，也有四趾，如牛山土主忠惠王碑，碑侧龙纹多拉长身躯，称行龙纹，如朱秉椝墓志。

Ⅱ式龙纹特点：该式龙纹与云纹组合画面，云纹构图满密，填满整个底部，有卷云纹、如意云纹、叠云纹等，而龙纹有的呈走兽状，如安守忠墓志盖；有的腾空飞翔，形成腾云驾雾之势，此姿态的龙纹头部多上昂，如戒石铭、忠祐朝敕封告据碑、崇奉儒学圣旨碑、录庆公功行碑等。

Ⅲ式龙纹特点：该式龙纹与植物组合画面，植物作为地衬，龙纹相对其他的龙纹面积缩小，植物雕刻繁密，花和叶枝繁叶茂，有的刻牡丹、有的刻莲花，龙纹穿插于花叶间；有的甚至只看到龙头和龙尾，故而显得龙纹占据画面的次要部分，画面显得极其华丽富贵，如护国西齐王庙碑。

Ⅳ式龙纹特点：该式龙纹为抽象的夔龙纹，其在商周青铜器上所见较多，汉代的画像石上也有出现，但在三国两晋南北朝和隋唐所见很少，宋元时期也并不多见，这里只发现一处，即宋代夔龙纹碑刻。

Ⅴ式凤纹特点：该式凤纹多呈展翅欲飞之势，凤的尾部呈曲线式，有的凤纹与云纹组合画面，如罗汉尊号碑；有的凤纹与植物纹组合，并且凤的嘴巴衔着花枝，形成凤鸟衔枝，如六聘上方逐月朔望常供记。

六、宋元时期的其他纹样

宋元时期碑刻除了以上主流纹样外，还出现一些少见的纹样，如菊花纹样、简单的波状纹样，以及其他一些无名花纹样（表 5-6）。其中菊花纹样根据构图的需要也有不同的变化，但大多刻画野菊花的形态并采用三角形构图，如省诠灵塔幢、余战碑；也有的野菊花呈散开状，如璨公塔铭；还有的延续汉代的波状纹，显得简单明了，如大宋镇西军留青村税户葬主邓珣墓志记和宿灵岩寺诗并记等。此外，还有一些无名花和叶，有的单独采用枝叶装饰，如相国武威贾公墓志。

表 5-6　宋元碑刻其他纹样分类

类型	纹样	著录	来源
Ⅰ式菊花纹		省诠灵塔幢，金大定二十一年（1181），石碑在北京房山石鼓支楼村，八面刻，分拓两纸，均高 59 厘米，宽 57 厘米，正书，经梵文，王璋镌	笔者绘制
		余战碑，金承安五年（1200），宽 50 厘米，高 82 厘米，厚 19 厘米	笔者绘制
		璨公塔铭，元贞元年（1295），石碑在甘肃泾川，拓片高 41 厘米，宽 44 厘米，正书，汤提控刻	笔者绘制
		佚名，元代	笔者绘制
Ⅱ式波状纹		大宋镇西军留青村税户葬主邓珣墓志记，北宋天禧四年（1020）四月十三日	中国文物研究所、陕西省古籍整理办公室编：《新中国出土墓志·陕西（一）》（上册），北京，文物出版社，2000 年，第 145 页
		宿灵岩寺诗并记，金大定二十三年（1183），石碑在山东长清，拓片高 57 厘米，宽 81 厘米，杨野撰并正书	笔者绘制
Ⅲ式无名花纹		相国武威贾公墓志，辽代	《石刻史料新编》第三辑，台北：新文丰出版股份有限公司，1977 年，第 510 页

第三节　宋元外来宗教碑刻纹样研究

宋元时期，随着北方人口的南移，经济重心也随之南移，南方的泉州由于对外贸易的兴盛成了"东方第一大港"。南宋赵汝适执掌泉州市舶司时，与该地对外交往的国家达到 58 个。元代时汪大渊在其《岛夷志略》一文中则记录共有 98 个国家和地区与泉州进行贸易往来。可见，宋元时期，泉州港的国际贸易非常之活跃，并一度成为国际文化交流中心，这里侨居着数以万计来自亚洲、非洲、欧洲的各国商人、传教士、使者、旅游家、贵族和平民等。这些人不仅进行着贸易往来，还带来了他们本国的宗教文化，如伊斯兰教、景教、天主教、印度教、摩尼教、犹太教，世界上几大宗教几乎都在这时传入泉州。这些宗教的传入使宋元时期的泉州呈现出一片繁华的景象，并且也给后人留下了大量的宗教碑刻，如今泉州海外交通史博物馆陈列着数百方宗教石刻，包括墓碑、墓盖石、石雕像和各种教寺建筑构件等，属于伊斯兰教、古基督教、印度教和摩尼教等几大宗教的遗物，展示了宋元时期泉州港的繁荣及对外贸易的发展。

目前学术界关于泉州宗教石刻的研究比较丰富，如 2005 年，吴文良之子吴幼雄将之前吴文良所著的《泉州宗教石刻》中未收录的，以及后来发现的各种宗教石刻汇集，出版了《泉州宗教石刻》（增订本），这是关于泉州宗教石刻最为系统的、最为完整的包括图录说明、资料辑录、考证与专题论述在内的综合性图录书。[①]李静蓉《元代泉州基督教石刻图像研究》一文运用比较研究的方法解析了泉州基督教石刻图像的文化来源，并揭示了基督教与非基督教文化之间互相渗透与融合的方式及原因。[②]从查阅的文献资料来看，学术界对泉州宗教碑刻的相关研究中尚无对宗教碑刻纹样进行详细研究的成果。笔者通过对泉州博物馆的调研，对泉州宗教碑刻的纹样进行分类研究，分析不同宗教碑刻纹样的特点，归纳出它们之间内在的相互影响。

泉州宗教碑刻纹样归纳起来主要有莲纹、云纹、十字架、翼人、飞天、卷草纹等，这些纹样来自不同宗教文化的元素，共同组合成千姿百态的造型，即使是独立的图案也有不同的雕刻形式。如此丰富的纹样体现了中外文化交流的内涵，反映了外来宗教文化与中国传统儒教、道教文化之间的相互影响、

---

① 吴文良原著，吴幼雄增订：《泉州宗教石刻》（增订本），北京，科学出版社，2005 年，第126 页。

② 李静蓉：《元代泉州基督教石刻图像研究》，福建师范大学博士学位论文，2013 年。

相互融合的特点，是中外文化碰撞与交流的产物。

一、基督教碑刻纹样

基督教在中国的传播经历了四次发展，第一次在唐代，635 年流行于中亚的基督教一支聂斯脱利派从波斯来华传教，由唐朝边疆进入内地，经过与在中国已存的道教、佛教、儒学磨合，取名"景教"①；第二次在元代，景教再次在华流行，向边疆地区传播，并对蒙古族文化产生了较大影响，此时已与唐朝曾在内地传播的聂斯脱利派基督教不同，它已经不再称为景教，而是叫作"也里可温"②；第三次是在明清时期，基督教三大教派相继传入中国，意大利传教士利玛窦在华展开传教活动；第四次是鸦片战争之后。

景教自唐初传入中国之后，为了在中国能够得以传播和发展，借用在中国已经相当成熟的佛教元素进行传播，无论其日常用语还是教义教理的阐释大都仿效佛教术语或偈语，如西安出土的大秦景教流行中国碑、洛阳出土的景教经幢序听迷诗所经、志玄安乐经等景教遗物上都有大量的反映，它们称基督为"佛"，称教堂为"寺"，称传教士为"僧"或"大德"等。到了元代，景教的佛教元素运用得更加普遍，景教碑刻上的纹样大多运用佛教中的莲纹进行装饰，即运用莲花承托十字架，并成为景教纹样装饰的标志。李静蓉和林振礼在《泉州景教石刻与佛教关系发微》一文中认为："从新疆出土的景教遗物中，承托十字架的并不全是莲花，有时是用方形或另外三角形或多层叠砌的承托座，这也许正说明景教由陆路传入中国的过程中，因受佛教文化的影响逐渐将十字架改变为莲花十字架的样式。可以肯定地说，莲花十字架是景教传入中国以后受佛教影响而产生的组合造型，并成为中国景教的标志。"③景教十字架还有和云纹组合画面的，这说明其受中国本土的道教影响。云气纹受道教神仙思想的影响在汉代得到了广泛运用，并为佛教文化所吸收，对中国的装饰艺术产生了深远影响。元代景教为了实现其传播的本土化，吸收道教中云纹的元素，形成独树一帜的景教碑刻艺术。此外，景教十字架还有以华盖、璎珞作为承托组合装饰的，有的旁边还装饰飞天或者翼人，这些综合各种宗教纹样组合装饰的表现形式，反映景教徒借此努力实现本土化以达到大量宣传的目的。

---

① 黄昌渊：《中国古代基督教研究——以 7 至 14 世纪景教为中心》，陕西师范大学博士学位论文，2013 年。

② "也里可温"是蒙古语的译音，沿袭了波斯人对基督教徒的称呼，从语义上看，即"奉福音者"或"福分人"。参见邱树森：《唐元二代基督教在中国的流行》，《暨南学报（哲学社会科学版）》2002 年第 5 期。

③ 李静蓉、林振礼：《泉州景教石刻与佛教关系发微》，《东南学术》2013 年第 1 期。

　　从考古发现的基督教碑刻实物来看，基督教在中国主要分布在泉州，此外还有新疆阿力麻里古城、内蒙古百灵庙附近、内蒙古王梁墓，以及北京、扬州等地。阿力麻里古城位于新疆伊犁哈萨克自治州霍城县，曾是元代时期景教重要的活动中心之一，该地曾发现多块基督教碑刻，其中有 8 件是带叙利亚文的墓碑石刻。内蒙古的百灵庙附近也发现有 3 座景教古城的遗址，它们分别是敖伦苏木古城、木胡尔索卜嘎古城和毕其格图好来陵园，其中敖伦苏木古城发现 13 件带有叙利亚铭文、十字架、莲花的景教石刻；木胡尔索卜嘎古城发现了近 30 件，但是有记录的为 13 件；毕其格图好来陵园，则发现了 9 件景教墓石残片。内蒙古王梁墓，为耶律氏家族陵园，在此处发现了近 60 件景教石刻，包括四角立石、石羊、石桌、墓顶石等。北京主要有两处出土了景教石刻：一处为北京房山周口店附近的十字寺遗址发现的 2 件十字盆花石刻和 1 件敕赐十字寺碑记；另一处为北京广安门外莲花池西南旧跑马场附近发现的景教墓石。景教碑刻在扬州只出土了两件：一件是带有文字的景教墓碑；另一件则是在江都发现的有十字架和莲花的墓石残片，此件残片据佐伯好郎言，曾被移入扬州的一个清真寺内。[①]在所有发现景教石刻的地区中，泉州发现的景教石刻数量较大，且石刻相对而言较为精美，大概出土了 30 多件元代也里可温石碑和一些墓碑构建，其所用文字包括叙利亚文、八思巴文、回鹘文，碑刻发现地点多在泉州城东隅和北隅。[②]这些基督教碑刻纹样相当丰富，宋元碑刻基督教纹样分类见表 5-7。

表 5-7　宋元碑刻基督教纹样分类

类型	纹样	著录	来源
I 式莲纹		阿力麻里景教墓碑，元代，出土于新疆	俄罗斯埃尔米塔什博物馆藏
		方形十字盆花石刻，元代，出土于北京房山景教寺	李静蓉：《元代泉州基督教石刻图像研究》，福建师范大学博士学位论文，2013 年

---

① 马玲玲：《莲花上的十字——中国元代景教碑刻图像研究》，苏州大学硕士学位论文，2014 年。
② 黄昌渊：《中国古代基督教研究——以 7 至 14 世纪景教为中心》，陕西师范大学博士学位论文，2013 年。

续表

类型	纹样	著录	来源
Ⅰ式莲纹		玛尔达公主回鹘文景教墓碑石，辉绿岩，元代，高20厘米，宽66厘米，厚14厘米，出土于福建泉州北门城墙	笔者拍摄
		基督教墓碑石，辉绿岩，元代，高40厘米，宽30厘米，厚8厘米，出土于北门城墙	笔者绘制
		景教希腊式十字架拱形碑，辉绿岩，元代，高25厘米，底宽50厘米，出土于福建泉州东门外仁风街	笔者绘制
		希腊式十字架尖拱形墓碑石，元代，福建泉州东禅寺出土，这是明末耶稣会阳玛珞所撰，唐景教碑颂中所附的泉州古十字架木刻版图，希腊式十字架下有卷云纹、莲花	笔者绘制
		碑名不详，元代，泉州水陆寺出土	笔者绘制
		柯存诚朵碑，辉绿岩，元代，高42厘米，宽27.5厘米，厚9厘米	笔者拍摄
		新疆阿力麻里景教墓碑，元代	李静蓉：《元代泉州基督教石刻图像研究》，福建师范大学博士学位论文，2013年

续表

类型	纹样	著录	来源
		和加阿里墓碑，元代，出土于福建泉州通淮门外城墙	笔者拍摄
		中式祭坛墓葬定石碑，元至正十年（1350），于福建泉州通淮门附近教场头一带挖掘城基时发现	笔者绘制
		基督教墓石，辉绿岩，元代，高116厘米，宽36厘米，厚8厘米，出土于福建泉州北门城墙	笔者绘制
Ⅱ式云纹		基督教叙利亚文墓碑石，须弥座祭坛式辉绿岩，元代，高29厘米，宽92厘米，厚14厘米，上面雕刻有十字架、天使和二十一行叙利亚文，是基督教聂斯脱利派的实物见证之一。出土于福建泉州通淮门靠近小东门的城墓内	笔者绘制
		基督教叙利亚文档墓石，辉绿岩，元代，高25厘米，宽25厘米，厚12厘米，出土于福建泉州北门城墙	笔者绘制
		景教希腊式十字架碑，辉绿岩，元代，高50厘米，底宽51厘米，出土于福建泉州东门外仁风街	笔者绘制
		景教希腊式十字架碑，辉绿岩，元代，高25厘米，底宽55厘米，出土于福建泉州东门外仁风街	笔者绘制

类型	纹样	著录	来源
Ⅱ式云纹		兴明寺须弥座祭坛式墓石，辉绿岩，元代，高25厘米，宽60厘米，厚10厘米，出土于福建泉州涂门街	笔者绘制
		王荣道碑石，元代，泉州海外交通史博物馆	笔者绘制
Ⅲ式天使纹		景教石碑，元代，出土于福建泉州东门外	笔者拍摄、绘制
		基督教叙利亚文墓碑石，须弥座祭坛式辉绿岩，元代，高29厘米，宽92厘米，厚14厘米，上面雕刻有十字架、天使和二十一行叙利亚文，是基督教聂斯脱利派的实物见证之一。出土于福建泉州通淮门靠近小东门的城墓内	笔者拍摄
		须弥座祭坛式墓石，辉绿岩，元代，高27厘米，宽47厘米，厚11厘米，出土于福建泉州北城墓基	笔者绘制
		须弥座祭坛式墓石，辉绿岩，元代，长80厘米，高29厘米，厚10厘米，出土于福建泉州小东门城基	笔者绘制
		基督教尖拱形石碑，辉绿岩，元代，高53.5厘米，底宽51厘米，出土于福建泉州东门外仁风街	笔者绘制
		基督教四翼天使墓碑石，元代，高50厘米，宽53厘米，该墓碑石上面雕刻有多种宗教的标志，是当时泉州多种宗教并存的见证	笔者拍摄

类型	纹样	著录	来源
Ⅲ式 天使纹		景教希腊式十字架拱形碑，辉绿岩，元代，高 30 厘米，底宽 50 厘米，出土于福建泉州东门外仁风街	笔者绘制
		居延女儿云之八思巴文墓碑石，辉绿岩，元代，高 45 厘米，宽 30 厘米，厚 7 厘米，泉州海外交通史博物馆	笔者绘制
		安德烈佩鲁贾墓碑石，元代，安德烈佩鲁贾，意大利人，罗马教皇派到刺桐城（即泉州）的第三任主教。辉绿岩，高 63 厘米，宽 44 厘米	笔者拍摄
		基督教飞天石碑，辉绿岩，元代，长 73 厘米，高 35.5 厘米，厚 12 厘米	笔者拍摄
		扬州"也里世八"墓碑拓片，元代	笔者绘制
Ⅳ式 卷草纹		达鲁花赤墓碑，元代，发现于福建泉州仁风门外池塘中	笔者拍摄
		大德黄公基督教墓碑石，辉绿岩，元代，高 40 厘米，宽 22 厘米，厚 8.5 厘米，出土于福建泉州北门城墙	笔者绘制

续表

类型	纹样	著录	来源
IV式卷草纹		易公刘氏墓碑，元代，在福建泉州北门城墙发掘，十字架卷云纹下面刻着 2 行汉字和 2 行八思巴文，汉文在侧，八思巴文居中	笔者拍摄
		叶氏墓碑，元代，在福建泉州北门城墙出土，莲花作为十字架的承托物，八思巴文拼写汉字	笔者绘制
		翁叶杨氏墓碑，元代，在福建泉州东北郊后茂村出土，用云纹承托起十字架，两行八思巴文居中，两行汉字居侧	笔者绘制
		碑名不详，元代，泉州海外交通史博物馆藏	笔者绘制
		景教墓碑，元代，出土于内蒙古百灵庙胡儿索卜嘎古城	笔者拍摄
		北京广安门外莲花池西南旧跑马场附近发现的景教墓石，元代，曾藏于辅仁大学，现下落不明	佐伯好郎：《景教の研究》图版 16，转引自马玲玲：《莲花上的十字——中国元代景教碑刻图像研究》，苏州大学硕士学位论文，2014 年

类型	纹样	著录	来源
Ⅳ式 卷草纹		基督教八思巴文墓碑石，元代，长42厘米，宽32厘米；上面雕刻有八思巴文、汉文和十字架，代表了当时泉州基督教的兴盛	笔者绘制
V式 其他 纹样		无名墓碑，元代，出土于福建泉州仁风门	笔者绘制
		无名墓碑，元代，碑文："人人都要尝死的滋味。先知（愿他平安）说：（死于异乡者，即为壮烈之死）。"	笔者绘制
		无名墓碑，元代，碑文："除真主外，无可崇拜。"	笔者绘制

Ⅰ式莲纹特点：碑刻莲花纹样装饰部位有两处：一处是装饰在十字架下；另一处是装饰在墓碑的四边。十字架下的莲纹为抽象形，如景教希腊式十字架拱形碑；也有写实形的，如希腊式十字架尖拱形墓碑石，下托莲花的十字架多为刺桐十字架。此外，还有将莲纹装饰在墓碑两边的，如玛尔达公主回鹘文景教墓碑石，此碑中间十字架下托莲纹，两边带翼天使手托莲纹，墓碑中间刻字，两边雕刻写实莲纹。

Ⅱ式云纹特点：云纹的结合运用反映了泉州基督教融入中国道教元素使其在当地社会本土化，这充分说明外来文化在异地生存所必然要发生的变异现象。泉州基督教石刻的云纹主要有旋涡状朵云纹和卷云纹等形式：朵云纹往往由单勾卷朵云纹和双勾卷朵云组合在一起，具有团状的整体感，气势强烈，有时充满着整个画面，烘托出"天界"的神圣，给人一种"乘云升仙"之感。李砚祖在其《装饰之道》一书中写道："朵云纹既是一种有深刻含义的装饰符号，象征天界仙灵，又是装饰的形式结构，它以符合自身流动特性的运动形式，有规律、秩序地布满整个装饰面，形成一个装饰的主要形式结构和框架，与其他作为填充物的装饰形象组合成一个完整的装饰图式。"①泉州基督教碑刻上的朵云纹主要用作十字架的承托物，有时也以天使的"圣座"出现，表示"神"的降临，如景教希腊式十字架碑，此碑的十字架下装饰如意朵云纹，云纹层叠，刻画丰富，有的云纹上面托着莲花，莲花上再雕刻十字架，表现出云层飘逸的天界。卷云纹的云头形状表现为线条由内向外展开。这种旋涡状卷云纹主要用作墓石的边框装饰，展示的空间十分有限，呈现的图像是多个的卷云纹连续在一起，整体接近 S 形曲线的构图，从而形成了一种连绵不断、轮回永生的艺术效果。林圣智认为："虽为平面性装饰图案，但是连续性纹饰的铺陈，也能用来规范天界空间，具有作为天界表象的意义。"②这种旋涡状卷云纹也有不呈现 S 形的时候，主要是在墓碑的四角分别装饰着两个相反方向的卷云纹，拖着长长的波状云尾，如兴明寺须弥座祭坛式墓石，此为 1984 年发现的一方基督教石刻，上阴刻竖行汉字 14 行，内容为："于我明门，公福荫里。匪佛后身，亦佛弟子。无憾死生，升天堂矣。时大德十年岁次丙午三月朔日记。管领泉州路也里可温掌教官兼住持兴明寺吴唛哆呢嗯书。"③

Ⅲ式天使纹特点：天使形象是基督教的代表性标志，但对于佛教"飞天"与基督教"天使"之间的关系，目前学术界有一定的争议，学术界大多认为这是景教辗转接受佛教艺术的证据，受唐代佛教环境影响巨大，为了生存和发展壮大，在中国盛行佛道的大环境下利用"飞天"来突出景教的特征。但葛承雍认为："景教'天使'艺术受佛道艺术影响而变为'飞天'装饰还有待于探讨，这是站在现代人角度对当时景教的认识，是一个极大误差。"他还认为："景教传入中国也可能吸取了希腊天使、印度神灵和道教飞仙、佛教飞天等各种因素，因面临几种宗教生存竞争，但在艺术上不存在刻意拔高和矮化打压的较量，景教传教士在传教上坚持自己的价值观，在艺术上塑造上不是沿袭原来惯用的套路，而是巧妙地融合和角色设置，画作技法上非常复合化，很可能用飞天的外形混合着天使的内核来光耀景教文明。在当时佛教占据优势社会背景下，景教有可能在艺术表现技法上吸取了佛教元素，但'天使'并不是来源于'飞天'。"④笔者

①　李砚祖：《装饰之道》，北京，中国人民大学出版社，1993 年，第 89 页。

②　林圣智：《中国中古时期墓葬中的天界表象——东亚的比较视野》，《古代墓葬美术研究》2011 年第 0 期。

③　福建省地方志编纂委员会编：《福建省志·文物志》，北京，方志出版社，2002 年，第 248 页。

④　葛承雍：《景教天使与佛教飞天比较辨识研究》，《世界宗教研究》2014 年第 4 期。

比较赞同葛承雍的观点，基督教在发展的过程中虽然有吸取佛教元素，但景教传教士不会轻易放弃神学立场改变中心形象与外在文化符号，不会套用佛教"飞天"形式去新造神祇，倘若景教符号也用佛教标签那无疑是宗教传播的失败，所以天使不可能被飞天替代，"华化"不等于"佛教化"。

从泉州基督教碑刻纹样来看，其上的"天使"装饰形式多样，有四翼飘带天使、双翼飘带天使、U形天使、飘带天使等造型，从大的方面来看，这些天使的形象有很大差异，有的似佛像，有的似西方天使；从细部来看，天使头上饰有汉式幞头、蒙古贵族的钹笠帽、佛教的山形冠、拜占庭风格的十字架冠、花蔓冠等，但整体上，从大的方面来看主要可以分出两种形式：一种是呈飞翔状刻有翼的形象，有翼天使有的为单个，如基督教叙利亚文墓碑石，该碑刻为单个天使，手持具有波斯风格的聂斯脱利派十字架扶坐于云上，雕刻飘带和四翼，且翅膀刻画得十分写实；有的为双人，如扬州"也里世八"墓碑为双天使分布在十字架的左右。另一种是无翼天使，景教碑刻上的无翼天使同带翼天使相比，前者有着更为明显的东方特色，其造型与敦煌、克孜尔、龟兹的"飞天"甚为相似，雕刻有飘带，多为仕女形象，有的天使穿着波斯僧人的服饰，有些学者甚至直接将之称为"飞天"。这种形式一般不与十字架组合画面，而是多与卷草纹或云纹组合，如须弥座祭坛式墓石。

从以上纹样的对比可以看出：基督教中的天使虽然也身体飞动，衣裙飘舞，但手势、足形与佛教"飞天"有着一定的差别，整体构图大不相同，这是因为两个宗教毕竟联想方式不同。

Ⅳ式卷草纹特点：宋元基督教碑刻上出现卷草纹装饰，无疑是受佛教和道教文化的影响而汉化。卷草装饰的形式多为忍冬卷草，如达鲁花赤墓碑、大德黄公基督教墓碑石、易公刘氏墓碑、基督教八思巴文墓碑石等都为忍冬卷草的形式装饰在墓碑的两侧；也有呈波状、形式较简单的卷草纹样，如出土于内蒙古百灵庙胡儿索卜嘎古城的景教墓碑；还有以为较写实的自然植物进行的卷草装饰，如出土于北京广安门外莲花池西南旧跑马场附近的景教墓石。

Ⅴ式其他纹样特点：该式基督教碑刻有雕刻文字的，配以比较简单的纹样，仅仅刻些简单的花卉，或者仅雕刻一个十字架。

就十字架的装饰而言，其变化形式比较多样，从出土的基督教碑刻来看，主要有刺桐十字架、聂斯脱利派十字架、希腊十字架、马耳他十字架等（表 5-8）。基督教碑刻中十字架一般都装饰在碑石的正上方，有的下托莲纹，有的下托云纹，有的在其上雕刻华盖。

表 5-8　十字架的形式对比

十字架形式	名称	来源
	刺桐十字架	泉州海外交通史博物馆，笔者绘制
	聂斯脱利派十字架	泉州海外交通史博物馆，笔者绘制
	希腊十字架	泉州海外交通史博物馆，笔者绘制
	马耳他十字架	泉州海外交通史博物馆，笔者绘制

"刺桐十字架"是极富装饰色彩的图像，在泉州基督教碑刻中比较多见，学术界多将"刺桐"谓为泉州的雅称，1915 年日本学者桑原骘藏发表了《提举市舶西域人蒲寿庚之事迹》，他认为泉州之所以得 Zaitun 之称，是因为五代时留从效改筑泉州城，曾环城多植刺桐，自是而后，泉州遂有刺桐城或桐城之称，阿拉伯人因译之曰 Zaitim，Zaitun 是由"刺桐"音译而来。福斯特首先驳斥了玛尔蒂尼（Martini）的漳州说，他说："用不着怀疑，泉州就是马可波罗所称的刺桐。"[①]他称泉州是世界上最大的商港之一。聂斯脱利派十字架属于波斯风格的十字架，其特征是三叶花蕾造型和象征光明的环形结合在一起，以此直观地表现聂斯脱利派对"三"的强调与崇拜，这种十字架的下半部分是稍长的，属于拉丁十字架的范畴，为蓓蕾十字架的变形，蓓蕾十字架为拉丁十字架的变形体，十字架四肢末尾有三叶草形的蓓蕾，"三叶形"与基督教三位一体有关。聂斯脱利派十字架的中间有象征光明的环形装饰，十字架四枝由外向内朝中心的环形收缩，且四肢末尾都有蓓蕾。而纵观中国境内发现的元代景教碑刻上的十字架，我们可以发现，这些十字架与聂斯脱利派十字架整体上极为相似，十字架中间都有圆环，十字架四肢也大都由外向内朝中心的环形有一定收缩。但是，中国境内发现的元代景教碑刻上的十字架，与聂斯脱利派十字架并不完全相同。

希腊十字架常见于四肢等长的正方形十字架，由于希腊十字架属于东方基督教派的十字架，而景教自身也是从东方基督教派分裂而来，所以景教采用希腊十字架也有理可依。由于泉州基督教石刻大部分属于东方教会景教，所见十字架造型多为希腊式十字架，但又不是纯粹的正十字架，而是上下两肢比左右稍长一些，且臂端稍宽并成尖状，可视为希腊十字架的变体。这种十字架造型在新疆出土的同时期景教遗物中也有出现。

马耳他十字架最大的特点是十字架有八个角，十字架四肢的末端呈 U 状。在泉州、扬州、新疆、内蒙古等地发现的元代景教碑刻上，均有类似马耳他十字架出现。

基督教碑刻纹样之丰富突出地表现了基督教与其他宗教的融合化发展，纹样的造型形式多变，十字架的形状有希腊风格、波斯风格、马耳他风格等，天使的造型更是万千姿态，如菩萨的四翼飘带天使、双翼飘带天使、飘带天使、无翼无飘带的天使等不一而足，还使用了卷草纹、忍冬纹、云纹等流行纹样进行装饰，增加了碑刻纹样的丰富性。

---

① 转引自〔日〕桑原骘藏：《蒲寿庚考》，陈裕菁译订，北京，中华书局，2009 年，第 3 页。

二、伊斯兰教碑刻纹样

伊斯兰教旧称回教、清真教、天方教，是阿拉伯文的音译，意思是顺从。伊斯兰教主要是通过陆上"丝绸之路"或海上"丝绸之路"传入中国，海上"丝绸之路"多集中在沿海城市，如广州、泉州、杭州、扬州，这些地方都建有寺庙并葬有伊斯兰教徒，如广州怀圣寺、泉州清净寺、杭州凤凰寺、扬州仙鹤寺，为中国东南沿海四大清真寺，而广州宛葛思墓、泉州三贤四贤墓、杭州卜哈提亚尔巴巴墓、扬州普哈丁墓为中国东南沿海四大先贤古墓。[1]这些古墓和寺庙见证了伊斯兰教在中国的发展，其中泉州就出土了大量的伊斯兰教碑刻，据《泉州宗教石刻》的相关介绍，出土的碑刻有 300 件之多。[2]

伊斯兰教在中国经历了融合发展的过程。有学者认为："中国伊斯兰教的儒家化问题，可以这样概括：在认主独一神学上保持了伊斯兰教的独具原则；在宗教哲学上具有鲜明的自身特色；在伦理道德上则充分儒家化。"[3]实际上，概括起来两者有以下相似之处：首先，伊斯兰教具有世俗性，它认为宗教的就是世俗的，世俗的亦是宗教的，提倡宗教和世俗合为一体。其次，伊斯兰教和儒家文化皆倡导积极向上的人生，反对消极避世。可见，伊、儒在注重现实这点上是相通的。最后，两者都以调整社会伦理关系为基本思想原则，儒家文化提倡伦理和谐，而伊斯兰教的经典《古兰经》中也遵守了一种无形的规定，即要求君仁、臣忠、父慈、子孝，这些伦理道德在儒家文化中都是相通的。从泉州出土的伊斯兰教碑刻来看，其上的纹样变化不如基督教纹样丰富，主要有云纹和卷草纹，伊斯兰教碑刻云纹明显地带有宋元中国云纹的痕迹，如云头似如意纹，但其云纹尾部还拖着长长的波状纹，这是宋元中国碑刻中没有的，可见伊斯兰教与中国本土文化相连相通之处。宋元碑刻伊斯兰教纹样分类见表 5-9。

表 5-9　宋元碑刻伊斯兰教纹样分类

类型	纹样	著录	来源
I 式 云纹		巴那伊斯法罕尼墓碑，元代，出土于福建泉州通滩门外津头埔	泉州海外交通史博物馆，笔者绘制

---

① 李兴华：《泉州伊斯兰教研究》，《回族研究》2010 年第 2 期。

② 吴文良原著，吴幼雄增订：《泉州宗教石刻》（增订本），北京，科学出版社，2005 年。

③ 阿里木：《儒家、儒教对中国伊斯兰教的影响——从个体和整体的角度探讨与研究》，《原道》2007 年第 0 期。

续表

类型	纹样	著录	来源
Ⅰ式云纹		伊斯兰教塔式披巾墓盖石,元代,长171厘米,宽63厘米,高53厘米;该墓盖石上雕"卍"形,顶层正中刻有方巾形图案,雕工精细,是泉州伊斯兰塔式墓盖石的代表作之一	泉州海外交通史博物馆,笔者拍摄
		伊斯兰教墓碑,元代	泉州海外交通史博物馆,笔者拍摄、绘制
		此类墓碑来自阿拉伯的波斯或其他地方的侨民所用之碑,元代	泉州海外交通史博物馆,笔者绘制
Ⅱ式卷草纹		元奉使波斯石碑,元代	泉州海外交通史博物馆,笔者绘制
		此类墓碑来自阿拉伯的波斯或其他地方的侨民所用之碑,元代	泉州海外交通史博物馆,笔者拍摄

　　Ⅰ式云纹特点:伊斯兰教碑刻云纹的形态有卷云纹、如意云纹、流云纹,卷云纹的线条由内向外呈波状卷曲,如伊斯兰教塔式披巾墓盖石,该墓碑为卷云纹;巴那伊斯法罕尼墓碑和伊斯兰教墓碑,该两碑为如意云纹,云纹的头部为如意形,尾部拖长,构成如意和流云的组合式云纹。

　　Ⅱ式卷草纹特点:伊斯兰卷草纹称为阿拉伯式的卷草纹,其形态表现为西洋扇状棕叶卷草纹,即以构成波状曲线的蔓茎为轴心,在其凸起和凹陷的空间内,在转折处填补与伸展方向相反的翻卷小枝,并在小枝的顶端加饰棕叶形状，如奉使波斯石碑。

总之，伊斯兰教碑刻纹样善于汲取东西方装饰艺术之精华，在伊斯兰教气氛的长期熏陶下，逐渐形成了独树一帜的艺术风格。其纹样特征主要表现为：规整统一，线条多采用 S 形波线或螺旋线，形成有规律的秩序感。

从以上基督教和伊斯兰教碑刻纹样对比分析，我们可以发现，外来宗教为在中国生存和发展与佛教、道教、儒学相融合，使其"本土化"达到传播的目的。林治平曾指出："大凡外来的宗教文化，如想顺利地在中国文化社会系统中传播，就必须进入中国文化系统中与中国文化社会结合或在中国文化中找到相关的脉络系统，生根发展。"基督教和伊斯兰教一踏进华夏便即刻开始了碰撞与融合。①朱谦之认为："景教传入中国后即极力顺应中国固有之宗教迷信和宿命论思想，不但袭用道、佛二教经典的词语、模型与形式，而且为布教传道的保护方便，简直接受了为封建社会统治阶级服务的'尊君'的儒家思想，以代替天主教之教皇至上主义。"②外来宗教的本土化发展不仅仅是其教义、思想等融合，在碑刻的纹样装饰上也体现得很充分，如十字架与莲纹的组合运用，体现了基督教对佛教的吸收，十字架与云纹的组合体现了其与道教文化的融合，而天使的形象与飞天的相似性及忍冬卷草等纹样的运用更充分地体现出其与佛教的融合发展。

第四节 宋元碑刻纹样的审美特征

宋元时期是中国古代社会发展的一个重要转型时期，由于文人士大夫文化的兴起和发展，整个社会的文化程度得到了极大的提高，市民的审美欣赏能力普遍较高，使纹样凸显儒雅精神，纹样理性化、诗意化显得格外精致清新，花鸟画的兴盛增强了纹样的绘画性和写实性。碑刻纹样一方面体现了文人士大夫所主导的文人审美情趣，突出儒雅性；另一方面迎合了普通的市民阶层生活审美的需要，反映了当时的市民生活情趣和社会风俗，表现出世俗性的特点。纹样雅中有俗，俗中有雅，形成雅俗共赏的艺术面貌。理学产生以后，宋代以至整个中国美学史的审美体认发生了重大变化，

---

① 转引自黄昌渊：《中国古代基督教研究——以 7 至 14 世纪景教为中心》，陕西师范大学博士学位论文，2013 年。

② 转引自刘振宁：《唐代景教入华之际的时空环境及其影响》，《贵州大学学报（社会科学版）》2007 年第 1 期。

宋代理学不仅仅专注于外在的形体、状态，更关注内在的神理、涵养。思维的改变使得宋代审美方式转向为体现心境，追寻神理、气韵，不以形似为高，而以神似为尚，即理学—心学—美学三者结合。艺术审美观的变化在碑刻纹样中都有所体现，宋元碑刻上的花鸟禽兽雕刻精美，体现了丰富的内涵、追求意境的表达。

一、生意盎然充满情趣

宋元时期院体画和文人画都得到了极大的发展，院体画强调写生，注重体现充满生机的自然之趣，如四川画家赵昌因为善画折枝花卉和禽鸟草虫等写实性的画面，被钦点到宫廷画院任职。北宋晚期，宋徽宗极力提倡观察物象进行写实，将自然界的景观进行真实表现。北宋画院所提倡的写实风格深刻地影响了整个宋代的花鸟画艺术风格，对宋元碑刻纹样也产生了深刻的影响，再现了一个鲜活的花鸟禽兽碑刻世界。宋元碑刻纹样是艺术家与工匠共同合作，表现了对大自然的深切感受，通过高度的提炼和精细入微的表现来达到艺术效果。宋代的绘画常常与诗词相连表达意境，使画面生意盎然，充满情趣，受诗画意境的影响，碑刻画面既可表现为以物象形态再现意境，也可表现为以纹样与诗画二者的意境相沟通，这是一种宋代碑刻纹样的精神气韵与诗画的精神气韵相迎合的宏观美学意流的沟通，也是时代风格笼罩下的必然。宋代碑刻缠枝纹中的很多花卉主题都被赋予了独特的意境美，如莲、梅、菊等，通过莲花、莲叶、莲蓬、莲子，加上鸟、蜻蜓等昆虫及水草等共同组合画面，使画面具有生命气息，充满了情趣，生意盎然。

二、简约清丽精致典雅

宋元宫廷花鸟画追求简约精致的艺术特点，这种风格特点影响着碑刻装饰纹样的发展。宋代花鸟画可划分为富贵与野逸两种完全不同的艺术风格，分别以五代西蜀的黄筌与南唐的徐熙为代表。碑刻纹样多雕刻写实的花卉纹，其雕刻工整精致、格调高雅，这正是对黄筌画派艺术风格的继承与发挥。宋代宫廷花鸟画追求细劲精致的用笔和艳丽典雅的风格，最具有代表性的杰出画作如《芙蓉锦鸡图》《鸡雏待饲图》《碧桃图》《腊梅双禽图》《罂粟花图》等[1]，画面构思严密、造型准确、赋色艳丽、描绘精

---

[1] 李雅梅：《南宋川南墓葬石刻艺术与计算机图像识别应用的研究》，重庆大学博士学位论文，2008 年。

细，追求画的品位与格调。宋元碑刻纹样受宫廷画派的影响，纹样造型严谨、布局巧妙，画面的空间关系处理得恰到好处，尤其是碑额的处理，与隋唐相比也更加丰富，雕刻技法上有高浮雕、浅浮雕与线刻等多种形式，刻工精细工整。

三、传神妙趣注重写实

前面提到宋元花鸟画注重写实的风格特点，花卉描绘精细，鸟兽动物造型准确，姿态生动，动物的刻画注重其传神之处，宋人认为只有能够传达诗意、趣味、韵致及事物精微变化规律的作品，方能称谓之为"神品"，仅仅表现技法的作品为文人画家所不齿。将艺术作品的文学性与绘画性相结合，是宋代花鸟画能够传神的一个方面，另一方面是对生活中的花鸟精细入微地观察、创造性地提炼与生动地描绘。传说黄筌所绘的六鹤图，鹤的姿态生动无比，画面神气迥出，竟使真鹤误认为是同类，可见宋时对花鸟画注重写实性描绘之精细。

这些审美特点自然也影响着碑刻纹样的刻画，宋元碑刻纹样的花鸟雕刻精美细腻，禽鸟姿态优美，造型准确概括，并侧重其生动的一面，如瑞兽的蹦跑、嬉戏等，多以捕捉其瞬间的动态产生出一种无法比拟的妙趣横生的艺术效果。对于写实性的刻画还表现在缠枝纹上，宋元时期的碑刻缠枝纹常常采用更加写实性的效果，如对花蕊的刻画，其中细密的花蕊呈现独具特色的写实造型，这种造型往往能准确地反映出自然花卉的原生形态。

四、妙于造景体现心境

宋元时期文人画的出现，使得诗书画一体。诗书画一体的产生使中国文人士大夫在绘画思想、创作技法与审美观念上发生转变。诗书入画，拓展了审美的对象，深化了文人画的审美内涵，增加了画面的意境，也使画面妙于造景。这种造景和体现意境的绘画技法非常适合运用于碑刻纹样装饰中，有些画面甚至将人物、动物、花鸟、书法等融为一体。加上宋代帝王极力提倡道教，文人画家也极力追求道家的极静之感，宋元碑刻纹样在这种大的人文环境下自然从佛教转向道教，以追求"心境"的表达，成为人们心灵与情感的载体。宋元碑刻纹样装饰多以自然界的花鸟、禽兽等具有生命的自然之物为主体，这些主体纹样正好迎合宋元追求"不在马上而在闺房，不在世间而在心境"①的审美理念。

五、吉祥寓意诗意浓郁

花鸟纹样表征着各种不同的"吉祥"观念。《周书·武顺》曰："礼义顺祥，曰吉。"②《说文解字》曰："祥，福也。"③《辞源》中吉祥意指"美好的预兆"。④选择表征吉祥的花鸟画来装饰碑刻是宋元花鸟画在墓葬中盛行的重要原因。⑤吉祥寓意的花鸟画表现了宋元的民俗、礼仪、信仰等思想观念，通过纹样符号来表达吉祥寓意包含着宋元人的价值观和人生观，如人们以牡丹比喻官居一品，仕途腾达，象征吉祥富贵、幸福美满等含义。⑥碑刻缠枝纹多为牡丹，用来表达人们追求功名富贵的愿望；莲花用来比喻人品的清高，借喻为官的清正与廉洁；狮子在碑刻纹样中也有出现，狮子为百兽之王，被借以象征人世的权势与富贵。《尔雅注疏·释诂第一》云："太，大也！"⑦"太"与"大"通义，又因"狮"与"师"谐音，"狮"象征古代官制"太师"与"少师"。太师为三公之一，少师为三孤之一，都是辅弼皇上为政的高官，地位显赫，人们借"狮"隐喻人官运亨通飞黄腾达。此外狮子作为瑞兽在墓葬中出现还是法力的象征，具有守护、避邪、镇墓等含义，是平安、威武、勇猛、雄强、博大、精进等的象征。⑧凤是象征吉祥的瑞鸟。《山海经》称凤凰"五采而文"。⑨《说文解字》云："凤之象也，五色备举。"⑩《宋书·符瑞志》进一步理想化和完美化，称凤凰"食有节，饮有仪，往有文，来有嘉，游必择地，饮不妄下。……唯凤皇为能究万物，通天祉，象百状，达王道，率五音，成

---

① 李雅梅：《南宋川南墓葬石刻艺术与计算机图像识别应用的研究》，重庆大学博士学位论文，2008 年。

② 转引自黄怀信、张懋镕、田旭东撰：《逸周书汇校集注》（修订本），上海，上海古籍出版社，2007 年，第 310 页。

③ 转引自顾易、张中之：《汉字美学》，广州，广东教育出版社，2017 年，第 384 页。

④ 广东、广西、湖南、河南辞源修订组、商务印书馆编辑部编：《辞源》（修订本），第 1 册，北京，商务印书馆，1983 年，第 473 页。

⑤ 〔德〕弗里德里希·黑格尔原著，燕晓冬编译：《美学》，北京，人民日报出版社，2005 年，第 157 页。

⑥ 沈利华、钱玉莲：《中国吉祥文化》，呼和浩特，内蒙古人民出版社，2005 年，第 126 页。

⑦ 《尔雅注疏》卷 1《释诂第一》，见《十三经注疏》整理委员会整理：《十三经注疏》，北京，北京大学出版社，1999 年，第 9 页。

⑧ 沈利华、钱玉莲：《中国吉祥文化》，呼和浩特，内蒙古人民出版社，2005 年，第 126 页。

⑨ 郑军解说：《山海经图考》，济南，山东画报出版社，2017 年，第 60 页。

⑩ 转引自李培栋主编：《中国历史之谜》（修订本），上海，上海辞书出版社，2003 年，第 60 页。

九德，备文武，正下国"。①因此"凤"又是王道仁政与国家太平吉祥的象征，且包含幸福美满之意。②碑刻中还出现鹿与缠枝纹的组合，鹿是帝位、权力、吉瑞官职、爵位、俸禄的象征。《宋书·符瑞志》有"天鹿者，纯灵之兽也。五色光耀洞明，王者道备则至"的记述，又因"鹿"与"禄"谐音。《诗经·召南·野有死麇》说："野有死麇，白茅包之。有女怀春，吉士诱之。"鹿由于繁殖力极强，用以寄寓女子旺盛的生殖力和生命力。《述异记》中云："一千年为苍鹿，又五百年为白鹿，又五百年化为玄鹿。"鹿还具有象征长寿之意。③碑刻纹样中对吉祥题材的运用表现了人们对美好愿望的期盼。

第五节　本 章 小 结

宋元时期的经济、农业、手工业有了较大发展，商业和城市的兴起，尤其是宋代重视文治，文化和艺术得到了极大的发展。在思想观念上，由贵族到平民，由宫廷文化到民俗文化转变，与唐代相比，宋代更注重理性，重视精神文化，在艺术上以恬静高雅为风格特点，追求理性、静态、含蓄、内向的艺术之美；而唐代则是注重情感和物质享受，情感外溢、热烈，追求贵族式的生活，在艺术上以富丽、丰满、高贵为特色。正是以上特点决定了宋元的碑刻纹样喜以各种景物和花卉组合画面，注重诗情画意的意境之美，并且植物纹样多以写实为主，体现其世俗性；装饰方法上也较为多样，开光的手法运用较多，开光使主纹与地纹分开，这样既能突出主纹又能适应绘画题材，增加了画面的装饰感。

---

① 《宋书》卷28《符瑞中》，北京，中华书局，1974年，第792—793页。
② 刘涛：《宋瓷上的写实花鸟纹样》，《文物春秋》1997年第S1期。
③ 转引自郑银河、郑荔冰主编：《吉祥系列纹样·吉祥兽》，福州，福建美术出版社，2005年，第235页。

第六章 超越与繁荣：碑刻纹样的
转型发展（明清）

明代农业和手工业生产发展迅速，工匠恢复了人身自由，调动了他们的生产积极性，城市也极快地发展成了各种手工业产品的生产中心。郑和下西洋扩大了对外贸易的发展，并促进了商业和手工业的繁荣，出现了明代前期永乐、中期和后期嘉靖、万历时期繁盛的社会景况。明代的繁荣发展反映在社会经济、生产状况、工商业方式、各阶层生活面貌等方面，农业、水利、赋税、贸易、工商会馆、社会治安、民间规约等的碑刻亦随之大量出现。至清代康熙、雍正、乾隆三朝，我国的农业、手工业、商业等已经达到了前所未有的高度，经济的发展必定带动思想的转变。此时期碑刻亦大量出现，碑刻纹样运用最多的是云纹、缠枝纹、龙纹等。明清时期的碑刻纹样虽然在品种上没有太大变化，但在画面的组织形式和纹样的造型上却有了较大的改变，画面追求丰满华丽，雕刻精致工整。

第一节　影响明清碑刻纹样发展的主要因素

一、商业经济的发展

明朝初年，因为连年战乱，经济凋敝，朱元璋为了复苏经济推行了新政，如实行休养生息政策，奖励垦荒，实行民屯、军屯、商屯等屯田制度，兴修水利，并在全国推广桑、麻、棉等经济作物的种植等，这一系列政策的实施有利于促进农业生产，使明朝的经济得到了快速的恢复和发展。到了明中期以后，随着商品经济的萌芽和手工业的发展，中国传统的自给自足的自然经济逐渐走向了崩溃的边缘，社会分工不断细化。商品经济显著进步，一些富商由于个人喜好或利益驱使，热衷于书画收藏，使书画市场形成一定规模，绘画艺术逐渐商品化。许多明代艺术家以卖画为生，如吴伟、戴进、沈周、唐寅、仇英、陈洪绶等。①到了清代，收藏家

---

① 赵岩：《明清西洋风绘画研究（1579—1840）》，东南大学博士学位论文，2006年。

利用收藏的绘画进行交易以赚取利益，甚至出现了独立的古字画商号。康熙、雍正、乾隆年间，全国出现了许多古字画铺，如书肆、笔庄、纸铺、文具店、古董铺等随处可见。这种艺术商业化的模式促进了新画风的形成和发展，在一定程度上也为碑刻纹样的发展提供了条件，尤其是商品经济的发展带动了手工业的异常繁荣和商业城市的发展，碑刻艺术作为手工业的一个门类随着南方商业城市的兴起，逐步地从北方转移到了南方，该时期长江流域的南京、苏州等地出现了大量的碑刻。

二、新思潮的产生

明代中期，随着资本主义生产方式的萌芽，江南地区的商业和手工业繁盛，商品经济大力发展，教育得到了较好的普及，市民的文化水平普遍提高，社会思潮也随之发生了变化。此外，对外交流持续发展，新思潮不断涌现，传统思想与新思想发生了冲突，以王阳明为首的创新派反对用社会道德规范束缚人，反对程朱理学提倡的儒家思想，提高了平民的社会地位。明末清初以顾炎武、黄宗羲、王夫之、李颙等为代表新式士大夫和新兴的士民代表反对空谈，主张关心时政，提倡以"实习、实讲、实行、实用之学"经世致用的新学风。在这种思想的影响下，越来越多的知识分子对能够促进手工业发展的科学技术产生了浓厚的兴趣，尤其是当西方的传教士携西洋科技到来后，对他们这批人产生了极大的吸引力，如明朝万历年间，意大利传教士利玛窦广交中国官员和社会名流，传播西方天文、数学、地理等科学技术知识。徐光启、杨廷筠、李之藻等跟随利玛窦学习西方科学知识，并出版各类科学书籍，这促使科学技术得到了空前的发展。有些表现科技的图画还被雕刻于碑刻之上，而且科技又促进了工艺技术的发展，使碑刻的雕刻技艺得到了更大的提高。

新思潮的产生使得文人与平民之间的社会关系日趋密切，彼此间文化活动频繁，并加速融合，从而使一般的市民文化的审美意识快速提升，这种审美意识的提高大大削弱了传统绘画艺术作品中的贵族气息，从而使高雅的趣味让位于世俗的真实，山水、人物、花鸟及民间绘画都伴随着审美观念的转变而向着平民化、个性化、商业化的方向发展。民间艺术、宫廷艺术、文人艺术之间的交流与融合，使明清时期的花鸟画发展到了又一个高峰。与此同时，市民审美意识的提高又对碑刻纹样的发展产生了深刻的影响。

三、社会阶层的变化

商品经济和手工业的发展使平民阶层的劳动依附关系逐渐减弱，商人和手工业者的人员日益增多，社会阶层明显地发生了变化。16 世纪的中国，民间曾广为流行一句话："士而成功也十之一，贾而成功也十之九。"①从这句话可以看出当时从商者的地位很高，在这种思想影响下，"弃儒就商"自然变得蔚然成风，并且导致商人群体的迅速扩大。至 16 世纪末，商人在全国各地大量出现，并成为城市商业活动中的中坚力量。②随着商人的大量出现，以乡缘为联结纽带的商帮开始形成，如徽商、晋商等行走于天下，素有"钻天洞庭遍地徽"③的谚语流传。一方面，商业的发展带动了手工业的发展，碑刻这一传统的手工技艺也得以发展，碑刻刻工的社会地位得到提高。明朝中期以后，又出台了工匠匠作制度，政府规定工匠征银，许多工匠可以不再服徭役。明洪武元年（1368），设置吏、户、礼、兵、刑、工六部④，手工业者一律编入匠籍，称为匠户，匠户隶属官府。一旦编入匠籍，便世役永充，子孙承袭，生活的最主要内容就是为官营手工业从事劳作。民匠构成了明代官营手工业生产的主体，他们是社会物质财富和精神文化的主要创造者。⑤明代官营手工业体系庞杂、生产规模巨大，其生产产品的种类也异常繁多，碑刻工艺作为其中的手工业之一在这种体系下也得到细化和程式化发展。⑥此外，随着商品经济的发展，刻工所刻的碑刻被刊刻转印成书籍，可以直接投入市场出售，而这又导致碑刻刻工队伍的进一步扩大。另一方面，商人具有雄厚的经济实力，他们期望树立"既儒又雅"的形象，于是对碑刻书法艺术的投资甚为积极，如清代扬州盐商广泛收集字画碑帖，大兴养士之风，并刊刻各类书籍，这极大地推动了碑刻艺术的发展。可见商业经济的发展促进社会阶层的变化，并使得刻工的社会地位日益提高。凡此种种，皆带动了明清碑刻艺术的极大发展。

四、对外交流的扩大

15—16 世纪，西方的资本主义已启其端绪，资产阶级革命的先声——

---

① 张海鹏、王廷元主编：《明清徽商资料选编》，合肥，黄山书社，1985 年，第 251 页。
② （明）张瀚：《松窗梦语》卷四《商贾纪》，盛冬铃点校，北京，中华书局，1985 年，第 80—87 页。
③ 薛宗正：《明代徽商及其商业经营》，见《江淮论坛》编辑部编：《徽商研究论文集》，合肥，安徽人民出版社，1985 年，第 76 页。
④ 童书业：《中国手工业商业发展史》（校订本），北京，中华书局，2005 年，第 199 页。
⑤ 白寿彝总主编：《中国通史》，上海，上海人民出版社，1989 年，第 795 页。
⑥ 李传文：《明代匠作制度研究》，中国美术学院硕士学位论文，2012 年。

文艺复兴达到极盛时期，他们的科学技术、艺术和商业都已非常发达，并且有了向外扩张的迹象，他们积极向东方探索，访华之传教士越来越多，东西方交流的渠道也由此得到进一步拓展。在此期间，意大利、德国等地的欧洲耶稣会传教士竞相来华，这些传教士大都知识渊博，他们在给中国人带来欧洲宗教神学的同时，也将近代的世界观念及西方的自然科技成就广泛传播于中国学术界，从而拓宽了部分中国人的眼界，并以丰富的知识吸引了中国的文人士大夫阶层，甚至得到了皇帝的器重。因此，传教士的到来促进了东西方文化的交流。福建泉州的基督教和伊斯兰教墓碑显示，到了明清时期，很多传教士和商人来华传教和经商。明清时期遗留的这些基督教碑刻很好地印证了当时对外交流的发展。此时对外交流的扩大与明清政府宽松的对外政策有很大的关系。1557 年，明政府正式宣布开海进行贸易。史载："隆庆改元，福建巡抚都御史涂泽民请开海禁，准贩东西二洋。"[①]清代西洋文化不断流入，这股"西洋风"对中国传统文化的冲击，也引发了中国文化的转型。

对外交流的扩大一方面发展了中国的经济；另一方面也促进了文化艺术的发展。明清时期人们对西洋风格装饰纹样的借鉴改变了中国传统的审美文化，一些碑刻装饰纹样也有西化的影子，如明庠生对□宋公墓志，该墓志上的边饰缠枝纹样明显地受到巴洛克风格的缠枝纹样的影响。又如表 6-4 Ⅳ式中的三晋祠碑，该碑中的缠枝纹形似西番莲纹。明清时期，西番莲纹缠枝纹样运用得非常广泛，织锦、瓷器等上也出现了很多的该种纹样。西番莲又称"西洋花""西洋莲""西洋菊"，是生长于西方的一种植物，径干匍地而生，花朵略似中国的牡丹，花色淡雅，呈勾卷状，开花季节从春至秋，春天时节藤压地，自生根，隔年凿断分栽。西番莲纹早在元代就已传入我国，至明清时期大量运用，这与当时人们对西方文化盲目崇拜的社会风气有关。西番莲纹表现手法通常是以一朵或几朵花为中心，向外伸展枝叶，还可以根据装饰载体的构件形态随意延伸。流行于明清的西番莲纹，也是云勾状"回回"花纹的形式之一。西番莲纹线条流畅，变化多样，可以根据不同装饰部位随意延伸，各部分衔接巧妙，很难分出它们的头尾，西番莲花纹因既可做大面积的装饰，又可做边缘装饰，故在器物装饰上得到大量运用，在碑刻中多以缠枝纹形式装饰在碑侧；也有雕刻于碑额部位的，如表 6-1 Ⅲ式中的孝藏庄□世界海图并说，该碑的碑额中间刻字，围绕字体的上部、左右部位雕刻单枝西番莲纹。

---

① （明）张燮：《东西洋考》，谢方点校，北京，中华书局，2000 年，第 2 页。

五、其他绘画艺术和工艺美术的影响

明清时期民间美术也得到了空前的发展，民间美术中表现寓意题材的装饰画面和构图形式也直接影响着碑刻纹样的样态，如蓝印花布、蜡染、刺绣、木版画等民间美术的装饰风格常被借鉴于碑刻。民间美术题材中的吉祥主题表现得最多，碑刻边饰中对其之借鉴运用比前朝明显增多。民间美术中的画面往往在表现形式上强调完美，追求完整的构图，将所表现的内容全部收入画面，或将所表现的内容安排于一定的形状内，如圆形、菱形、福字形、寿字形等，既增强了画面的装饰性，又使画面的寓意更加深刻。此外，民间美术的特点还表现在其画面的简练，注重夸张，强调性格，以平面化的造型给人以严格而又亲和的美感，在碑刻纹样中也体现出其这方面的特点。

明清时期是我国工艺美术全面发展的时期。金属工艺方面出现了金碧辉煌的景泰蓝、色泽多样的宣德炉；瓷器方面出现了淡雅文静的青花瓷、色彩丰富的粉彩瓷；丝织方面以明代织锦为代表，雍容大方，气势恢宏；明式家具以典雅的造型、讲究的用料及精巧的制作成为古典家具的典范；等等。这些工艺的发展除了制作精细外，更多的体现在其纹样的丰富性上，新的工艺使纹样的装饰性更加丰富多样，表现出近乎奢侈华丽之烦冗淫巧的风气，使该时期碑刻纹样也多表现出满密繁缛之风。

六、科学技术的发展

明清时期，对外交流的扩大促进了科技的发展，明代雕版印刷的发展印证了科学技术的进步，并且带动了刻书业的迅速发展，而一些刻书正是以碑刻上记载的文字转刻成书的，在碑刻的刊刻过程中新技术的运用提高了刻书的艺术效果。尤值一提的是，这些刻书现象在明代流行于南方长江流域，这与前面所提到的碑刻从北方开始大量转向流行于南京、苏州一带是吻合的。另外，明清时期重视教育，书院的发展、藏书风气的形成，均带动了书籍的发展。明代时期藏书成为一种文化风尚，极为盛行，尤其是苏州地区的藏书更甚。据统计，明代著名藏书家有 427 人[①]，藏书数量在万卷以上之藏书家有 231 人，其中隶属苏州籍的有 32 人，占 13.9%之多。[②]如论者所云："吾邑以藏书之名著闻于海内者，自元明迄今，踵若

---

① 吴枫：《中国古典文献学》（第 2 版），济南，齐鲁书社，2005 年，第 210 页。
② 范凤书：《中国私家藏书史》，郑州，大象出版社，2001 年，第 168—187 页。

相接，其遗编散帙，流传四方。好事者得之，或谓虞山某氏之收录，或谓琴川某人之所题识，以相引重。"[①]"旧时苏州有'刻书赛积德，藏书胜藏金'之说。"[②]藏书的发展带动了刻书业的发展，刻书业的发展又促使刻工技艺得以提高。有些刻工除了刻书之外还从事碑刻的雕刻，他们将这些新的技术运用到碑刻的雕刻中，使得明清时期碑刻纹样在刻工上更加精细繁复。

第二节　明清碑刻纹样研究

一、繁杂易变的云纹

明清碑刻云纹在前朝的基础上呈多种样式并行发展的趋势，明代云纹在碑刻上出现较多的是如意云纹。如意云纹组合形式变化多样，有的在卷云的基础上变化如意；有的如意云纹还带有双尾或多尾形成组合式的变化特征；有的如意云纹形成二方连续纹样；有的如意纹进行多组叠加。凡此种种，明代的四合如意云纹在碑刻上所见最多。此外，还有线条舒展的卷云纹、空灵蕴藉的如意云纹和朵云纹、各式各样的团云纹。明代的团云纹在结构上呈现鲜明的平面组合性，注重对称性和秩序感，一般带有吉祥含义，构图清新典雅，颇具文儒高士之意趣。清代的云纹更为丰富多彩，除了卷云纹、朵云纹、团云纹、如意云纹、灵芝云纹外，该时期发展起来的叠云纹最具时代特色。叠云纹是一种呈面状展开，颇为铺张、繁杂的云纹类型。它一般由层叠茂密的勾卷云头，加上弯转曲折、流动通畅的排线云躯来构成，多作碑额部位的满铺装饰，或在碑侧做边饰，具有自由多变、连绵不断的艺术特色。叠云纹装饰富有层次感，从内向外涟漪般层层推移的同形反复使图案化的云纹通过叠加的形式而具有"立体感"，这正体现了清代追求满雕密饰、富丽繁复的审美效果。与明代云纹相比，清代的云纹构图更加丰富，多与福、寿等题材组合构图，吉祥寓意更加明显。因此，清代的云纹多与如意纹相连，无论是卷云纹、团云纹，还是朵云纹都带有如意纹的图案特征，故多表现为综合性的云纹特点，极富装饰性。

明代碑刻云纹分类见表6-1。

---

① （清）郑钟祥、张瀛修，（清）庞鸿文等纂：《光绪常昭合志稿》卷三二《藏书家》，《中国地方志集成·江苏府县志辑》22，南京，江苏古籍出版社，1991年，第21页。

② 谢国桢、张舜徽等：《古籍论丛》，福州，福建人民出版社，1982年，第403页。

表 6-1　明代碑刻云纹分类

类型	纹样	著录	来源
I 式碑侧如意云纹		处士何公俭何母程氏墓志,明成化十七年(1481),志长 56 厘米,宽 33 厘米,厚 2.5 厘米。重庆铜梁双山乡出土,现藏于重庆铜梁区文物管理所	笔者绘制
		方锐墓志,明嘉靖二十五年(1546),北京朝阳东大桥出土,拓片长、宽均为 86 厘米,盖长、宽均为 87 厘米,严嵩撰,费寀正书,崔元篆盖	笔者绘制
		中惠大夫山西按察司副使张公墓志,明嘉靖二十九年(1550),河北张家口宣化区下八里村北出土,现藏于张家口市宣化区文物管理所	笔者绘制
		卫守正墓志,明隆庆二年(1568),北京石景山模式口出土,拓片长 88 厘米,宽 89 厘米,盖长、宽均为 88 厘米,徐阶撰,李春芳正书,朱希忠篆盖	笔者绘制
		陈景行妻张氏墓志,明隆庆六年(1572),北京朝阳小猪店出土,拓片长 92 厘米,宽 93 厘米,盖长、宽均为 93 厘米,吕调阳撰,王希烈正书,徐文璧后盖	笔者绘制
		嘉议大夫巡抚宣府等处地方赞理军务都察院佥都御史张公墓志,明隆庆七年(1573),盖长 98 厘米,宽 98 厘米,盖文 5 行,满行 5 字。篆书。周边为串枝花纹。志文 42 行,满行 44 字。正书。河北定兴出土,具体地点不详。现藏于定兴县文物保护管理所	笔者绘制
		张溶墓志,明万历九年(1581),北京丰台赵辛店张家镇出土,余有丁撰,徐文璧正书,吴继爵篆盖	笔者绘制
		都察院右都御史邯郸张公故配诰封淑人蔚氏墓志,明万历十五年(1587),河北邯郸市王乡村北出土。现藏于邯郸文物管理处	笔者绘制

续表

类型	纹样	著录	来源
I式碑侧如意云纹		恩荣儒官周公待封孺人周母成氏合葬墓志，明万历十六年（1588），河北张家口宣化区出土，现藏于张家口市宣化区文物管理所	笔者绘制
		李如松墓志，明万历二十六年（1598），北京丰台赵辛店出土，赵志皋撰，常胤绪正书，郭大诚篆盖	笔者绘制
		华藏寺铜殿记，明万历三十一年（1603），石碑在四川峨眉，拓片高132厘米，宽78厘米，王毓宗撰，吴士端集王羲之行书，朱廷维刻，此本系陆和九旧藏。四边刻缠枝云纹	笔者绘制
		郭孺人白氏合葬墓志，明崇祯十三年（1640）刻，志长73厘米，宽76.5厘米，厚16.5厘米；盖长73厘米，宽71厘米，厚17.5厘米；盖文3行，满行4字，篆书，周边为流云纹。志文27行，满行30字。正书。周边也为流云纹，志右上角断失。1982年河北张家口宣化区二台子旧砖厂出土，现藏于张家口市宣化区文物管理所	笔者绘制
		内官监太深泉宋公墓志，明万历四年（1576），河北深州下博乡赵村出土。1993年征集。现藏于深州市文物保管所	笔者绘制
		明邑庠生霍亭李公墓志，明天启五年（1625），志长94厘米，宽94厘米，厚17.8厘米，志文33行，满行34字。正书。周边为朵云纹。盖失。河北大名南门口征集，现藏于大名县文物保管所	笔者绘制
		诰封夫人许母郭氏墓志，明崇祯十四年（1641），志长74厘米，宽73厘米，厚13厘米。志文34行，满行42字。正书。周边为流云文，盖失。河北张家口宣化区泥河子村北出土，现藏于张家口市宣化区文物管理所	笔者绘制

续表

类型	纹样	著录	来源
Ⅰ式碑侧如意云纹		太师兼太子太师保国公追封宣平王朱永夫人张氏墓志，明代，志长80厘米，宽80厘米，厚16厘米。志文29行，满行33字。正书。周边为流云纹。盖失。河北张家口宣化区四方台朱家填出土，现藏于张家口市宣化区文物管理所	笔者绘制
Ⅱ式碑额如意云纹		慧昙塔碑，明永乐八年（1410），石碑在江苏南京钟山，拓片通高142厘米，宽71厘米，宋濂撰，刘基正书并篆额，屠士章刻	北京图书馆金石组编：《北京图书馆藏中国历代石刻拓本汇编51（明）》，郑州，中州古籍出版社，1989年，第57页
		天妃灵应记，明宣德六年（1431），石碑在福建长乐，拓片通高154厘米，宽75厘米，正书，额篆书，此碑记郑和下西洋事	北京图书馆金石组编：《北京图书馆藏中国历代石刻拓本汇编51（明）》，郑州，中州古籍出版社，1989年，第59页
		法华寺碑，明正统二年（1437），石碑在北京昌平上庄村银山。拓片阳通高167厘米，宽70厘米，阴高130厘米，宽70厘米，杨溥撰，夏昶正书，程南云篆额	北京图书馆金石组编：《北京图书馆藏中国历代石刻拓本汇编51（明）》，郑州，中州古籍出版社，1989年，第62页
		底哇答思塔铭，明正统三年（1438），石碑在北京门头沟潭柘寺，拓片连额通高135厘米，宽69厘米，程南云撰并正书及篆额	北京图书馆金石组编：《北京图书馆藏中国历代石刻拓本汇编51（明）》，郑州，中州古籍出版社，1989年，第90页
		重建白鹿洞书院碑，浅浮雕祥云，明正统八年（1443）	笔者拍摄
		开元寺碑，明正统十年（1445），石碑在北京东城慈寿寺，拓片阳通高174厘米，阴通高170厘米，宽均高68厘米，赵琬撰，范寅正书，何寅篆额，阴额正书	北京图书馆金石组编：《北京图书馆藏中国历代石刻拓本汇编51（明）》，郑州，中州古籍出版社，1989年，第64页
		正阳门宣课司并分司公廨四至碑，□□□□年，石碑在北京西城虎坊桥都土地祠，拓片通高130厘米，宽63厘米。正书，额篆书	笔者绘制

续表

类型	纹样	著录	来源
		王□□碑，明成化十一年（1475），石碑在北京海淀。拓片通高 157 厘米，宽 67 厘米	笔者绘制
		王氏先茔碑，明正德□□年，石碑在北京顺义北东丰乐村西，拓片通高 110 厘米，宽 48 厘米，贾咏正书，额篆书，立碑年号仅存一"正"字，考书人贾永系弘治丙辰科进士，碑当立于正德年间	笔者绘制
		□□寺碑，明正德六年（1511），石碑在北京房山，拓片阳通高 284 厘米，宽 86 厘米，碑阴通高 156 厘米，宽 86 厘米，额高 47 厘米，宽 46 厘米	笔者绘制
Ⅱ式碑额如意云纹		宗儒祠记，明嘉靖二年（1523），碑头为变形云纹，碑身四周为卷草纹，碑头形制独特	笔者绘制
		范氏心箴碑，明嘉靖六年（1527），石碑在北京东城国子监，拓片通高 88 厘米，宽 153 厘米，宋范仲淹撰，世宗朱厚熜注，行书，额篆书	笔者绘制
		城隍庙田记，明嘉靖二十一年（1542），石碑在北京昌平城内，拓片通高 136 厘米，宽 64 厘米，刘一麟行书，额篆书，王□刻	笔者绘制
		大悲殿碑，明嘉靖二十九年（1550），石碑在北京石景山八大处，拓片阳、阴均通高 138 厘米，宽 68 厘米，正书	笔者绘制

类型	纹样	著录	来源
Ⅱ式碑额如意云纹		关帝庙碑，明隆庆元年（1567），石碑在北京昌平北流白羊城村，拓片阳、阴均通高 186 厘米，宽 69 厘米，卫高撰并正书，额双勾篆书，张明刻	笔者绘制
		城隍庙碑，明隆庆二年（1568），石碑在北京昌平北流白羊城村，拓片阳、阴均通高 178 厘米，宽 69 厘米，卫高撰，正书，额篆书，张明刻	笔者绘制
		天仙行宫碑，明隆庆六年（1572），石碑在北京昌平北流白羊城村，拓片阳、阴均通高 155 厘米，阳宽 70 厘米，阴宽 68 厘米，正书，额双勾篆书，张明刻	笔者绘制
		北岳行宫诗碑，明代，石碑在河北曲阳，拓片高 208 厘米，宽 81 厘米，郑一麟撰并正书	笔者绘制
		国子监祭酒司业题名记，明万历四年（1576），石碑在北京东城，拓片通高 206 厘米，宽 85 厘米，孙应鳌正书，额篆书，上记，下题名，此碑系就原碑洗磨后重刻	笔者绘制
		观音堂碑，明万历八年（1580），石碑在北京房山南尚乐石窟铁匠营，拓片阳、阴均通高 124 厘米，宽 63 厘米，洪雨撰，高禄正书，阳额篆书，杨进孝刻，阳额刻一光环，阴提名	笔者绘制
		月心塔铭，明万历十二年（1584）姑洗夐蒌五叶立于北京海淀北太平庄笑祖塔院，拓片通高 115 厘米，宽 54 厘米，罗汝芳正书，额篆书	笔者绘制
		关王庙记，明万历十六年（1588），石碑在河北廊坊安次区，拓片通高 135 厘米，宽 57 厘米，李应期撰，正书，额篆书，赵得功刻	笔者绘制

续表

类型	纹样	著录	来源
Ⅱ式碑额如意云纹		郑堂及妻李氏墓碑，明万历二十六年（1598），石碑在北京房山朱各庄，拓片高132厘米，宽64厘米，正书	笔者绘制
		刘公墓碣，明万历十九年（1591），石碑在北京海淀，拓片高55厘米，宽50厘米，正书	笔者绘制
		二郎庙题名碑，明万历二十八年（1600），石碑在北京丰台樊家村，拓片通高117厘米，宽58厘米，正书，额篆书	笔者绘制
		石窝神庙题名碑，明万历三十年（1602），石碑在北京房山大石窝镇，拓片通高73厘米，宽40厘米，正书，丁自然、李籍刻	笔者绘制
		周贵生矿碑，明万历三十二年（1604），石碑在北京市昌平沙河镇路庄村，拓片通高150厘米，宽61厘米，正书，额篆书	笔者绘制
		晋阳寺碣，明万历四十四年（1616），碣在北京延庆永宁镇，拓片连额通高109厘米，宽52厘米，朱衣点撰，僧明照正书，任朝魁镌	笔者绘制
		阿羌加墓碑，明万历四十五年（1617），云南出土，拓片连额通高94厘米，宽59厘米，阳文正书，额刻画像并梵文五字	笔者绘制

续表

类型	纹样	著录	来源
Ⅱ式碑额如意云纹		关帝庙碑，明天启元年（1621），石碑在北京东城正阳门，拓片通高 136 厘米，宽 62 厘米，魏广微正书，额篆书，李淳镌	笔者绘制
		永广寺碑，明天启五年（1625），石碑在北京通州潞城镇侉子店村，拓片阳连额通高 154 厘米，阴连额通高 156 厘米，宽均为 58 厘米，尹□撰，正书，阴题目	笔者绘制
		石窝店创井碑，明崇祯二年（1629），石碑在北京房山大石窝镇南尚乐村，拓片通高 138 厘米，宽 61 厘米，正书，额双勾题，邵思科镌	北京图书馆金石组编：《北京图书馆藏中国历代石刻拓本汇编 59（明）》，郑州，中州古籍出版社，1989 年，第 13 页
		承恩寺碑，明崇祯十一年（1638），石碑在北京昌平流村西北白羊城村，拓片通高 122 厘米，宽 52 厘米，任重撰，正书，额双勾题	北京图书馆金石组编：《北京图书馆藏中国历代石刻拓本汇编 60（明）》，郑州，中州古籍出版社，1989 年，第 89 页
		文天祥像赞，明代，石碑在北京东城府学胡同文丞相祠，拓片通高 128 厘米，宽 80 厘米，额上截篆书，下截正书自赞	笔者绘制
		重修白鹿洞书院碑，碑额四边为多种形式的云纹，碑身为缠枝纹，明代	笔者绘制
		慈云寺五十三峰圣境图并记，□□年，石碑在河南巩义，拓片长 147 厘米，宽 76 厘米，（僧）卧云正书记，刘宽镌	北京图书馆金石组编：《北京图书馆藏中国历代石刻拓本汇编 59（明）》，郑州，中州古籍出版社，1989 年，第 159 页

续表

类型	纹样	著录	来源
Ⅲ式 卷云纹		秀峰庵碑，明嘉靖十年（1531），石碑在北京门头沟妙峰山镇禅房村，拓片连额通高 126 厘米，宽 54 厘米，黄绅正书，尾刻崇祯元年二月八日陈国宝、彦应祯题记	笔者绘制
		李辉墓碑，明万历四十七年（1619），石碑在云南，拓片连额通高 91 厘米，宽 57 厘米，正书，额刻画像并梵文五字	笔者绘制
		刘武墓志边饰，明代	笔者绘制
Ⅳ式棉 朵云纹		北岳祈雨碑，明成化七年（1471），石碑在河北曲阳，拓片通高 170 厘米，宽 87 厘米，傅恕撰，正书	笔者绘制
		关王庙碑，明万历二年（1574），石碑在河北深州，拓片阳通高 149 厘米，阴通高 145 厘米，均宽 66 厘米，正书，阳题名	笔者绘制
		乐王庙碑，明万历二十九年（1601），石碑在北京朝阳十八里店老君堂，拓片连额通高 156 厘米，宽 69 厘米，高承祚撰，正书	笔者绘制
		缙山书院经费记，明代，石碑在北京延庆永宁镇，拓片通高 143 厘米，宽 65 厘米，正书，额篆书，阴续刻记文	笔者绘制

Ⅰ式碑侧如意云纹特点：碑侧如意云纹多为四合如意，即四个如意形组合成一个圆形，再加上行云纹，二者共同组合成一个单元在碑侧上形成二方连续纹样。行云有的与四合如意云纹连接起来，有的独立，但行云在构图上有多种形式，有的为 Z 形，如方锐墓志；有的呈"工"字形，如中惠大夫山西按察司副使张公墓志、陈景行妻张氏墓志、都察院右都御史邯郸张公故配诰封淑人蔚氏墓志、恩荣儒官周公待封孺人周母成氏合葬墓志、内官监太深泉宋公墓志；有的呈 S 形，如郭孺人白氏合葬墓志、诰封夫人许母郭氏墓志；有的呈尖尖的三角状，如太师兼太子太师保国公追封宣平王朱永夫人张氏墓志；还有的呈流水状，如张溶墓志。

Ⅱ式碑额如意云纹特点：碑额的如意云纹与碑侧如意云纹既有相同之处，也有不同的构图形式。碑额如意云纹多见四合如意，但四合的组合有的较紧密连接形成一个圆形，如天妃灵应记；有的松散，如正阳门宣课司并分司公廨四至碑；还有三合如意形态的，如王□□碑和□□寺碑；有的螺旋式层层叠加形成一个紧密的圆形，如重建白鹿洞书院碑。碑侧中的行云多与如意云纹相连接，看似拖着的尾巴，有的仅往下勾勒出行纹；还有的在如意云纹的两边勾勒行云纹，使之呈水平方向排列，如城隍庙碑、天仙行宫碑、北岳行宫诗碑，这种形式排列的如意云纹为三合式如意云纹；有的围绕四合如意云纹的上下左右四个方向横着排列行云纹，这种形式在碑额中所见也较多，如观音堂碑、郑堂及妻李氏墓碑、二郎庙题名碑、石窝店创井碑等；在碑额中与碑侧最与众不同的如意云纹是在如意云纹的下面竖着刻画多条细长的行云纹，使之形成如云朵下飘雨的感觉，如慧昙塔碑、底哇答思塔铭、慈云寺五十三峰圣境图并记等。由此可见，明代云纹不仅造型多样化，在构图形式上也极其丰富。

Ⅲ式卷云纹特点：该式卷云纹的形式有的延续前朝特点，如李辉墓碑和刘武墓志；有的云头改变成近似分散的如意的形式进行随意卷曲，并在其下面添加卷曲的长线条，如秀峰庵碑。

Ⅳ式棉朵云纹特点：棉朵云纹是在如意云纹的基础上进行变化的，就单朵云纹来看，由内向外层层叠加，形成螺旋状，看似一朵盛开的花；有的以螺旋状的叠加云纹为单独纹样无规则地排列在碑额部位，如北岳祈雨碑；有的在叠加云纹下面还加上细长的曲线，使画面更加丰富，如关王庙碑和缙山书院经费记等。

清代碑刻云纹分类见表 6-2。

表 6-2　清代碑刻云纹分类

类型	纹样		著录	来源
I 式 卷云纹			柏永吉墓碑，清顺治十七年（1660），石碑在北京丰台菜户营，拓片阳、阴均通高 110 厘米，宽 58 厘米，正书，额双勾题，阴立碑年月及立碑人题目	笔者绘制
			观音庵碑，清康熙十二年（1673），石碑在北京房山张家庄，拓片连额通高 84 厘米，宽 52 厘米，僧境空撰，僧明瑞正书	笔者绘制
			名宦乡贤木主碑，清康熙二十四年（1685），拓片通高 195 厘米，宽 91 厘米，正书，额双勾横题，石碑在广西桂林	笔者绘制
			金刚般若波罗蜜经，清康熙三十年（1691），拓片阳、阴碑身均高 208 厘米，宽 97 厘米，阳额高 102 厘米，阴额高 100 厘米，宽 107 厘米，正书，额三世佛造像（上为阴碑纹样，下为阳碑纹样）。石碑在北京房山云居寺	笔者绘制
			万佛寺后殿及珈蓝祖师左右丈室碑，清康熙四十一年（1702），拓片阳通高 124 厘米，宽 53 厘米，阴碑身高 87 厘米，宽 50 厘米，额高 16 厘米，宽 15 厘米，正书，额篆书，阴题目，石碑在北京西城小黑虎胡同	笔者绘制
			苏海妻萨尔施拖氏墓碑，清康熙五十二年（1713），拓片连额通高 136 厘米，宽 54 厘米，正书，汉满文合璧，石碑在北京海淀甘家口白堆子	笔者绘制
			宣城义冢碑，清乾隆三年（1738），石碑在北京东城西草市东街，拓片通高 130 厘米，宽 54 厘米，梅毂成撰并正书，额篆书	笔者绘制

续表

类型	纹样	著录	来源
I 式卷云纹		马神庙碑，清乾隆三年（1738），石碑在北京丰台马神庙村，拓片通高 137 厘米，宽 69 厘米，正书，额阳文	笔者绘制
		关帝庙碑，清乾隆十一年（1746），石碑在北京房山大石窝镇南尚乐村，拓片通高 148 厘米，宽 69 厘米，苏成撰，行书，额双勾正书	笔者绘制
		关帝庙碑，清乾隆二十四年（1759），石碑在北京门头沟北岭平地村，拓片连额通高 134 厘米，宽 50 厘米，贾昭昱正书	笔者绘制
		刘王氏舍地碑，清乾隆二十八年（1763），石碑在北京房山云居寺，拓片连额通高 107 厘米，宽 61 厘米，正书	笔者绘制
		山神庙碑，清乾隆二十九年（1764），石碑在北京房山磨碑寺，拓片连额通高 112 厘米，宽 47 厘米，正书	北京图书馆金石组编：《北京图书馆藏中国历代石刻拓本汇编 72（清）》，郑州，中州古籍出版社，1989 年，第 45 页
		南大庙□井碑，清乾隆三十一年（1766），石碑在北京房山大石窝镇南尚乐村，拓片连额通高 120 厘米，宽 56 厘米，林念德撰并行书，额双勾书	笔者绘制
		隆阳宫香火地碑，清乾隆三十一年（1766），石碑在北京房山大石窝镇南尚乐村，拓片通高 160 厘米，宽 75 厘米，许之蕙正书，崔懋霖双勾篆额，刘长宗镌	笔者绘制
		隆阳宫碑，清乾隆三十一年（1766），石碑在北京房山大石窝镇南尚乐村，拓片连额通高 160 厘米，宽 74 厘米，高廷宰撰并正书，高廷儒镌	笔者绘制

续表

类型	纹样	著录	来源
		关帝庙碑，清乾隆三十二年（1767），石碑在北京昌平东门外，拓片通高 132 厘米，宽 65 厘米，侯效良撰并正书，额双勾题，张折桂镌	笔者绘制
		张有相及妻李氏墓碑，清乾隆三十六年（1771），石碑在北京房山独树村，拓片连额通高 130 厘米，宽 63 厘米，正书	笔者绘制
		关圣帝君觉世文，清乾隆四十七年（1782），石碑在北京海淀香山厢红旗，拓片通高 125 厘米，宽 44 厘米，苏麟正书，额篆书	笔者绘制
I 式 卷云纹		琼州会馆碑，清乾隆四十七年（1782），石碑在北京东城大外廊营胡同，拓片连额通高 170 厘米，宽 69 厘米，吴典撰，正书	笔者绘制
		义学碣，清嘉庆五年（1800），石碑在北京昌平细沙屯，拓片通高 135 厘米，宽 53 厘米，正书，额双勾题	笔者绘制
		关帝庙碑，清嘉庆七年（1802），石碑在北京海淀香山正蓝旗，拓片连额通高 114 厘米，宽 52 厘米，正书	笔者绘制
		观音庵碑，清嘉庆十三年（1808），石碑在北京房山南尚乐惠南庄，拓片阳通高 164 厘米，宽 71 厘米，苏在湄撰，陡凌云正书，王树本刻，阴刻《重绩曹溪派序》	笔者绘制

续表

类型	纹样	著录	来源
I式 卷云纹		岱清阿妻刘氏节烈碑,清道光元年(1821),石碑在北京丰台湾子村,拓片连额通高114厘米,宽42厘米,正书	笔者绘制
		捐资题名碑,清道光二十一年(1841),石碑在北京门头沟戒台寺马鞍山,拓片连额通高68厘米,宽39厘米,正书	笔者绘制
		郝生墓碑,清咸丰五年(1855),石碑在北京海淀大钟寺皂君庙,拓片连高150厘米,宽54厘米,正书,额篆书	笔者绘制
		广济宫山门碑,清光绪六年(1880),石碑在河北涿州无极屯,拓片阳、阴连额均通高160厘米,宽62厘米,刘鉴塘撰,隗郁文正书,王邦昌刻,阴题名	笔者绘制
		关帝庙碑,清光绪三十一年(1905),石碑在北京海淀二里庄,拓片通高127厘米,尾题名	北京图书馆金石组编:《北京图书馆藏中国历代石刻拓本汇编89(清)》,郑州,中州古籍出版社,1989年,第55页
		白鹿洞书院请议碑,碑额为变形云纹,清代	笔者绘制
		重兴白鹿洞记碑,波状式菊花卷草纹为碑身,碑额为变体云纹,清代	笔者拍摄

续表

类型	纹样	著录	来源
Ⅱ式三合如意云纹		观音庙碑，清康熙十一年（1672），石碑在北京东城正阳门，拓片碑身高 90 厘米，宽 48 厘米，额高 32 厘米，宽 51 厘米，黄械撰并行书，额篆书	笔者绘制
		五十三舍地碑，清康熙四十九年（1710），石碑在北京门头沟上岸栗园庄，拓片连额通高 126 厘米，宽 45 厘米，僧道材撰，正书	笔者绘制
		帅进忠墓碑，清雍正二年（1724），石碑在北京西城阜成门外三里河，拓片阳、阴均通高 162 厘米，宽 66 厘米，正书，额阿拉伯文，阴题目。（上为阴纹，下为阳纹）	笔者绘制
		李氏治地供祭记，清雍正十二年（1734），石碑在河北易县，拓片阳碑身高 91 厘米，宽 60 厘米，额高 33 厘米，宽 22 厘米，阴通高 136 厘米，宽 62 厘米，崔由义正书，徐奉禄镌刻	笔者绘制
		龙王庙碑，清乾隆五十一年（1786），石碑在北京门头沟三家店，拓片通高 135 厘米，宽 63 厘米，侯纯德撰，侯锡辂正书，侯锡钺双勾篆额	笔者绘制
		药王庙碑，清乾隆五十六年（1791），石碑在北京门头沟上岸桥户营村，拓片连额通高 135 厘米，宽 60 厘米，正书，李文亮、樊福旺刻	笔者绘制

续表

类型	纹样	著录	来源
Ⅱ式三合如意云纹		李进忠墓碑,清乾隆五十七年(1792),石碑在北京海淀北坞嘉园老公坟,拓片连额通高156厘米,宽64厘米,正书	笔者绘制
		常清观碑,清嘉庆四年(1799),石碑在北京昌平黑山寨,拓片连额通高124厘米,宽43厘米,僧道衲撰,正书	笔者绘制
		关帝庙碑,清嘉庆十六年(1811),石碑在北京海淀香山正蓝旗,拓片通高112厘米,宽57厘米,正书	笔者绘制
		磨碑寺药王庙碑,清同治四年(1865),石碑在北京房山大石窝镇南尚乐村东北畺上,拓片连额通高161厘米,宽71厘米,康天铎撰并正书,郝昌富刻	笔者绘制
		福缘善庆秧歌圣会碑,清光绪二年(1876),石碑在北京丰台造甲村,拓片连额通高127厘米,宽61厘米,正书	笔者绘制
Ⅲ式棉朵云纹		张进福墓碑,清乾隆二十八年(1763),石碑在北京海淀大钟寺皂君庙,拓片通高158厘米,宽69厘米,正书,额篆书	笔者绘制
		三义庙碑,清道光十二年(1832),石碑在北京房山张坊镇,拓片通高220厘米,宽73厘米,陈鉴撰,郭振正书	笔者绘制

续表

类型	纹样	著录	来源
Ⅲ式棉朵云纹		重修泰山记碑，清雍正九年（1731）	笔者拍摄、绘制
Ⅳ式带尾如意云纹		马鸣珮墓志，清康熙五年（1666），拓片高70厘米，宽74厘米，卫周祚撰，王弘祚正书，王熙篆盖，此本盖失拓	北京图书馆金石组编：《北京图书馆藏中国历代石刻拓本汇编61（清）》，郑州，中州古籍出版社，1989年，第66页
		郭礼诰封碑，清康熙二十九年（1690），石碑在北京朝阳得腾门外沟泥河村	笔者绘制
		观音龙王堂碑，清康熙四十五年（1706），石碑在北京房山良各庄长沟峪，拓片连额通高126厘米，宽61厘米，正书，周之瑞、方虎刻	笔者绘制
		八腊庙碑，清康熙五十一年（1712），石碑在北京昌平居庸关，拓片连额通高108厘米，宽53厘米，薄有德撰，正书，苗惠民刻	笔者绘制
		龙王庙施茶碑，清康熙五十三年（1714），石碑在北京昌平南大街，拓片连额通高136厘米，宽54厘米，陈时圣撰，正书，苗惠民刻，刻于顺治四年十一月"三教堂记"之阴	笔者绘制
		真武殿碑，清雍正十三年（1735），石碑在北京房山张坊，拓片通高134厘米，宽60厘米，许高卫撰并正书，额双勾题	笔者绘制

续表

类型	纹样	著录	来源
Ⅳ式带尾如意云纹		大有庄碑，清乾隆三十一年（1766），石碑在北京海淀青龙桥大有庄关帝庙，拓片阳通高137厘米，宽60厘米，阴高97厘米，宽57厘米，正书，额篆书，阴题名	笔者绘制
		关帝庙碑，清嘉庆十三年（1808），石碑在河北廊坊安次区，拓片通高136厘米，宽69厘米，谢元晖撰，金友谦正书，额篆书，王登云镌	笔者绘制
		慈氏不朽碑	笔者绘制
Ⅴ式通气云纹		岱宗坊，泰山记碑，雍正九年（1731）	笔者拍摄
		曲沃重修会馆碑，清乾隆二十四年（1759），石碑在北京西城虎坊桥路北。拓片阳通高152厘米，阴通高150厘米，均宽65厘米。苏惠民撰并正书，额篆书，阴两截刻，上序，下刻贾汉覆《曲沃会馆原记》	北京图书馆金石组编：《北京图书馆藏中国历代石刻拓本汇编71（清）》，郑州，中州古籍出版社，1989年，第164页
		高朗及妻武氏齐氏墓碑，清乾隆三十三年（1768），石碑在北京房山南尚乐高家庄，拓片通高194厘米，宽65厘米，正书，额双勾题	北京图书馆金石组编：《北京图书馆藏中国历代石刻拓本汇编72（清）》，郑州，中州古籍出版社，1989年，第179页
		施财置地齐僧功德碑，清乾隆四十五年（1780），石碑在北京房山云居寺，拓片连额通高146厘米，宽54厘米，正书	北京图书馆金石组编：《北京图书馆藏中国历代石刻拓本汇编74（清）》，郑州，中州古籍出版社，1989年，第67页

续表

类型	纹样	著录	来源
V式通气云纹		胡国用墓碑，清乾隆四十七年（1782），石碑在北京海淀老公坟，拓片通高 164 厘米，宽 61 厘米，正书，额篆书	北京图书馆金石组编：《北京图书馆藏中国历代石刻拓本汇编 74（清）》，郑州，中州古籍出版社，1989 年，第 121 页
		五华寺盘道碑，清乾隆五十九年（1794），石碑在北京海淀香山樱桃沟，拓片阳连额通高 138 厘米，阴连额通高 118 厘米，均宽 53 厘米，正书兼行书，阴刻六十年五月题名	北京图书馆金石组编：《北京图书馆藏中国历代石刻拓本汇编 76（清）》，郑州，中州古籍出版社，1989 年，第 73 页
		河东会馆碑，清嘉庆七年（1802），石碑在北京西城广安门内大街，拓片通高 212 厘米，宽 64 厘米，李发英撰，盖连长正书，额双勾篆书	北京图书馆金石组编：《北京图书馆藏中国历代石刻拓本汇编 77（清）》，郑州，中州古籍出版社，1989 年，第 115 页
		唐盛来等修庙建亭记，清道光元年（1821），石碑在河北曲阳文庙，拓片通高 182 厘米，宽 66 厘米，王植方撰，赵廷楠正书，王阑广题额	北京图书馆金石组编：《北京图书馆藏中国历代石刻拓本汇编 79（清）》，郑州，中州古籍出版社，1989 年，第 96 页
		观音殿碑，清道光十五年（1835），石碑在北京房山大石窝镇南尚乐村，拓片连额通高 160 厘米，宽 59 厘米，正书	北京图书馆金石组编：《北京图书馆藏中国历代石刻拓本汇编 80（清）》，郑州，中州古籍出版社，1989 年，第 78 页
		张聊纲及妻王氏崔氏墓碑，清咸丰五年（1855），石碑在北京房山，拓片连额通高 138 厘米，宽 60 厘米，正书	北京图书馆金石组编：《北京图书馆藏中国历代石刻拓本汇编 82（清）》，郑州，中州古籍出版社，1989 年，第 106 页
		不详	北京图书馆金石组编：《北京图书馆藏中国历代石刻拓本汇编 80（清）》，郑州，中州古籍出版社，1989 年，第 116 页

类型	纹样	著录	来源
V式通气云纹		不详	北京图书馆金石组编：《北京图书馆藏中国历代石刻拓本汇编 80（清）》，郑州，中州古籍出版社，1989 年，第 90 页
VI式其他云纹		五华寺盘道碑，清乾隆五十九年（1794），石碑在北京海淀香山樱桃沟，拓片阳连额通高 138 厘米，阴连额通高 118 厘米，均宽 53 厘米，正书兼行书，阴刻六十年五月题名	北京图书馆金石组编：《北京图书馆藏中国历代石刻拓本汇编 76（清）》，郑州，中州古籍出版社，1989 年，第 73 页
		河东会馆碑，清嘉庆七年（1802），石碑在北京西城广安门内大街，拓片通高 212 厘米，宽 64 厘米，李发英撰，盖连长正书，额双勾篆书	笔者绘制
		唐盛来等修庙建亭记，清道光元年（1821），石碑在河北曲阳文庙，拓片通高 182 厘米，宽 66 厘米，王植方撰，赵廷楠正书，王阑广题额	笔者绘制
		观音殿碑，清道光十五年（1835），石碑在北京房山大石窝镇南尚乐村，拓片连额通高 160 厘米，宽 59 厘米，正书	笔者绘制
		张聊纲及妻王氏崔氏墓碑，清咸丰五年（1855），石碑在北京房山，拓片连额通高 138 厘米，宽 60 厘米，正书	笔者绘制
		重修沧浪亭记碑，清康熙三十五年（1696）	笔者拍摄

类型	纹样	著录	来源
Ⅵ式其他云纹		李式福墓碑，清代，石碑在北京海淀北坞嘉园老公坟，拓片连额通高 191 厘米，宽 61 厘米，正书	笔者绘制
		龙王庙碑，清乾隆十七年（1752），石碑在北京昌平马池口龙山顶，拓片阳通高 126 厘米，阴高 124 厘米，均宽 69 厘米，杨清贻撰，何涛正书，额双勾篆书，杨有镌，阴刻捐资题名	笔者绘制
		行宫庙碑，清乾隆四十五年（1780），石碑在北京朝阳东直门外，拓片连额通高 140 厘米，宽 52 厘米，汪进孝撰并行书	笔者绘制
		钱保季书碑，清嘉庆十二年（1807）	笔者拍摄
		常守义墓表，清嘉庆十四年（1809），石碑在北京房山凤凰亭，拓片通高 128 厘米，宽 57 厘米，李棣光撰，高永清正书，额双勾题	北京图书馆金石组编：《北京图书馆藏中国历代石刻拓本汇编 78（清）》，郑州，中州古籍出版社，1989 年，第 51 页
		广生娘娘庙碑，清嘉庆二十年（1815），石碑在北京顺义城东大街，拓片通高 111 厘米，宽 61 厘米，正书，额双勾题	北京图书馆金石组编：《北京图书馆藏中国历代石刻拓本汇编 78（清）》，郑州，中州古籍出版社，1989 年，第 143 页
		冠山书院经费记，清道光五年（1825），石碑在北京延庆城北街，拓片阳、阴均通高 222、宽 80 厘米，周起瑶撰，申锡畴正书，伍延员双勾篆额，史万贵镌，阴刻捐资题名	笔者绘制
		金都督李公神道碑，清道光二十年（1840），碑首底部边缘纹样	笔者绘制

续表

类型	纹样	著录	来源
VI式其他云纹		宝法寺前殿碑，清咸丰二年（1852），石碑在北京昌平东三旗西北平西府，拓片连高134厘米，宽63厘米，张居寿撰，郭士龙正书，额双勾题	北京图书馆金石组编：《北京图书馆藏中国历代石刻拓本汇编82（清）》，郑州，中州古籍出版社，1989年，第44页
		熊国俊墓碑，清同治十年（1871），石碑在河北深州，拓片阳通高159厘米，阴通高163厘米，均宽52厘米，张映榴撰，正书，额篆书，阴刻记文	北京图书馆金石组编：《北京图书馆藏中国历代石刻拓本汇编84（清）》，郑州，中州古籍出版社，1989年，第56页
		善颐常存碑，清同治十三年（1874），石碑在北京房山云居寺，拓片连额通高118厘米，宽62厘米，正书	笔者绘制
		观音庵碑，清光绪四年（1878），石碑在北京海淀挂甲屯承泽园，拓片高135厘米，宽67厘米，正书	笔者绘制
		关帝庙碑，清光绪十一年（1885），石碑在北京门头沟上岸乡王村，拓片连额通高117厘米，宽54厘米，正书	北京图书馆金石组编：《北京图书馆藏中国历代石刻拓本汇编85（清）》，郑州，中州古籍出版社，1989年，第184页
		庆宁寺碑，清光绪十二年（1886），石碑在北京西城西四北八条，拓片碑身阳通高120厘米，阴高83厘米，均宽49厘米，额阴高、宽均为15厘米，正书	北京图书馆金石组编：《北京图书馆藏中国历代石刻拓本汇编86（清）》，郑州，中州古籍出版社，1989年，第17页
		王彰墓碑志，清光绪十五年（1889），石碑在河北平乡，拓片阳连额通高154厘米，宽64厘米，阴高123、宽65厘米，潘赫撰并正书，阴刻碑志文	笔者绘制
		刑肇源及妻孟氏墓碑，清光绪二十三年（1897），石碑在北京房山南尚乐前石门，拓片连额通高110厘米，宽38厘米，正书	北京图书馆金石组编：《北京图书馆藏中国历代石刻拓本汇编86（清）》，郑州，中州古籍出版社，1989年，第21页

续表

类型	纹样	著录	来源
Ⅵ式其他云纹		邢景恒墓碑，清光绪二十四年（1898），石碑在北京房山南尚乐前石门，拓片连额通高 99 厘米，宽 35 厘米，正书	笔者绘制

Ⅰ式卷云纹特点：清代的卷云纹卷曲得比较短，看似是将如意云纹的各个边分解后随意分布形成独立的卷曲形态。这些分解的如意云边在方向上任意排列，形成错综复杂的卷曲形，使画面显得繁密琐碎，如柏永吉墓碑、宣城义冢碑、南大庙口井碑等；有的看似行云纹，但云头又有如意纹的影子，云尾尖状；有的将这些琐碎的卷云形重新组合成一定的形状，如关帝庙碑即组合成三角形，隆阳宫香火地碑构成一个正方形；有的云头和云尾形成 180 度反向排列，从而形成有规律的秩序感，如万佛寺后殿及珈蓝祖师左右丈室碑。该种形式的卷云纹与前代的卷云纹在形态上完全不同，而且在清代碑刻的碑额中所见较多，通过图片对比我们可以看出，清代的卷云纹受如意云纹的影响较大。

Ⅱ式三合如意云纹特点：清代三合如意云纹是在明代四合如意云纹的基础上加以改变而来。其在构图上把四合如意云纹下方的一合去掉，即形成三合的形态。该种形式的如意云纹四周还布置行云纹，这点与明代的四合如意云纹四周雕刻行云纹有相似之处，如磨碑寺药王庙碑和福缘善庆秧歌圣会碑；有的是将单独的三合如意云纹沿水平方向排列，如观音庙碑和李进忠墓碑等。

Ⅲ式棉朵云纹特点：该云纹继承了明代棉朵云纹的特点，但在明代棉朵云纹的基础上略有变化，如清代的张进福墓碑与明代的乐王庙碑（表 6-1 Ⅳ式棉朵云纹），二者在构图上完全一致，即以独立的一个单元的棉朵云纹进行上下左右重复排列形成四方连续纹样，但棉朵的云头形态有差异，明代云头从如意形变化而来，更加偏向于圆形；清代的云纹略尖，云头的下方雕刻简单的行云形成下雨的效果。

Ⅳ式带尾如意云纹特点：该种形式的云纹也是继承明代四合如意云纹特点而进行变化的。明代该种形式的代尾如意云纹，其如意形为四合形，而清代该形式为单个的如意形，如马鸣珮墓志；但也有的为四合如意的，如八腊庙碑，围绕如意云纹所雕刻的行云纹形成如意纹的尾巴；有的为左右各雕刻一个，形成有秩序的二方连续纹样，如郭礼诰封碑；有的在上下左右四个方向各雕刻一个，如龙王庙施茶碑；有的在如意云纹的左上、左下、右上、右下四个角增添行云纹，如关帝庙碑和慈氏不朽碑等。

Ⅴ式通气云纹特点：该式云纹是清代云纹的创新形式，其特点是从上往下呈连通式，给人云雾缥缈的感觉。云头和云纹都呈卷曲状，有的云头为三合如意云，如胡国用墓碑；有的云头为灵芝云纹，如河东会馆碑；有的云头为随意的卷曲形，如唐盛来等修庙建亭记和张聊纲及妻王氏崔氏墓碑等。这种形式的云纹具有吉祥寓意，即青云直上之意，抑或隐含绵延不绝之意。

Ⅵ式其他云纹特点：清代云纹极其丰富多变，除了延续明代的各种云纹之外，还创新了各种形式的云纹，有的为继承前朝的灵芝云纹，如冠山书院经费记；有的近似柿蒂的柿蒂云纹，如广生娘娘庙碑。

总之，从以上明代和清代的云纹对比来看，清代云纹的形态明显更为丰富，有各式各样无法命名的云纹。徐丽慧和郑军编著的《中国历代云纹纹饰艺术》中将历代云纹的图像进行了列举，但该书中所列云纹还不够全面。从碑刻资料中所收集的云纹来看，除了《中国历代云纹纹饰艺术》中列举的云纹外，还有很多其他具有吉祥寓意的云纹，这说明明清云纹已达到发展的顶峰。

二、空前繁盛的缠枝纹

明清碑刻缠枝纹样少见花形缠枝的，多为叶片缠枝，叶片有的偏向写实，但大多为抽象的形态，围绕波状的中轴线上下对称分布叶片，使之形成均衡感、流动感；花卉纹样也进行了装饰变化，使之趋于图案化，其形看似如意纹样，可见当时如意纹流行之盛。碑刻纹样中的缠枝纹在构图上往往多在居中部位布置山纹和湖石。另有一个比较明显的特征即是云勾状卷曲的缠枝纹出现得较多。云勾状曲线实际上是对前朝纹样继承与再发展的典型体现。宋元时期，一种简洁的、纤细的、类似几何纹的云勾状曲线组成的缠枝纹已开始流行；到了明清时期，与之相搭配的花头造型，即在花瓣中呈云勾状的卷曲装饰开始出现，因为卷曲的形态都差不多，所以花头大多看似一个样，只能从花心的造型中区分出是牡丹或莲花，有的甚至已完全脱离了自然的花卉原形，而成为一种概念化的纹样造型形式。早在元代织锦纹样中，就已出现了花瓣向内卷呈旋涡状的卷花，中间花心装饰"寿"字纹，这一花卉纹样造型显然已经脱离了自然的植物形态，而呈现出符号化的抽象的花瓣造型。明清时期，这种云勾状曲线装饰的花头造型运用更加普遍，这种花头造型多饱满，中心花蕊有所不同，外层花瓣均为侧面花瓣作单面的旋涡状卷曲。这种云勾状卷曲缠枝纹装饰的兴盛直接受伊斯兰纹样装饰的影响。伊斯兰宗教忌讳动物纹样，而以植物纹样为主，缠枝纹为阿拉伯的藤蔓纹样，具有华丽、繁缛之特点，其连贯、灵活、密集的特性象征着宇宙万物的节奏感和顽强旺盛的生命力，从而成为伊斯兰宗教的主体纹样。明代碑刻缠枝纹分类见表 6-3。

表 6-3　明代碑刻缠枝纹分类

类型	纹样	著录	来源
I 式写实性片缠枝纹		大夫都察院右副都御史贾爽继妻王氏藏，明弘治三年（1490），志长 126 厘米，宽 55 厘米，厚 17 厘米，重庆上清寺出土，现藏于重庆市民族博物馆	笔者绘制
		明故太淑人李氏（朱瑾妻）墓志，明正德十三年（1518），河北正定诸福屯乡诸福屯村西北出土，现藏于正定县文物保管所	笔者绘制
		巴陵主簿龙岩先生何子□墓铭，明嘉靖二十三年（1544），志长 63 厘米，宽 54 厘米，重庆铜梁白鹤乡出土，现藏于铜梁县文物管理所	北京图书馆金石组编：《北京图书馆藏中国历代石刻拓本汇编 8（北朝）》，郑州，中州古籍出版社，1989 年，第 71 页
		关王庙碑，明万历二年（1574），石碑在河北深州，拓片阳通高 149 厘米，阴通高 145 厘米，均宽 66 厘米，正书，阳题名	笔者绘制
		明故太学生冀君墓志，明万历三十三年（1605），河北内丘出土，具体地点不详。现存于河北内丘城关镇石庄村村民石有财家	中国文物研究所、河北省文物研究所编：《新中国出土墓志·河北（一）》（上册），北京，文物出版社，2004 年，第 301 页
		明东平司训鸣赛孙公墓志，明万历三十四年（1606）。志左下角稍有缺损。盖左下角也有缺损。河北邱县贾寨乡出土，现藏于邱县文物保管所	笔者绘制

类型	纹样	著录	来源
Ⅱ式装饰卷云缠枝纹		明故董世卿母王孺人墓志，明嘉靖五年（1526）。盖失。河北大名县出土。现藏于大名县文物保管所	上图：中国文物研究所、河北省文物研究所编：《新中国出土墓志·河北（一）》（上册），北京，文物出版社，2004年，第204页 下图：笔者绘制
		明诰封昭信校尉吴公世昌太安人孙氏合葬墓志，明嘉靖十四年（1535）。盖失。河北隆尧北楼乡小汪村出土。现藏于隆尧县文物保管所	笔者绘制
		明国戚陈氏王孺人墓志，明嘉靖二十五年（1546）。此志实为旧志石改制。河北大名北门口乡陈填村出土。入藏大名县文物保管所	笔者绘制
		明姚承勋淑人詹氏墓志，明嘉靖二十九年（1550）。志长58.5厘米，宽53厘米，厚8厘米。志文20行，满行20字。正书。周边为连云纹。志左下角有残缺。盖失。河北丰润姜家营乡姚庄村出土	笔者绘制
Ⅲ式花与叶结合的缠枝纹		底哇答思塔铭，明正统三年（1438），石碑在北京门头沟潭柘寺，拓片连额通高135厘米，宽69厘米，程南云撰并正书及篆额	笔者绘制
		明庠生封觉宋公墓志，明隆庆六年（1572）。河北广宗棉织厂出土，现藏于广宗县文物保管所	笔者绘制
		白纸会碑，明天启七年（1627），石碑在北京朝阳东岳庙	笔者绘制
Ⅳ式抽象叶片缠枝纹		朱观剑墓志，明弘治十六年（1503），石碑在江西南昌	笔者绘制
		萧添福墓志，明嘉靖元年（1522），北京市出土，此本盖失拓，萧氏葬于正德十六年（1521）二月十八日	笔者绘制

续表

类型	纹样	著录	来源
		普惠钟声诗刻，明嘉靖八年（1529），石碑在四川宜宾南溪区，拓片高 171 厘米，宽 112 厘米，高阳撰并草书	笔者绘制
		明故长洲县尹式王公墓志，明嘉靖四十三（1564），河北滦南长凝镇陈礼庄村北出土。现存于滦南长凝镇陈礼庄村村民王爱民家	笔者绘制
		黄花镇关边墙地界题记，明万历七年（1579），石碑在北京怀柔黄花城北长城上，拓片高 49 厘米，宽 86 厘米，正书，吴宗叶刻	笔者绘制
Ⅳ式抽象叶片缠枝纹		张稳长生碑，明万历二十八年（1600），石碑在北京西城广安门内善果胡同善果寺，拓片碑身高 158 厘米，宽 86 厘米，何宗彦撰，侯庆远正书并篆额	笔者绘制
		阿羌加墓碑，明万历四十五年（1617），云南出土，拓片连额通高 94 厘米，宽 59 厘米，阳文正书，额刻画像并梵文五字	笔者绘制
		金氏宗图碑，明天启五年（1625），石碑于北京西城三里河出土后移至清真寺，额及阴阿拉伯文，尾间刻 1955 年 8 月移碑题记	笔者绘制
		罗雅谷墓碑，明崇祯十一年（1638），石碑在北京西城北营房北街（马尾港）教堂，拓片高 103 厘米，宽 69 厘米，正书，汉文、拉丁文合璧	笔者绘制
Ⅴ式线刻缠枝纹		太华寺佃户租佃执照碑，明正德十五年（1520），石碑在云南昆明，拓片高 83 厘米，宽 50 厘米	笔者绘制
		易州龙湾二厂榜示碑，明嘉靖八年（1529），石碑在北京房山，拓片通高 136 厘米，宽 73 厘米	笔者绘制

续表

类型	纹样	著录	来源
		季尚仁墓志，明嘉靖二十七年（1548），河南洛阳出土，张钫旧藏，拓片长宽均 57 厘米，乔佑撰，方楷正书，魏杲篆盖，张贤刻，此拓片系北京图书馆旧藏	笔者绘制
		孙源及妻白氏锆封碑，明嘉靖二十八年（1549），石碑在北京朝阳南磨房原燕窝村，拓片碑身高 159 厘米，宽 89 厘米，额高 34 厘米，宽 26 厘米	笔者绘制
		修长城边墙题名碑，明隆庆五年（1571），石碑在北京怀柔黄花城北长城上，拓片高 83 厘米，宽 54 厘米	笔者绘制
		尹恒菴及妻罗氏合葬志，明隆庆六年（1572），宁夏博物馆藏，拓片长、宽均为 62 厘米，邵相撰	北京图书馆金石组编：《北京图书馆藏中国历代石刻拓本汇编 56（明）》，郑州，中州古籍出版社，1989 年，第 79 页
V式线刻缠枝纹		北岳恒山祭文，明万历十二年（1584），石碑在河北曲阳，拓片通高 197 厘米，宽 80 厘米，许乐善撰，正书，额篆书	笔者绘制
		常贵墓志，明万历十五年（1587），河南郑州出土	笔者绘制
		北岳恒山庙碑，明万历十八年（1590），石碑在河北曲阳	笔者绘制
		东岳庙碑，明万历十八年（1590），石碑在北京房山宝店镇西门外	北京图书馆金石组编：《北京图书馆藏中国历代石刻拓本汇编 57（明）》，郑州，中州古籍出版社，1989 年，第 187 页
		灵真观诗刻，明万历十九年（1591），石碑在河北赤城，拓片高 108 厘米，宽 64 厘米，郑汝璧撰并行书	笔者绘制
		石窝神庙题名碑，明万历三十年（1602），石碑在北京房山大石窝镇，拓片通高 73 厘米，宽 40 厘米，正书，丁自然、李籍刻	笔者绘制

续表

类型	纹样	著录	来源
V式 线刻 缠枝纹		阴得阳墓志，明万历三十一年（1603）	北京图书馆金石组编：《北京图书馆藏中国历代石刻拓本汇编 58（明）》，郑州，中州古籍出版社，1989 年，第 90 页
		周贵生圹碑，明万历三十二年（1604），石碑在北京昌平沙河路庄，拓片通高 150 厘米，宽 61 厘米，正书，额篆书	笔者绘制
		和平寺碑，明万历三十九年（1611），石碑在北京昌平桃洼花塔村，拓片阳、阴碑身均高 112 厘米，宽 69 厘米，阳额高 24 厘米，宽 18 厘米，鲁史撰，正书，阴题目	北京图书馆金石组编：《北京图书馆藏中国历代石刻拓本汇编 59（明）》，郑州，中州古籍出版社，1989 年，第 19 页
		华严阁田亩碑，明万历四十二年（1614），石碑在云南昆明晋宁区龙盘寺，拓片高 106 厘米，宽 57 厘米。正书	笔者绘制
		柴柏林妻赵氏墓志，明万历四十三年（1615），青海西宁出土，青海文物管理处藏	笔者绘制
		报国寺常住碑，明万历四十四年（1616），石碑在四川峨眉，拓片高 148 厘米，宽 77 厘米，正书	笔者绘制
		文殊寺碑，明万历四十五年（1617），石碑在北京怀柔黄坎团泉村，拓片碑身高 141 厘米，宽 66 厘米，额高 25 厘米，宽 19 厘米，龙鼐撰，正书	笔者绘制
		王安人田氏墓志，明代	笔者绘制

Ⅰ式写实叶片缠枝纹特点：该式的缠枝纹以写实的叶片为主题进行缠绕，叶片的排列呈同一方向分布在 S 形枝蔓的上下两边，叶片有的为正面形，如巴陵主簿龙岩先生何子□墓铭和明故太学生冀君墓志；有的为侧面形，如明故太淑人李氏（朱瑾妻）墓志；有的为半侧面形，如明东平司训鸣寰孙公墓志。

Ⅱ式装饰卷云缠枝纹特点：该式缠枝纹早在三国两晋南北朝时期即已出现，明清时期在前朝的基础上进行了若干创新，线条简洁，如明故董世卿母王孺人墓志、明诰封昭信校尉吴公世昌太安人孙氏合葬墓志、明国戚陈氏王孺人墓志。

Ⅲ式花与叶结合的缠枝纹特点：该式缠枝纹是在 S 形枝蔓的上下两边分布花和叶，有的花与叶间隔排列，如底哇答思塔铭；有的以花为主体分布于枝蔓的中间，如白纸会碑；有的放置于墓志边的正中间，花朵两边分布叶片，如明庠生封觉宋公墓志。该式中的花头有的为写实性，有的为装饰性。

Ⅳ式抽象叶片缠枝纹特点：该式缠枝纹以叶片为主题进行装饰，但与Ⅰ式缠枝纹不同之处在于：该式叶片为抽象的形，这种类型的缠枝纹在明清时期非常流行，清代碑刻纹样中出现得很多。有的叶片虽变化较小，但多是雕刻叶片外轮廓，不刻叶脉，如明故长洲县尹式王公墓志；有的则刻成卷曲的单线，如朱观剑墓志和萧添福墓志等。

Ⅴ式线刻缠枝纹特点：线刻缠枝纹在明代出现较多，其以抽象的形态多见，画面显得细密繁复，这正符合该时期追求烦琐之审美。有的雕刻成抽象简洁的花头，花头部分勾勒一点花心的形态，花头的布置朝左或者朝右呈倾斜式飘动，如太华寺佃户租佃执照碑、常贵墓志、北岳恒山庙碑、东岳庙碑、灵真观诗刻、阴得阳墓志；有的以卷曲的线条随意地刻画，这些线条有的表现花与叶的形态，如王安人田氏墓志等；有的看似流水，如柴柏林妻赵氏墓志和报国寺常住碑。此外，线刻的形式还有一种雕刻得比较复杂的抽象形叶片，但此种形式也不刻叶脉，只雕刻外轮廓，如孙源及妻白氏锆封碑、修长城边墙题名碑、周贵生圹碑、和平寺碑、文殊寺碑等。这种形式的纹样发展至清代时尤其多见。

清代缠枝纹延续明代的样式发展，可以概况归纳为抽象叶片缠枝纹、写实叶片缠枝纹、线刻缠枝纹、勾状卷曲花卉与叶片组合缠枝纹、写实花卉缠枝纹、抽象花卉与叶片组合缠枝纹（表6-4）。

表6-4　清代碑刻缠枝纹分类

类型	纹样	著录	来源
Ⅰ式抽象叶片缠枝纹		邓玉函墓碑，清顺治十七年（1660），拓片高 106 厘米，宽 61 厘米，正书，汉文、拉丁文合璧，石碑在北京西城阜成门外北营房北街（马尾沟）教堂	笔者绘制
		郭多明墓碑，清康熙三年（1664），拓片高 107 厘米，宽 67 厘米，正书，汉文、拉丁文合璧，石碑在北京西城阜成门外北营房北街（马尾沟）教堂	笔者绘制

续表

类型	纹样	著录	来源
I式抽象叶片缠枝纹		善应寺碑，清康熙十年（1671），石碑在北京石景山八大处	笔者绘制
		仙翁庙碑，清康熙十七年（1678），拓片碑身高 100 厘米，宽 69 厘米，额高 23 厘米，宽 19 厘米，正书，石碑在北京东城北芦草园颜料会馆	笔者绘制
		南光国墓碑，清康熙四十一年（1702），拓片高 107 厘米，宽 70 厘米，正书，汉文、拉丁文合璧，石碑在北京西城北营房北街（马尾沟）教堂	笔者绘制
		龙嘉宾墓碑，清康熙四十八年（1709），拓片高 105 厘米，宽 68 厘米，正书，汉文、拉丁文合璧，石碑在北京西城北营房北街（马尾沟）教堂	笔者绘制
		习圣学墓碑，清康熙四十三年（1704），拓片高 103 厘米，宽 69 厘米，正书，汉文、拉丁文合璧，石碑在北京西城北营房北街（马尾沟）教堂	笔者绘制
		苏海妻萨尔施拖氏墓碑，清康熙五十二年（1713），拓片连额通高 136 厘米，宽 54 厘米，正书，汉满文合璧，石碑在北京海淀甘家口白堆子	笔者绘制
		山遥瞻墓碑，清康熙五十三年（1714），拓片高 102 厘米，宽 66 厘米，正书，满、拉丁文合璧，石碑在北京西城北营房北街（马尾沟）教堂	笔者绘制
		纪理安墓碑，清康熙五十九年（1720），拓片高 91 厘米，宽 70 厘米，正书，汉文、拉丁文合璧（上为阳，下为阴），石碑在北京西城北营房北街（马尾沟）教堂	笔者绘制
		赵玉斗诰封碑，清雍正元年（1723），拓片高 140 厘米，宽 79 厘米，正书，汉文、满文合璧，石碑在北京海淀大钟寺龟君庙	笔者绘制
		陆安墓碑，清雍正二年（1724），拓片高 108 厘米，宽 68 厘米，正书，汉文、拉丁文合璧，石碑在北京西城阜成门外北营房北街（马尾沟）教堂	笔者绘制

类型	纹样	著录	来源
I 式抽象叶片缠枝纹		汤尚贤墓碑，清雍正二年（1724），拓片高101厘米，宽62厘米，正书，汉文、拉丁文合璧，石碑在北京西城阜成门外北营房北街（马尾沟）教堂	笔者绘制
		性音和尚塔记，清雍正六年（1728），拓片碑身高56厘米，宽54厘米，额高16厘米，宽13厘米，正书，石碑在北京海淀大觉寺塔院	笔者绘制
		三义庙碑，清雍正六年（1728），拓片碑身高136厘米，宽69厘米，谭一豫撰，正书，额双勾题，石碑在北京通州新城南门外，	笔者绘制
		麦有年墓碑，清雍正七年（1729），拓片高108厘米，宽66厘米，正书，汉文、拉丁文合璧，石碑在北京西城阜成门外北营房北街（马尾沟）教堂	笔者绘制
		清真寺论旨碑，清雍正七年（1729），拓片阳、阴均高190厘米，宽91厘米，正书，阴题目，石碑在北京崇文花市	笔者绘制
		献茶会碑，清雍正九年（1731），拓片阳碑身高106厘米，宽60厘米，额高16厘米，宽21厘米，阴碑身高103厘米，宽62厘米，额高16厘米，宽15厘米，阿永安撰并正书，王有山、王元功镌，阴题目	北京图书馆金石组编：《北京图书馆藏中国历代石刻拓本汇编68（清）》，郑州，中州古籍出版社，1989年，第69页
		杨相禄施田碑，清雍正十二年（1734），拓片连额通高133厘米，宽49厘米，正书，石碑在北京丰台田各庄天仙庙	笔者绘制
		真武殿碑，清雍正十三年（1735），拓片通高134厘米，宽60厘米，许高卫撰并正书，额双勾题，石碑在北京房山张坊	笔者绘制
		戚隆墓碑，清乾隆年间，拓片碑身高94厘米，宽64厘米，额高24厘米，宽21厘米，戴临撰并正书，石碑在北京海淀青龙桥四槐居	笔者绘制
		阮荣墓碑，清代，拓片高139厘米，宽76厘米，正书，石碑在北京海淀北坞嘉园老公坟	笔者绘制
		可庵禅师云塔额，清乾隆年间，拓片高39厘米，宽45厘米，正书，石原在北京西城西长安街双塔寺	笔者绘制

续表

类型	纹样	著录	来源
I式抽象叶片缠枝纹		彭贵墓碑，清乾隆年间，拓片碑身阳高 168 厘米，宽 88 厘米，阴高 166 厘米，宽 86 厘米，额阳高、宽均为 28 厘米，正书，石碑在北京海淀北坞嘉园老公坟	笔者绘制
		马神庙碑，清乾隆三年（1738），拓片通高 137 厘米，宽 69 厘米，正书，额阳文，石碑在北京丰台马神庙村	笔者绘制
		梅进朝墓碑，清乾隆四年（1739），拓片高 105 厘米，宽 65 厘米，正书，石碑在北京石景山八宝山	笔者绘制
		林济各墓碑，清乾隆五年（1740），拓片高 122 厘米，宽 61 厘米，正书，汉文、拉丁文合璧，石碑在北京西城北营房北街（马尾沟）教堂	笔者绘制
		何进孝墓碑，清乾隆六年（1741），拓片阳碑身高 161 厘米，宽 90 厘米，额高 26 厘米，宽 21 厘米，阴高 160 厘米，宽 86 厘米，正书，阴题名（上为阳碑纹样，下为阴碑纹样），石碑在北京海淀北坞嘉园老公坟	笔者绘制
		仙翁戏台罩棚碑，清乾隆六年（1741），拓片碑身高 110 厘米，宽 69 厘米，额高 21 厘米，正书额篆书，石碑在北京东城北芦草园颜料会馆	笔者绘制
		刘进朝墓碑，清乾隆六年（1741），拓片高 158 厘米，宽 86 厘米，正书，石碑在北京海淀北坞嘉园老公坟	笔者绘制
		徐起鹏墓碑，清乾隆七年（1742），拓片高 231 厘米，宽 94 厘米，正书，石碑在北京海淀北坞嘉园老公坟	笔者绘制
		危贵徐墓碑，清乾隆八年（1743），拓片高 165 厘米，宽 87 厘米，正书，石碑在北京海淀恩济庄	笔者绘制
		王进玉墓碑，清乾隆八年（1743），拓片碑身高 125 厘米，宽 58 厘米，额高 19 厘米，宽 16 厘米，励宗万撰，戴临正书，额篆书，石碑在北京海淀青龙桥四槐居	笔者绘制
		王守贵墓碑，清乾隆十年（1745），拓片高 143 厘米，宽 73 厘米，正书，石碑在北京海淀青龙桥四槐居	笔者绘制

续表

类型	纹样	著录	来源
I式抽象叶片缠枝纹		王之信墓碑，清乾隆十年（1745），拓片高137厘米，宽69厘米，正书，石碑在北京海淀大钟寺南皂君庙	笔者绘制
		罗秉中墓碑，清乾隆十一年（1746），拓片高117厘米，宽68厘米，正书，汉文、拉丁文合璧，石碑在北京海淀彰化村正福寺	笔者绘制
		德理格墓碑，清乾隆十一年（1746），拓片高116厘米，宽60厘米，正书，汉文、拉丁文合璧，石碑在北京西城北营房北街（马尾沟）教堂	笔者绘制
		张得贵墓碑，清乾隆十二年（1747），拓片高144厘米，宽87厘米，正书，石碑在北京海淀北坞嘉园老公坟	笔者绘制
		樊进朝墓碑，清乾隆十二年（1747），高115厘米，宽69厘米，正书，石碑在北京海淀北坞嘉园老公坟	笔者绘制
		刘录墓碑，清乾隆十二年（1747），拓片高116厘米，宽70厘米，正书，石碑在北京海淀北坞嘉园老公坟	笔者绘制
		王朝用墓碑，清乾隆十三年（1748），拓片碑身高100厘米，宽89厘米，额高19厘米，宽20厘米，正书，石碑在北京海淀北坞嘉园老公坟	笔者绘制
		赵兴宗墓碑，清乾隆十五年（1750），拓片碑身高152厘米，宽90厘米，额高29厘米，宽24厘米，正书，额双勾题，石碑在北京海淀北坞嘉园老公坟	北京图书馆金石组编：《北京图书馆藏中国历代石刻拓本汇编70（清）》，郑州，中州古籍出版社，1989年，第137页
		广善米会置香火地碑，清乾隆十六年（1751），拓片碑身高136厘米，宽70厘米，额高28厘米，宽25厘米，正书，石碑在北京门头沟戒台寺	上图：北京图书馆金石组编：《北京图书馆藏中国历代石刻拓本汇编70（清）》，郑州，中州古籍出版社，1989年，第161页 下图：笔者绘制

续表

类型	纹样	著录	来源
I 式抽象叶片缠枝纹		桐油行碑，清乾隆十八年（1753），拓片阳碑身高 106 厘米，宽 69 厘米，额高 34 厘米，宽 24 厘米，阴高 106、宽 69 厘米，正书，额篆书，阴刻捐资题名，石碑在北京东城北芦草园颜料会馆	笔者绘制
		张顺墓碑，清乾隆十九年（1754），拓片高 110 厘米，宽 77 厘米，正书，石碑在北京海淀北坞嘉园老公坟	笔者绘制
		许立正墓碑，清乾隆二十二年（1757），拓片高 99 厘米，宽 69 厘米，正书，汉文、拉丁文合璧，石碑在北京西城阜成门外北营房北街（马尾沟）教堂	笔者绘制
		黄庭桂墓碑，清乾隆二十四年（1759），拓片阳高 258 厘米，宽 112 厘米，阴高 260 厘米，宽 113 厘米，正书，阴满文，石碑在北京房山南白岱村	笔者绘制
		陈自奇墓碑，清乾隆二十四年（1759），拓片高 205 厘米，宽 92 厘米，正书，石碑在北京海淀北坞嘉园老公坟	笔者绘制
		张二格墓碑，清乾隆二十五年（1760），拓片高 175 厘米，宽 75 厘米，正书，石碑在北京海淀青龙桥四槐居	笔者绘制
		沈廷忠墓碑，清乾隆二十五年（1760），拓片高 131 厘米，宽 69 厘米，正书，石碑在北京海淀北坞嘉园老公坟	笔者绘制
		文旦墓碑，清乾隆二十六年（1761），拓片碑身高 130 厘米，宽 70 厘米，额高 23 厘米，宽 20 厘米，正书，额篆书，石碑在北京海淀青龙桥四槐居	笔者绘制
		利博明墓碑，清乾隆二十六年（1761），拓片高 92 厘米，宽 64 厘米，正书，汉文、拉丁文合璧。石碑在北京西城阜成门外北营房北街（马尾沟）教堂	笔者绘制
		高勤墓碑，清乾隆二十八年（1763），拓片高 140 厘米，宽 70 厘米，正书，石碑在北京海淀北坞嘉园老公坟	笔者绘制
		净炉会碑，清乾隆二十八年（1763），拓片阳碑身高 174 厘米，宽 67 厘米，额高、宽均为 22 厘米，阴碑身高 160 厘米，宽 50 厘米，额高 25 厘米，宽 20 厘米，侧高 76 厘米，宽 21 厘米，楼近垣撰，余廷赞、李世杰正书，阴、侧均题目，石碑在北京朝阳东岳庙	笔者绘制

类型	纹样	著录	来源
I 式抽象叶片缠枝纹		张进福墓碑，清乾隆二十八年（1763），拓片通高 158 厘米，宽 69 厘米，正书，额篆书，石碑在北京海淀大钟寺皂君庙	笔者绘制
		薛进墓碑，清乾隆二十八年（1763），拓片高 134 厘米，宽 77 厘米，正书，石碑在北京海淀北坞嘉园老公坟	笔者绘制
		罗启明墓碑，清乾隆二十九年（1764），拓片高 106 厘米，宽 64 厘米，正书，汉文、拉丁文合璧，石碑在北京西城北营房北街（马尾沟）教堂	笔者绘制
		灶君庙碑，清乾隆二十九年（1764），拓片高 160 厘米，宽 80 厘米，正书，石碑在北京海淀大钟寺皂君庙街	笔者绘制
		郭明义墓碑，清乾隆三十年（1765），拓片高 160 厘米，宽 90 厘米，正书，石碑在北京海淀北坞嘉园老公坟	笔者绘制
		天仙庵碑，清乾隆三十一年（1766），拓片碑身高 106 厘米，宽 69 厘米，额高 30 厘米，宽 25 厘米，于宗瑛撰，富森泰正书，舒涛篆额，石碑在北京门头沟北岭焦家岭	笔者绘制
		西晋会馆碑，清乾隆三十一年（1766），拓片通高 133 厘米，宽 59 厘米，景运通撰并正书，桑格篆额，石碑在北京海淀青龙桥老府村	笔者绘制
		李永墓碑，清乾隆三十一年（1766），拓片高 116 厘米，宽 71 厘米，正书，石碑在北京海淀北坞嘉园老公坟	笔者绘制
		吴云龙墓碑，清乾隆三十四年（1769），拓片高 138 厘米，宽 70 厘米，正书。石碑在北京海淀北坞嘉园老公坟	笔者绘制
		黄之汉墓碑，清乾隆四十一年（1776），拓片高 106 厘米，宽 65 厘米，正书，汉文、拉丁文合璧，石碑在北京西城北营房北街（马尾沟）教堂	笔者绘制
		掸尘会碑，清乾隆三十五年（1770），拓片碑身阳、阴均高 147 厘米，宽 75 厘米，额阳高 147 厘米，宽 75 厘米，阴高、宽均 25 厘米，侧高 147 厘米，宽 25 厘米，正高 135 厘米，宽 24 厘米，郭长发正书，额双勾题，王亮镌，阴题名，石碑在北京朝阳十八里店十里河天仙行宫	笔者绘制

续表

类型	纹样	著录	来源
I式抽象叶片缠枝纹		娑罗树歌碑，清乾隆三十八年（1773），四面刻，拓片均高160厘米，宽66厘米，高宗弘历撰并行书，四面分刻汉文、满文、蒙文、藏文，石碑在北京海淀彰化村正福寺	笔者绘制
		侯钰墓碑，清乾隆三十八年（1773），拓片高86厘米，宽61厘米，正书，汉文、拉丁文合璧，石碑在北京西城北营房北街（马尾沟）教堂	笔者绘制
		蒋友仁墓碑，清乾隆三十九年（1774），拓片高112厘米，宽69厘米，正书，汉文、拉丁文合璧，石碑在北京海淀彰化村正福寺	笔者绘制
		胡士杰墓碑，清乾隆四十一年（1776），拓片高157厘米，宽87厘米，正书，石碑在北京海淀北坞嘉园老公坟	笔者绘制
		程进贵墓碑，清乾隆四十一年（1776），拓片阳、阴均高156厘米，宽87厘米，阳额高26厘米，宽23厘米，正书，阴题目，石碑在北京海淀北坞嘉园老公坟	笔者绘制
		艾启蒙墓碑，清乾隆四十五年（1780），拓片高150厘米，宽66厘米，正书，汉文、拉丁文合璧，石碑在北京西城阜成门外北营房北街（马尾沟）教堂	笔者绘制
		关帝庙碑，清乾隆四十三年（1778），拓片碑身高168厘米，宽88厘米，额高31厘米，宽27厘米，福隆安撰，正书，额篆书，石碑在北京东城景山东胡同	笔者绘制
		福应惟诚碑，清乾隆五十三年（1788），拓片阳、阴均高94厘米，宽54厘米，正书，阴刻立碑年月及立碑人姓名，石碑在北京东城东黄城根关帝庙	北京图书馆金石组编：《北京图书馆藏中国历代石刻拓本汇编75（清）》，郑州，中州古籍出版社，1989年，第23页
		鲁祖圣会碑，清乾隆五十五年（1790），拓片碑身阳高131厘米，宽67厘米，阴高130厘米，宽66厘米，额阳高19厘米，宽16厘米，阴高18厘米，宽14厘米，正书，阴题目，石碑在北京朝阳东岳庙	笔者绘制
		王秉忠墓碑，清乾隆五十五年（1790），拓片高154厘米，宽77厘米，正书，石碑在北京海淀大钟寺皂君庙	笔者绘制

类型	纹样	著录	来源
I式抽象叶片缠枝纹		萧云鹏墓碑,清乾隆五十五(1790),拓片高 201 厘米,宽 97 厘米,萧云鹏撰,行书,刻五十三自纪文,石碑在北京海淀北坞嘉园老公坟	北京图书馆金石组编:《北京图书馆中国历代石刻拓本汇编 75(清)》,郑州,中州古籍出版社,1989 年,第 157 页
		王忠墓碑,清乾隆五十五年(1790),拓片高 106 厘米,宽 69 厘米,正书,石碑在北京海淀北坞嘉园老公坟	北京图书馆金石组编:《北京图书馆藏中国历代石刻拓本汇编 75(清)》,郑州,中州古籍出版社,1989 年,第 152 页
		张依纳墓碑,清乾隆五十七年(1792),石碑在北京西城	北京图书馆金石组编:《北京图书馆藏中国历代石刻拓本汇编 76(清)》,郑州,中州古籍出版社,1989 年
		香会碑,清乾隆五十七年(1792),拓片碑身高 79 厘米,宽 55 厘米,额高、宽均为 18 厘米,正书,石碑在北京海淀香山樱桃沟	笔者绘制
		慰德祥墓碑,清乾隆五十七年(1792),拓片高 158 厘米,宽 83 厘米,正书,石碑在北京海淀北坞嘉园老公坟	笔者绘制
		郑喜墓碑,清嘉庆二年(1797),拓片高 133 厘米,宽 61 厘米,正书,石碑在北京海淀恩济庄	笔者绘制
		李福墓碑,清嘉庆四年(1799),拓片高 135 厘米,宽 80 厘米,正书,石碑在北京海淀青龙桥四槐居	笔者绘制
		李德贵墓碑,清嘉庆六年(1801),拓片高 140 厘米,宽 70 厘米,正书,石碑在北京海淀北坞嘉园老公坟	笔者绘制
		张进忠墓碑,清嘉庆十一年(1806),拓片高 147 厘米,宽 69 厘米,篆书,石碑在北京海淀北坞嘉园老公坟	笔者绘制

续表

类型	纹样	著录	来源
I 式抽象叶片缠枝纹		刘祥墓碑，清嘉庆十一年（1806），拓片高 150 厘米，宽 76 厘米，正书，石碑在北京海淀北坞嘉园老公坟	笔者绘制
		马荣墓碑，清嘉庆十一年（1806），拓片碑身阳高 157 厘米，宽 69 厘米，阴高 152 厘米，宽 72 厘米，额阳高、宽均为 17 厘米，正书（前三张为阴碑纹样，后两张为阳碑纹样），石碑在北京海淀大钟寺皂君庙	北京图书馆金石组编：《北京图书馆藏中国历代石刻拓本汇编 77（清）》，郑州，中州古籍出版社，1989 年，第 190 页
		尹进忠墓碑，清嘉庆十五年（1810），拓片高 116 厘米，宽 56 厘米，正书，石碑在北京海淀北坞嘉园老公坟	北京图书馆金石组编：《北京图书馆藏中国历代石刻拓本汇编 78（清）》，郑州，中州古籍出版社，1989 年，第 70 页
		董国玉墓碑，清嘉庆十六年（1811），拓片高 200 厘米，宽 95 厘米，董国梁撰，正书，石碑在北京海淀大钟寺皂君庙	北京图书馆金石组编：《北京图书馆藏中国历代石刻拓本汇编 78（清）》，郑州，中州古籍出版社，1989 年，第 86 页
		鲁祖会碑，清嘉庆十七年（1812），拓片碑身阳、阴均高 108 厘米，宽 67 厘米，额阳高 23 厘米，阴高 20 厘米，均宽 9 厘米，侧高 44 厘米，宽 20 厘米，正书，额双勾题，阴、侧均题目，石碑在北京朝阳东岳庙	笔者绘制
		吴信中生圹碑，清嘉庆二十三年（1818），拓片高 170 厘米，宽 83 厘米，吴信中撰并正书，石碑在北京海淀恩济庄	笔者绘制
		仙翁庙碑，清嘉庆二十四年（1819），拓片碑身阳、阴均高 104 厘米，宽 68 厘米，额均高 30 厘米，宽 26 厘米，赵名泰撰，仇丽庚正书，额阳双勾题，阴刻捐资题名，石碑在北京东城北芦草园胡同颜料会馆	笔者绘制

续表

类型	纹样	著录	来源
I式抽象叶片缠枝纹		孙进朝墓碑，清道光四年（1824），拓片阳、阴均高 154 厘米，宽 76 厘米，正书，阴刻墓主籍贯及立碑人姓氏，石碑在北京海淀大钟寺皂君庙	笔者绘制
		李拱辰墓碑，清道光六年（1826），拓片高 107 厘米，宽 69 厘米，拉丁文、额汉文正书横题，石碑在北京西城阜成门外北营房北街（马尾沟）教堂	笔者绘制
		魏进朝生圹碑，清道光七年（1827），拓片阳、阴均高 230 厘米，宽 102 厘米，吕进祥撰并正书，阴刻地券，石碑在北京海淀大钟寺皂君庙	上图：北京图书馆金石组编：《北京图书馆藏中国历代石刻拓本汇编 79（清）》，郑州，中州古籍出版社，1989 年，第 106—107 页 下图：笔者绘制
		海神殿山门平台碑，清道光十八年（1838），拓片碑身阳高 97 厘米，宽 67 厘米，阴高 101 厘米，宽 68 厘米，两侧均高 101 厘米，宽 18 厘米，额阳、阴均高 11 厘米，宽 15 厘米，姚元之隶书，阴正书题名，侧双勾正书题立碑年月等，石碑在北京朝阳朝阳门外	笔者绘制
		护国寺碑，清道光十九年（1839），拓片碑身阳高 200 厘米，宽 94 厘米，阴高 194 厘米，宽 95 厘米，额阳高 33 厘米，宽 23 厘米，阴高 37 厘米，宽 28 厘米，单懋谦撰并正书，额阳篆书，阴题名，石碑在北京石景山	笔者绘制
		药王庙□君碑，清道光二十六年（1846），拓片碑身高 113 厘米，宽 78 厘米，额高 24 厘米，宽 21 厘米，正书，额篆书，石碑在北京海淀黄庄东	上图：北京图书馆金石组编：《北京图书馆藏中国历代石刻拓本汇编 81（清）》，郑州，中州古籍出版社，1989 年，第 125 页 下图：笔者绘制
		邱道珉墓志，清咸丰八年（1858），志长 122 厘米，宽 59 厘米，厚 9 厘米，额文四行。1993 年 10 月重庆市渝北区人民医院出土，现藏于重庆市渝北区文物管理所	笔者绘制

续表

类型	纹样	著录	来源
Ⅰ式抽象叶片缠枝纹		教场小庙碑，清同治六年（1867），拓片碑身阳、阴均高 128 厘米，宽 77 厘米，额阳高 24 厘米，宽 22 厘米，董晓桐撰，正书，阴题名，石碑在北京海淀苏州街	笔者绘制
		吕进喜墓碑，清光绪二年（1876），拓片高 116 厘米，宽 61 厘米，正书，石碑在北京海淀北坞嘉园老公坟	笔者绘制
		牛德福墓碑，清光绪五年（1879），拓片碑身高 121 厘米，宽 65 厘米，额高 22 厘米，宽 18 厘米，正书，石碑在北京海淀北坞嘉园老公坟	笔者绘制
		张元禄墓碑，清光绪九年（1883），拓片高 123 厘米，宽 68 厘米，正书，石碑在北京海淀北坞嘉园老公坟	笔者绘制
		张自崑墓碑，清代，拓片高 165 厘米，宽 88 厘米，正书，石碑在北京海淀北坞嘉园老公坟	笔者绘制
		关帝庙碑，清乾隆二十一年（1756），拓片碑身高 195 厘米，宽 95 厘米，额高 32 厘米，宽 27 厘米，傅恒撰，正书，额篆书，汉文、满文合璧，边缠枝纹，石碑在北京东城景山东胡同	笔者绘制
		宝法寺前殿碑，清咸丰二年（1852），拓片高 134 厘米，宽 63 厘米，张局寿撰，郭士龙正书，额双勾题，碑侧缠枝纹，石碑在北京昌平东三旗西北平西府	笔者绘制
		李进孝墓碑，清代，拓片高 144 厘米，宽 69 厘米，正书，石碑在北京海淀北坞嘉园老公坟	笔者绘制
Ⅱ式写实叶片缠枝纹		田进喜颂德碑，清康熙二十一年（1682），拓片碑身高 77 厘米，宽 60 厘米，额高、宽均 19 厘米，李柱撰，丘民新正书，李燕俊题额，石碑在北京房山宝店东北	笔者绘制
		五华寺盘道碑，清乾隆五十九年（1794），拓片阳连额通高 138 厘米，阴连额通高 118 厘米，均宽 53 厘米，正书兼行书，阴刻六十年五月题名，石碑在北京海淀香山樱桃沟	笔者绘制

类型	纹样	著录	来源
		木兰秋尔人崖口诗碑，清乾隆十六年（1751），石碑在河北省图书馆	北京图书馆金石组编：《北京图书馆藏中国历代石刻拓本汇编 70（清）》，郑州，中州古籍出版社，1989 年，第 158 页
		巴德尼墓碑，清乾隆二十八年（1763），拓片高 110 厘米，宽 66 厘米，正书，汉文、拉丁文合璧，乾隆二十八年乃西历 1762 年，拉丁文作 1768 年，石碑在北京海淀彰化村正福寺	笔者绘制
		火神庙建立罩棚碑，清乾隆四十三年（1778），拓片碑身高 108 厘米，宽 67 厘米，额高 25 厘米，宽 19 厘米，蔡新撰，王恒萃正书，石碑在北京西城	笔者绘制
Ⅱ式写实叶片缠枝纹		刘默尔觉墓碑，清乾隆四十七年（1782），拓片高 93 厘米，宽 58 厘米，正书，汉文、拉丁文合璧，石碑在北京海淀彰化村正福寺	上图：北京图书馆金石组编：《北京图书馆藏中国历代石刻拓本汇编 74（清）》，郑州，中州古籍出版社，1989 年，第 116 页下图：笔者绘制
		哆罗方济各若瑟墓碑，清乾隆五十年（1785），石碑在北京西城阜成门外北营房北街（马尾沟）教堂	笔者绘制
		艾若翰墓碑，清乾隆五十年（1785），拓片高 115 厘米，宽 58 厘米，正书，汉文、拉丁文合璧，中双勾榜书，石碑在北京西城阜成门外北营房北街（马尾沟）教堂	笔者绘制
		韩纳庆墓碑，清嘉庆元年（1796），拓片高 119 厘米，宽 68 厘米，正书，汉文、拉丁文合璧，中双勾榜书题，石碑在北京海淀彰化村正福寺	北京图书馆金石组编：《北京图书馆藏中国历代石刻拓本汇编 77（清）》，郑州，中州古籍出版社，1989 年，第 16 页

续表

类型	纹样	著录	来源
Ⅱ式写实叶片缠枝纹		傅安多尼墓碑，清嘉庆四年（1799），拓片高 110 厘米，宽 62 厘米，正书，汉文、拉丁文合璧，石碑在北京西城阜成门外北营房街北街（马尾沟）教堂	上图：北京图书馆金石组编：《北京图书馆藏中国历代石刻拓本汇编 77（清）》，郑州，中州古籍出版社，1989 年，第 56 页 下图：笔者绘制
		高喜墓碑，清嘉庆五年（1800），拓片高 150 厘米，宽 70 厘米，正书，石碑在北京海淀北坞嘉园老公坟	上图：北京图书馆金石组编：《北京图书馆藏中国历代石刻拓本汇编 77（清）》，郑州，中州古籍出版社，1989 年，第 77 页 下图：笔者绘制
		赵荣及妻潘氏墓碑，清嘉庆六年（1801），拓片通高 192 厘米，宽 80 厘米，正书，额横题，石碑在北京海淀北坞嘉园老公坟	笔者绘制
		阎进喜墓碑，清嘉庆七年（1802），拓片高 163 厘米，宽 83 厘米，正书，石碑在北京海淀北坞嘉园老公坟	笔者绘制
		满汉御史题名碑，清嘉庆七年（1802），拓片碑身高 130 厘米，宽 70 厘米，额高 20 厘米，宽 19 厘米，正书，额篆书，石碑在北京西城法都街高等法院	笔者绘制
		王禄墓碑，清嘉庆二十四年（1819），拓片高 170 厘米，宽 82 厘米，正书，石碑在北京海淀恩济庄	笔者绘制
		关帝庙碑，清道光五年（1825），拓片碑身高 108 厘米，宽 48 厘米，额高 17 厘米，宽 15 厘米，程景晖撰，汪增行书，额正书，石碑在北京西城宫门口横四条三清观	笔者绘制
		牛进忠墓碑，清道光六年（1826），拓片阳、阴均高 130 厘米，宽 70 厘米，正书，阴刻嘉庆二十一年(1816)立张桂看坟四季祭品字样，石碑在北京海淀北坞嘉园老公坟	笔者绘制

续表

类型	纹样	著录	来源
Ⅱ式写实叶片缠枝纹		资福寺施地题名碑，清代，拓片碑身阳高 121 厘米，宽 65 厘米，阴高 67 厘米，宽 23 厘米，额阳高 26 厘米，宽 25 厘米，正书，额双勾题，阳刻嘉庆八年至道光九年题名，阴刻嘉庆五年四月八日契约，石碑在北京怀柔红螺寺	上图：北京图书馆金石组编：《北京图书馆藏中国历代石刻拓本汇编 78（清）》，郑州，中州古籍出版社，1989 年，第 161 页下图：笔者绘制
		杨福喜墓碑，清道光十一年（1831），拓片阳、阴均高 158 厘米，宽 84 厘米，正书，阴题立碑人姓氏，石碑在北京海淀北坞嘉园老公坟	笔者绘制
		孙国顺墓碑，清道光十三年（1833），拓片高 152 厘米，宽 70 厘米，正书，石碑在北京海淀北坞嘉园老公坟	笔者绘制
		大明寺碑，清道光十五年（1835），拓片碑身高 120 厘米，宽 67 厘米，额高 27 厘米，宽 26 厘米，元樊徒义撰，曹振德正书，额双勾题，石碑在北京怀柔红螺寺	笔者绘制
		毕敬穷墓碑，清道光十八年（1838），拓片高 120 厘米，宽 65 厘米，正书，汉文、拉丁文合璧，石碑在北京西城北营房北街（马尾沟）教堂	笔者绘制
		陈恩墓碑，清道光十八年（1838），拓片碑身高 107 厘米，宽 58 厘米，额高 31 厘米，宽 27 厘米，正书，石碑在北京海淀北坞嘉园老公坟	笔者绘制
		李禄喜墓碑，清道光十九年（1839），拓片碑身高 181 厘米，宽 70 厘米，额高 24 厘米，宽 19 厘米，正书，额篆书，石碑在北京海淀北坞嘉园老公坟	北京图书馆金石组编：《北京图书馆藏中国历代石刻拓本汇编 79（清）》，郑州，中州古籍出版社，1989 年，第 197 页
		崇文门税课司六圣祠题名碑，清道光二十五年（1845），拓片碑身高 110 厘米，宽 67 厘米，额高 20 厘米，宽 18 厘米，正书，额篆书，石碑原在北京东城朝阳门石工厂，今已毁	笔者绘制

续表

类型	纹样	著录	来源
Ⅱ式写实叶片缠枝纹		白龙潭祠碑，清道光二十九年（1849），拓片碑身阳、阴均高 160 厘米，宽 68 厘米，额阳高、宽均 33 厘米，陈寿昌撰，宁琦正书，杨赞襄篆额，周文波刻，阴刻捐资题名及立碑年月，石碑在北京密云白龙潭	笔者绘制
		山右会馆碑，清道光二十九年（1849），拓片碑身阳、阴均高 115 厘米，宽 95 厘米，额阳高、宽均 21 厘米，李樊桂撰，杜受田正书，阴题名，石碑在北京东城清华街	上图：北京图书馆金石组编：《北京图书馆藏中国历代石刻拓本汇编 81（清）》，郑州，中州古籍出版社，1989 年，第 179 页 下图：笔者绘制
		张福墓碑，清咸丰元年（1851），拓片高 142 厘米，宽 86 厘米，正书，石碑在北京海淀皂君庙	笔者绘制
		白氏先茔碑，清咸丰六年（1856），拓片高 117 厘米，宽 63 厘米，正书，石碑在北京海淀三里河	上图：北京图书馆金石组编：《北京图书馆藏中国历代石刻拓本汇编 78（清）》，郑州，中州古籍出版社，1989 年，第 158 页 下二图：笔者绘制
		关帝庙碑，清光绪二年（1876），拓片碑身高 105 厘米，宽 60 厘米，额高、宽均 19 厘米，正书，石碑在北京海淀北安河车耳营	上图：北京图书馆金石组编：《北京图书馆藏中国历代石刻拓本汇编 84（清）》，郑州，中州古籍出版社，1989 年，第 122 页 下图：笔者绘制
		白鹤泉并兰涧石湘诗碑，清光绪三年（1877），拓片通高 185 厘米，宽 82 厘米，宋张栻、朱熹撰，杨翰正书，夏献云跋，额隶书，汪荣刻，石碑在湖南长沙	笔者绘制

续表

类型	纹样	著录	来源
		圆觉寺碑，清光绪八年（1882），拓片碑身高 134 厘米，宽 68 厘米，额高 33 厘米，宽 66 厘米，李宴春撰，徐占鳌正书，李世钧篆额，张福镌，石碑在河北易县	笔者绘制
		娘娘庙碑，清光绪十一年（1885），拓片碑身高 107 厘米，宽 61 厘米，额高 20 厘米，宽 17 厘米，正书，石碑在北京海淀中关村	笔者绘制
		玉皇庙碑，清光绪三十二年（1906），拓片连额通高 138 厘米，宽 67 厘米，刘增广撰，齐金铸正书，胡永和、李顺立镌，尾题名，石碑在北京门头沟大台宅舍台村	笔者绘制
Ⅱ式写实叶片缠枝纹		碧霞元君宫碑，清光绪三十四年（1908），拓片通高 151 厘米，宽 65 厘米，于瀗撰并正书，额阳文双勾题，尾刻地产及题名，石碑在北京怀柔城东驸马庄	上图：北京图书馆金石组编：《北京图书馆藏中国历代石刻拓本汇编 89（清）》，郑州，中州古籍出版社，1989 年，第 155 页下图：笔者绘制
		伏魔大帝庙碑，清康熙十七年（1678），拓片碑身高 118 厘米，宽 62 厘米，额高 31 厘米，宽 21 厘米，喻震生撰，正书，石碑原在北京西城武门瓦城内	笔者绘制
		白纸会碑，清康熙三十年（1691），石碑在北京朝阳东岳庙	笔者绘制
		御史题名碑，清乾隆七年（1742），拓片碑身高 153 厘米，宽 88 厘米，额高 31 厘米，宽 32 厘米，正书，额隶书，石碑在北京西城大成广场	北京图书馆金石组编：《北京图书馆藏中国历代石刻拓本汇编 69（清）》，郑州，中州古籍出版社，1989 年，第 102 页
		恩施郎世宁等价于地碑，清乾隆十五年（1750），拓片碑身高 101 厘米，宽 69 厘米，额高 23 厘米，宽 16 厘米，高宗弘历撰，正书，额双勾题，石碑在北京丰台卢沟桥北天主堂	笔者绘制

续表

类型	纹样	著录	来源
Ⅲ式线刻缠枝纹		张国泰墓碑，清乾隆二十四年（1759），拓片高 137 厘米，宽 69 厘米，正书，石碑在北京海淀北坞嘉园老公坟	上图：北京图书馆金石组编：《北京图书馆藏中国历代石刻拓本汇编 71（清）》，郑州，中州古籍出版社，1989 年，第 135 页 下图：笔者绘制
		火祖庙碑，清咸丰十一年（1861），拓片高 120 厘米，宽 64 厘米，刘毓楠撰，冯端本正书，石碑在北京西城	笔者绘制
		礼拜寺碑，清乾隆三十五年（1770），石碑在北京昌平	笔者绘制
		关帝庙碑，清嘉庆十六年（1811），拓片通高 112 厘米，宽 57 厘米，正书，石碑在北京海淀香山正蓝旗	笔者绘制
		冠山书院经费记，清道光五年（1825），拓片阳、阴均通高 222 厘米，宽 80 厘米，周起瑶撰，申锡畴正书，伍延昜双勾篆额，史万贵镌，阴刻捐资题，石碑在北京延庆城北街	笔者绘制
		玉清观信牌刻石，清同治四年（1865），拓片通高 50 厘米，宽 41 厘米，正书，额横题，劳之廉摹刻，刻道光二十八年十月十四日信牌一道，石碑在北京东城法塔寺北玉清胡同	笔者绘制
		玉清观信牌刻石，清同治四年（1865），拓片通高 50 厘米，宽 41 厘米，正书，额横题，劳之廉摹刻，刻道光二十八年十月十四日信牌一道，石碑在北京东城法塔寺北玉清胡同	北京图书馆金石组编：《北京图书馆藏中国历代石刻拓本汇编 82（清）》，郑州，中州古籍出版社，1989 年，第 67 页
		蓝保禄墓碑，清光绪九年（1883），拓片高 129 厘米，宽 69 厘米，行书，汉文、拉丁文合璧，石碑在北京西城北营房北街（马尾沟）教	上图：北京图书馆金石组编：《北京图书馆藏中国历代石刻拓本汇编 85（清）》，郑州，中州古籍出版社，1989 年，第 92 页 下图：笔者绘制

类型	纹样	著录	来源
IV式云勾状卷曲花卉与叶片组合缠枝纹		菩萨庙碑，清嘉庆十六年（1811），拓片碑身高100厘米，宽60厘米，额高23厘米，宽30厘米，郭腾蛟撰，郭腾骏正书，王秉刻，尾刻地亩及四至，中下刻同治七年十一月一日何学潸兑换香火题记，石碑在北京怀柔石厂村	笔者绘制
		凤翔寺碑，清嘉庆二十三年（1818），拓片碑身高141厘米，宽66厘米，额高26厘米，宽23厘米，僧口睿撰，曹振德正书，石碑在北京怀柔仙台村	笔者绘制
		三晋祠碑，清道光元年（1821），拓片碑身高160厘米，宽61厘米，额高25厘米，宽23厘米，李春草撰，刘敦福正书，陈坏霞篆额，王炳镌，石碑在北京怀柔	笔者绘制
		清道光元年（1821），石碑在北京怀柔	笔者绘制
		东岳庙碑，清道光元年（1821），拓片碑身高141厘米，宽66厘米，额高26厘米，宽23厘米，僧口睿撰，曹振德正书，石碑在北京密云	笔者绘制
		资福寺碑，清道光十四年（1834），拓片碑身高151厘米，宽75厘米，额高31厘米，宽25厘米，陈大忠撰，曹振德正书，额篆书，石碑在北京怀柔红螺寺	笔者绘制
		宏济寺碑，清道光二十一年（1841），拓片碑身阳、阴均高138厘米，宽68厘米，额均高26厘米，宽22厘米，卢斯锦撰，童德成正书并双勾篆额，刘永茂刻，阴刻捐资题名，石碑在河北承德	笔者绘制
		张多默墓碑，清咸丰元年（1851），拓片高130厘米，宽69厘米，行书，汉文、拉丁文合璧，中正书题，石碑在北京西城北营房北街（马尾沟）教堂	笔者绘制
		同逸庵碑，清咸丰四年（1854），拓片碑身高117厘米，宽64厘米，额高24厘米，宽20厘米，吴绍棠撰并正书，石碑在北京顺义庄头村	笔者绘制
		府君庙碑，清同治三年（1864），拓片通高150厘米，宽60厘米，赵怡晋正书，额双勾题，石碑在北京顺义北门外	笔者绘制

续表

类型	纹样	著录	来源
Ⅳ式云勾状卷曲花卉与叶片组合缠枝纹		淑德勤慎李朝典母杨氏墓碑，清同治十三年（1874），碑为圆首，长92厘米，宽55厘米，现藏于四川西昌九龙乡李家山	笔者绘制
		庐州会馆碑，清光绪二年（1876），拓片碑身高153厘米，宽90厘米，额高23厘米，宽34厘米，李鸿章撰，正书看，额篆书，石碑在北京西城珠市口西大街	笔者绘制
V式写实花卉缠枝纹		关帝庙碑，清光绪十四年（1888），拓片碑身阳高130厘米，阴高129厘米，均宽64厘米，额阳高17厘米，宽16厘米，德贵撰并正书，阴刻捐资题名，庆廉正书，石碑在北京海淀香山正黄旗	笔者绘制
		文安多尼墓碑，清光绪二十六年（1900），拓片高126厘米，宽68厘米，正书，汉文、拉丁文合璧，石碑在北京西城北营房北街（马尾沟）教堂	笔者绘制
		汪若翰墓碑，清宣统三年（1911），拓片高142厘米，宽69厘米，行书，汉文、拉丁文合璧，石碑在北京西城北营房北街（马尾沟）教堂	笔者绘制
		孝藏庄□世界海图并说，清代，拓片通长132厘米，宽51厘米，正书，额篆书，石碑在陕西西安	笔者绘制
		咧喇斯基墓碑，清康熙五十七年（1718），拓片阳、阴均高96厘米，宽54厘米，正书，汉文、俄文合璧，此碑系前辈之重刻本，满文删去，译文改译，石碑在北京东城安定门外东正教公墓	笔者绘制

续表

类型	纹样	著录	来源
		彭氏始祖茔兆碑，清乾隆三十年（1765），拓片连额通高 180 厘米，宽 74 厘米，彭□儒撰并正书，石碑在山东临清康盛庄乡	北京图书馆金石组编：《北京图书馆中国历代石刻拓本汇编 72（清）》，郑州，中州古籍出版社，1989 年，第 77 页
		田自玉墓碑，清乾隆三十一年（1766），拓片碑身高 150 厘米，宽 77 厘米，额高 23 厘米，宽 20 厘米，正书，石碑在北京海淀北坞嘉园老公坟	北京图书馆金石组编：《北京图书馆藏中国历代石刻拓本汇编 71（清）》，郑州，中州古籍出版社，1989 年，第 140 页
V式写实花卉缠枝纹		写雨伊墓碑，清乾隆三十三年（1768），拓片阳、阴均高 88 厘米，宽 62 厘米，正书，阳俄文刻，石碑在北京东城安定门外东正教公墓	北京图书馆金石组编：《北京图书馆藏中国历代石刻拓本汇编 72（清）》，郑州，中州古籍出版社，1989 年，第 189 页
		药王庙碑，清乾隆四十八年（1783），拓片碑身高 114 厘米，宽 62 厘米，额高 22 厘米，宽 19 厘米，解□撰，正书，额双勾题，石碑在北京昌平阳坊镇	笔者绘制
		清真寺碑，清乾隆五十二年（1787），拓片高 160 厘米，宽 69 厘米，陈凰仪撰，魏诚□正书，石碑在承德避暑山庄	北京图书馆金石组编：《北京图书馆藏中国历代石刻拓本汇编 75（清）》，郑州，中州古籍出版社，1989 年，第 79 页
		五显财神庙碑，清乾隆五十五年（1790），拓片碑身高 125 厘米，宽 70 厘米，额高 25 厘米，宽 14 厘米，行书，石碑在北京丰台广安门外万泉寺南柳巷村	北京图书馆金石组编：《北京图书馆藏中国历代石刻拓本汇编 75（清）》，郑州，中州古籍出版社，1989 年，第 146 页

续表

类型	纹样	著录	来源
V式写实花卉缠枝纹		后土庙碑，清嘉庆九年（1804），拓片阳高113 厘米，宽 67 厘米，阴高 115 厘米，宽65 厘米，徐萝陈撰，李鄂光正书，王教成、王日顺刻，阴题名，石碑在河北涿州无极屯	北京图书馆金石组编：《北京图书馆藏中国历代石刻拓本汇编 77（清）》，郑州，中州古籍出版社，1989 年，第158 页
		法林寺碑，清嘉庆十年（1805），拓片通高191 厘米，宽 62 厘米，周景淳撰，胡宪文正书，额双勾题，石碑在北京昌平兴寿桃林村	北京图书馆金石组编：《北京图书馆藏中国历代石刻拓本汇编 77（清）》，郑州，中州古籍出版社，1989 年，第182 页
		玉河庵碑，清嘉庆十三年（1808），拓片碑身阳、阴均高 113 厘米，宽 54 厘米，额均高 16 厘米，宽 14 厘米，僧心然撰，正书，额篆书，阴题序，石碑在北京东城黄城根	北京图书馆金石组编：《北京图书馆藏中国历代石刻拓本汇编 78（清）》，郑州，中州古籍出版社，1989 年，第41 页
		常守义墓表，清嘉庆十四年（1809），拓片通高 128 厘米，宽 57 厘米，李棣光撰，高永清正书，额双勾题，石碑在北京房山凤凰亭	笔者绘制
		广生娘娘庙碑，清嘉庆二十年（1815），拓片通高 111 厘米，宽 61 厘米，正书，额双勾题，石碑在北京顺义城东大街	笔者绘制
		关帝庙碑，清道光三年（1823），拓片碑身阳、阴均高 102 厘米，宽 57 厘米，额阳、阴均高 20 厘米，宽 19 厘米，正书，额阳双勾题，阴满文，阴题名，续刻道光二十二年、二十三及咸丰元年、同治十一年等施财题名，石碑在北京海淀青龙桥厢红旗	笔者绘制
		姜长生诰封碑，清道光八年（1828），拓片阳、阴均高 165 厘米，拓片阳高 76 厘米，阴宽 69 厘米，正书，阴榜书题字，石碑在北京海淀大钟寺皂君庙	笔者绘制

续表

类型	纹样	著录	来源
V式写实花卉缠枝纹		缘庆恒吉二庙碑，清道光十七年（1837），拓片通高 137 厘米，宽 48 厘米，锦誉撰并行书，额篆书，石碑在北京东城北极阁	笔者绘制
		伊克些列夫斯基墓碑，清道光二十年（1840），拓片阳、阴均高 126 厘米，宽 78 厘米，阳俄文，阴汉文，正书，石碑在北京东城东正教公墓	笔者绘制
		弥勒院碑，清道光三十年（1850），拓片通高 138 厘米，宽 61 厘米，庆爱撰并正书，额篆书（图为左下至左上边饰），石碑在北京东城演乐胡同	笔者绘制
		白氏茔兆碑，清咸丰四年（1854），拓片高 152 厘米，宽 87 厘米，白永清撰，正书，石碑在北京海淀三里河西小八旗村	笔者绘制
		申奎墓碑，清同治七年（1868），拓片碑身高 121 厘米，宽 70 厘米，额高 19 厘米，宽 13 厘米，正书，石碑在北京海淀大觉寺北	笔者绘制
		法明礼拜寺碑，清光绪六年（1880），拓片碑身阳、阴均高 102 厘米，宽 60 厘米，额阳、阴均高 23 厘米，宽 19 厘米，正书，额阳篆书，阴隶书，石碑在北京东城安定门内北二条	笔者绘制
		白龙潭庙碑，清光绪三十三年（1907），拓片通高 153 厘米，宽 64 厘米，袁世凯撰，宁希经正书并篆额，石碑在北京密云白龙潭	笔者绘制
VI式抽象花卉与叶片组合缠枝纹		万佛寺后殿及珈蓝祖师左右丈室碑，清康熙四十一年（1702），石碑在北京西城小黑虎胡同	笔者绘制
		王朝宗墓碑，清雍正二年（1724），拓片高 166 厘米，宽 90 厘米，正书，石碑在北京海淀北坞嘉园老公坟	笔者绘制
		□君庙碑，清雍正五年（1727），拓片高 134 厘米，宽 79 厘米，吴启昆撰，张廷琭正书，石碑在北京海淀大钟寺南龟君庙	笔者绘制

续表

类型	纹样	著录	来源
VI式抽象花卉与叶片组合缠枝纹		高进墓碑，清乾隆年间，拓片高 135 厘米，宽 86 厘米，正书，石碑在北京海淀北坞嘉园老公坟	笔者绘制
		王福禄墓碑，清乾隆七年（1742），拓片高 125 厘米，宽 92 厘米，正书，石碑在北京海淀大钟寺皂君庙	笔者绘制
		萧进禄墓碑，清乾隆十年（1745），拓片高 139 厘米，宽 92 厘米，正书，石碑在北京海淀北坞嘉园老公坟	笔者绘制
		养老义会碑，清乾隆二十六年（1761），拓片碑身高 123 厘米，宽 69 厘米，额 25 厘米，宽 22 厘米，正书，额篆书，阴为四十八年"养老义会题名碑"及五十四年"起刚等施舍房产记"，石碑在北京西城北长街兴隆寺	笔者绘制
		贾进禄墓碑，清乾隆三十年（1765），拓片高 157 厘米，宽 90 厘米，正书，石碑在北京海淀北坞嘉园老公坟	笔者绘制
		关帝庙碑，清乾隆四十一年（1776），拓片连额通高 166 厘米，宽 63 厘米，郝振都撰，戴聊奎正书，石碑在北京海淀青龙桥	笔者绘制
		赵德胜墓碑，清乾隆六十年（1795），拓片高 182 厘米，宽 85 厘米，正书，石碑在北京海淀北坞嘉园老公坟	笔者绘制
		古松枯纪宝石刻，清光绪八年（1882），拓片高 117 厘米，宽 69 厘米，皇十七子奕让撰并正书，石碑在北京海淀北安河乡宏伟村	笔者绘制

I 式抽象叶片缠枝纹特点：该式缠枝纹在清代碑刻中出现最多，叶片由宋元时期的追求写实转向抽象性，使画面装饰性加强，这与清代流行吉祥纹样有很大的关联。叶片的形态多为中间部分短圆，两边各布置两条细长条如柳叶状的枝叶，整体上呈对称式分布。有的为卷曲的细长条，如善应寺碑、赵玉斗诰封碑、刘祥墓碑、张自崐墓碑；有的似初春的嫩芽，两边叶片短小，中间一芽心，如三义庙碑、麦有年墓碑、利博明墓碑、尹进忠墓碑等；有的在缠枝纹的正中间雕刻山

纹或太湖石纹，如南光国墓碑、苏海妻萨尔施拖氏墓碑、刘进朝墓碑、危贵徐墓碑、桐油行碑、张顺墓碑、高勤墓碑、郭明义墓碑、黄之汉墓碑。山纹与太湖石纹有相似之处，但细看还是有较大差别，山纹是层层叠加往上，最顶端呈尖状，而太湖石纹的形态呈不规则的异形，高低错落形似太湖石。该式中还有一种介于写实与抽象形态之间的缠枝纹，主叶片写实，叶片上雕刻分支进行卷曲变形，极具韵律感，如张元禄墓碑。

Ⅱ式写实叶片缠枝纹特点：清代写实叶片缠枝纹与明代写实叶片缠枝纹既有相同之处，也有其创新形式。相同之处如雕刻叶片侧面的形态在明代时期已有出现，如赵荣及妻潘氏墓碑和陈恩墓碑等。明代侧面叶片形态多为不勾勒叶脉，而清代出现了很多勾勒叶脉的侧面叶形，如哆罗方济各若瑟墓碑、牛进忠墓碑、资福寺施地题名碑等。此外，正面写实的叶片形态在清代也出现得比较多，并且勾勒叶脉，但与明代不同的是，清代的写实正面叶片卷曲得更加厉害，如五华寺盘道碑和清敕授微仕郎翰林院检讨例赠奉政大夫贵州道监察御史荷冈周公墓志（表 6-9 Ⅰ式），而与明代平铺的形态相同者较少见，如木兰秋尔入崖口诗碑；有的甚至叶片翻卷成 180 度，如杨福喜墓碑；有的在叶尖部呈翻卷状，如艾若翰墓碑、韩纳庆墓碑、傅安多尼墓碑；有的叶片为正面形，叶片上勾勒叶脉；有的叶片呈波状翻卷，如关帝庙碑、娘娘庙碑、玉皇庙碑等。

Ⅲ式线刻缠枝纹特点：线刻缠枝纹以单线刻画出纹样的形态，所刻纹样有写实的花叶，如火祖庙碑、蓝保禄墓碑；有抽象的叶形，如玉清观信碑刻石、礼拜寺碑等；也有的刻画多条枝蔓作为中轴线，形成波状式跳动的韵律感。

Ⅳ式云勾状卷曲花卉与叶片组合缠枝纹特点：该式缠枝纹是清代的流行纹样。前面已论及云勾状卷曲纹的特点，兹处不再复述。这种纹样有的不刻出花心，如张多默墓碑、宏济寺碑等；有的刻有花心，但花瓣为勾卷形态，花心以莲瓣的勾卷形态者为多见。但此种勾卷的莲花也有较大差异，有的勾卷呈圆形发散开，如三晋祠碑；有的为侧瓣勾卷莲纹，如庐州会馆碑等；有的为其他花卉的勾卷形，如东岳庙碑等；有的莲纹勾卷的形态为单瓣中再进行勾卷，勾卷的花瓣有的左右对称，如菩萨庙碑、凰翔寺碑；有的花瓣层层叠加，装饰性极强，如同逸庵碑；有的多层花瓣错落排列，形成大的花头，如淑德勤慎李朝典母杨氏墓碑等。

Ⅴ式写实花卉缠枝纹特点：该式缠枝纹多以花和叶交错缠枝，因为是写实性，所以花头和花叶都较大，花头和叶片均勾勒出叶脉，雕刻精细，画面显得异常繁复，如药王庙碑；有的叶片虽小，但叶片布置得较多，所以画面也显得很饱满，如关帝庙碑；有的因为缺少荷叶的承托，荷花的缠枝相对疏松一些，如玉河庵碑和广生娘娘庙碑；但有些为了装饰的需要，在荷叶中往往穿插其他叶片进行衬托，如清真寺碑、法林寺碑、缘庆恒吉二庙碑、弥勒院碑等。写实花卉中的缠枝纹品种比较多，除了常见的莲花、牡丹、菊花等花卉，还有一些无名的小花，如后土庙碑和常守义墓表等。

Ⅵ式抽象花卉与叶片的组合缠枝纹特点：该式缠枝纹的花头多为变形，叶片为随意卷曲的线条，有一种似如意云纹变体的花头出现得较多，如王朝宗墓碑、□君庙碑、高进墓碑、王福禄墓碑、养老义会碑、赵德胜墓碑等。

三、精美华丽的龙凤纹

明清龙凤纹和宋元的造型基本相似，只是明清时期雕刻得更加精致，细部刻画更加具体，大多有追求吉祥如意的寓意。明清时期出于皇帝对龙凤的崇敬和颂扬，龙凤纹样运用得非常广泛，碑刻纹样中雕刻得也非常多，尤其是皇家碑刻。龙凤纹样以其追求精细华丽的艺术特点成为当时的潮流。

明清是龙纹的兴盛时代，明代龙纹特点表现为刻画更加具体，流转更加矫健，龙的角、眼、眉、须、发、背鳍、肘毛、火焰披毛等都刻画精细，龙嘴大多闭合，龙身更为拉长，龙鼻多刻画成如意状，这与明代流行如意形有一定的关联，以添加吉祥如意之意蕴。龙爪刻画多变化，有五爪、四爪、三爪等。[①]明代碑刻龙纹多见于碑首，在碑侧和碑身少见，清代龙纹刻画趋向繁缛，体态矫健飘逸。清代龙凤装饰达到了百花争妍的盛期。清代蛇形龙偏多，走兽状渐少，龙的嘴呈开启状，张嘴露牙吐舌，毛发披散，龙尾多变，有的披散呈条状，有的呈金鱼尾状，有的呈线束状，与之组合的云纹越来越细长瘦小，碑刻边饰上更多的是双龙戏珠，雕刻技法多为凸浮雕。明代碑刻龙凤纹分类见表6-5。

---

① 徐华铛编著：《中国神龙艺术》，天津，天津人民美术出版社，2005年，第29—30页。

表 6-5　明代碑刻龙凤纹分类

类型	纹样	著录	来源
Ⅰ式龙纹		来而志命碑，明宣德年间	笔者绘制
		奉天承运碑，明宣德三年（1428）	笔者绘制
		用字于兹碑，明成化四年（1468）	笔者绘制
		理寺评碑，明弘治二年（1489）	笔者拍摄
		制封衍圣公男闻韶碑，明正德二年（1507）	笔者绘制
		圣公可碑，明嘉靖元年（1522）	笔者绘制
		孔子六十二代孙制封衍圣公臣孔闻碑，明嘉靖元年（1522）	笔者绘制

类型	纹样	著录	来源
I式龙纹		孔子六十二代孙碑，明嘉靖元年（1522）	笔者拍摄
		大明重修亚圣庙记碑	笔者绘制
		宣圣行释菜礼时碑，明嘉靖九年（1530）七月	笔者绘制
		刺提督学政台仙居碑，明嘉靖九年（1530）七月	笔者绘制
		诰煦碑	笔者绘制
		赐进士中宁大夫碑	笔者绘制
II式凤鸟纹		孝穆处碑，明宣德十年（1435）	笔者绘制

类型	纹样	著录	来源
Ⅱ式 凤鸟纹		宣圣五十七代碑	笔者绘制
		进士承德碑	笔者绘制
		明故中宁碑	山东孔陵， 笔者绘制
		赐亚碑，龙凤纹	笔者拍摄

Ⅰ式龙纹特点：该式龙纹雕刻于碑首，常与繁密的云纹组合画面，多刻双龙对视，采用浅浮雕的技法，也有的为深浮雕，如奉天承运碑，龙身雕刻简洁，少刻鳞片，比清代龙纹要简单概括，尤以云纹最具特色。龙纹为辅助纹样，可见明代云纹比龙纹更加流行。有的双龙戏珠，有的双龙中间刻火焰纹，如孔子六十二代孙制封衍圣公臣孔闻碑和孔子六十二代孙碑的双龙中间均雕刻火焰纹。

Ⅱ式凤鸟纹特点：该式中的凤鸟有的形似凤，有的形似鸟，其形体刻画得较龙纹小，而二者的相同之处是碑首都刻满云纹，且雕刻的云纹多为如意云纹，满布于碑首部分，突出云纹的特色，凤鸟起辅助作用，如宣圣五十七代碑；还有一种凤的变体，其形既像凤又似龙，凤身刻画鳞片，又有羽毛，带有极强的装饰性，如赐亚碑。

清代碑刻龙纹雕刻甚多，无论是碑首、碑身，还是碑侧，均喜雕刻龙纹。

（1）清代碑首龙纹

清代碑首龙纹分类见表 6-6。

表6-6　清代碑首龙纹分类

类型	纹样	著录	来源
I式		龙兴庵碑，清顺治二年（1645），拓片通高137厘米，宽61厘米，胡世安撰，郝杰正书，韩昌毅双勾篆额，石碑在北京门头沟满区三家店	笔者绘制
		禅房寺碑，清康熙九年（1670），拓片阳、阴均通高152厘米，宽65厘米，李殖繁撰并双勾篆额，正书，高自林刻，阴题目。此纹样在阳面，石碑在北京房山北尚乐	笔者绘制
		香树庵碑，清康熙十一年（1672），拓片阳、阴均连额通高195厘米，阳宽71厘米，阴宽69厘米，周龙舒撰，正书，石碑在北京房山石经山	笔者绘制
		药王庙碑，清雍正元年（1723），拓片连额通高200厘米，宽74厘米，彭尊采撰，正书，石碑在北京房山大石窝镇南尚乐村	笔者绘制
		于承恩墓碑，清乾隆十八年（1753），拓片连额通高148厘米，宽60厘米，正书，石碑在北京石景山八宝山	笔者绘制
		西晋会馆碑，清乾隆三十一年（1766），拓片通高133厘米，宽59厘米，景运通撰并正书，桑格篆额，石碑在北京海淀青龙桥老府村	笔者绘制
		三义庙碑，清乾隆三十三年（1768），拓片通高138厘米，宽75厘米，正书，额双勾题，尾刻嘉庆二十三年四月庙产四至碑，石碑在北京房山张坊	笔者绘制

续表

类型	纹样	著录	来源
I式		法林寺碑，清嘉庆十年（1805），拓片通高191厘米，宽62厘米，周景淳撰，胡宪文正书，额双勾题，石碑在北京昌平兴寿桃林村	笔者绘制
		原置重修香树庵二善信碑，清道光十五年（1835），拓片通高195厘米，宽75厘米，僧慈海撰并正书，僧广泰镌，石碑在北京房山云居寺北水头村	笔者绘制
		兴隆寺邀请善会碑，清同治五年（1866），拓片连额通高156厘米，宽40厘米，正书，阴为七年兴隆寺办马王会碑，石碑在北京西城北长街	笔者绘制
		高家庄桥道记，清光绪二十六年（1900），拓片阳通高192厘米，宽72厘米，阴通高198厘米，宽71厘米，刑景耀撰，王卓正书，中榜书双勾题，王化行双勾篆额，刘富刻，阴捐资题名，额正书，石碑在北京房山南尚乐村	笔者绘制
II式		关帝庙碑，清乾隆四十一年（1776），拓片连额通高166厘米，宽63厘米，郝振都撰，戴聊奎正书，石碑在北京海淀青龙桥	笔者绘制
		朝阳庵戏楼碑，清乾隆四十四年（1779），拓片通高162厘米，宽64厘米，周冈梧撰，王琨正书，额阳文题，石碑在北京顺义	北京图书馆金石组编：《北京图书馆藏中国历代石刻拓本汇编74（清）》，郑州，中州古籍出版社，1989年，第45页

续表

类型	纹样	著录	来源
Ⅱ式		娘娘庙重修关圣帝君大殿碑，清嘉庆十一年（1806），拓片阳通高148厘米，宽63厘米，阴通高138厘米，宽64厘米，温景煜撰，温际亨正书，额阳双勾篆书，王申勒，阴题名，石碑在北京房山天开村	笔者绘制
		三义庙碑，清道光十二年（1832），拓片通高220厘米，宽73厘米，陈鉴撰，郭振正书，石碑在北京房山张坊镇	笔者绘制
		普济桥碑，清道光十六年（1836），拓片阳、阴均通高166厘米，宽66厘米，吕振清撰，许凰池正书，张焕□篆额，宋海明镌，阴刻捐资题名，石碑在北京房山南正双磨村	笔者绘制
		杨成已及妻郭氏墓碑，清道光十六年（1836），拓片阳通高172厘米，宽67厘米，阴通高175厘米，宽68厘米，郭凰池撰并正书，阴刻先茔记，石碑在北京房山北尚乐村西北	笔者绘制
		观音庵碑，清咸丰二年（1852），拓片连额通高119厘米，宽51厘米，吕桂景撰，陈士昭正书，赵登云刻，石碑在北京房山西白岱村	笔者绘制
		小白带村石坡碑，清咸丰四年（1854），拓片阳、阴均连额通高136厘米，宽50厘米，胡嘉猷撰，正书，阴题名，石碑在北京房山西白岱	笔者绘制

类型	纹样	著录	来源
Ⅱ式		捐资题名碑，清光绪十四年（1888），拓片通高 124 厘米，阴通高 126 厘米，均宽 56 厘米，正书，额双勾篆书，王邦昌、王守常镌，石碑在北京房山南尚乐后石门黄土坡	笔者绘制
		佟公妻屈氏祔葬志，清康熙十四年（1675），拓片阳、阴碑身高 41 厘米，宽 28 厘米，额均高 23 厘米，宽 31 厘米，座均高 20 厘米，宽 33 厘米索额图撰，沈荃正书，刘源隶书题额，阴续刻志文，阴额及两面座均刻花纹，石碑在北京朝阳佟家镇出土	北京图书馆金石组编：《北京图书馆藏中国历代石刻拓本汇编 63（清）》，郑州，中州古籍出版社，1989 年，第 76 页
Ⅲ式		□汝黑舍里氏墓志，清康熙十四年（1675）	北京图书馆金石组编：《北京图书馆藏中国历代石刻拓本汇编 63（清）》，郑州，中州古籍出版社，1989 年，第 93 页
		朝山碑记，康熙二十二年（1683）	张鸿修编著：《龙集：历代龙像 500 图》，西安，三秦出版社，1993 年，第 189 页
		孟庙碑，清同治八年（1869），拓片连额 240 厘米，宽 80 厘米，朱昌霖撰，仝士锜正书，王守常刻，石碑在河北涿州夹河村	北京图书馆金石组编：《北京图书馆藏中国历代石刻拓本汇编 82（清）》，郑州，中州古籍出版社，1989 年，第 172 页
		孔林孔子后人碑，清光绪七年（1881）	笔者拍摄

续表

类型	纹样	著录	来源
Ⅲ式		药王庙碑，清光绪八年（1882），拓片阳、阴均通高166厘米，宽62厘米，段玉田撰，杨正修、张维翰正书，额双勾，谢宏智刻，阴刻捐资题名，石碑在北京顺义北向阳村	北京图书馆金石组编：《北京图书馆藏中国历代石刻拓本汇编85（清）》，郑州，中州古籍出版社，1989年，第100页
		三教寺碑，清光绪十一年（1885），拓片通高168厘米，宽56厘米，张文通撰，吴振江正书，额双勾，石碑在北京顺义西石门村	北京图书馆金石组编：《北京图书馆藏中国历代石刻拓本汇编85（清）》，郑州，中州古籍出版社，1989年，第179页
		碧霞元君宫碑，清光绪三十四年（1908），拓片通高151厘米，宽65厘米，于濬撰并正书，额阳文双勾题，尾刻地产及题名，石碑在北京怀柔城东驸马庄	北京图书馆金石组编：《北京图书馆藏中国历代石刻拓本汇编89（清）》，郑州，中州古籍出版社，1989年，第155页
		重修名臣祠碑记，道光六年（1826），碑额双龙纹	笔者绘制

Ⅰ式特点：该式龙纹偏向于写实性，与Ⅲ式有相似性，但该式中龙纹在构图上相对较小，龙身拉长、偏细，刻画鳞片，龙的形态多呈U形装饰在碑首上部，多刻画二龙对视，带有吉祥寓意。有的为双龙戏珠，如禅房寺碑、香树庵碑、法林寺碑；有的为双龙喷火，如于承恩墓碑；有的为双龙托日，如兴隆寺邀请善会碑；还有的在双龙中间刻寿字，如三义庙碑等。清代碑刻追求满密的艺术效果，龙纹雕刻于碑首的2/3处，下部装饰其他纹样搭配，有的刻山纹，如龙兴庵碑、药王庙碑、西晋会馆碑、原置重修香树庵二善信碑；有的刻云纹，如三义庙碑和法林寺碑等。

Ⅱ式特点：该式龙纹为抽象变体的形态，以简洁的线条刻画出大致的龙形，龙身上随意刻画卷曲的线条，有的龙身刻画分支的叶片，如普济桥碑、杨成已及妻郭氏墓碑、观音庵碑；有的为任意卷曲的卷草枝蔓，满密布置于龙身，如关帝庙碑、娘娘庙重修关圣帝君大殿碑、捐资题名碑；

有的刻画棉朵纹，如三义庙碑。

Ⅲ式特点：该式龙纹刻画精致，为写实性的龙纹，龙鳞雕刻精美，雕刻的双龙多交错缠绕，龙头对视，中间刻画龙珠，如□汝黑舍里氏墓志、孟庙碑、孟庙碑咨文；也有的雕刻双龙身体呈对视状的，如药王庙碑、三教寺碑、碧霞元君宫碑、孔林孔子后人碑。

（2）清代碑侧龙纹

清代碑侧龙纹分类见表 6-7。

表 6-7　清代碑侧龙纹分类

类型	纹样	著录	来源
Ⅰ式		吴士俊墓志，清康熙元年（1662），成克巩撰，孙廷铨正书，蔡士英篆盖，北京海淀紫竹院出土	笔者绘制
		王进孝墓碑，清道光元年（1821），拓片碑身高 140 厘米，宽 70 厘米，额高 28 厘米，宽 24 厘米，正书，石碑在北京海淀大钟寺皂君庙	笔者绘制
Ⅱ式		范文程谕祭碑，清康熙五年（1666），拓片高 223 厘米，宽 103 厘米，正书，汉文、满文合璧，石碑在北京怀柔城北庐庄村西	笔者绘制
		洪士铭墓志，清康熙十八年（1679），拓片长、宽均 79 厘米，盖长 77 厘米，宽 78 厘米，吴正治撰，施琅正书，富鸿基篆盖，北京海淀车道沟出土	笔者绘制
		伊桑阿诰封碑，清康熙三十五年（1696），拓片高 229 厘米，宽 113 厘米，陈奕禧行书，汉文、满文合璧，石碑在北京房山苔村	笔者绘制
		北镇庙碑，清康熙四十七年（1708），拓片高 216 厘米，宽 101 厘米，圣祖玄烨并正书，汉文、满文合璧，石碑在辽宁北镇庙	笔者绘制
		皇上万寿无疆榜书，清康熙五十年（1711），拓片高 200 厘米，宽 77 厘米，正书（图为碑上部纹样，分别是左中右排列），石碑在辽宁北镇庙	笔者绘制
		京都城隍庙挂灯会碑，清雍正十二年（1734），拓片阳碑身高 159 厘米，宽 90 厘米，宽 22 厘米，刘塞都撰，吴宗泰正书，阴题目，石碑在北京西城二龙路成方街	笔者绘制

类型	纹样	著录	来源
Ⅱ式		张中一墓碑，清乾隆七年（1742），拓片高93厘米，宽69厘米，正书，汉文、拉丁文合璧，石碑在北京西城北营房北街（马尾沟）教堂	笔者绘制
		孙礼墓碑，清乾隆二十一年（1756），拓片碑身高116厘米，宽69厘米，额高22厘米，宽25厘米，正书，额双勾题，石碑在北京海淀北坞嘉园老公坟	笔者绘制
		倪兴旺墓碑，清乾隆四十三年（1778），拓片高168厘米，宽94厘米，正书，石碑在北京海淀北坞嘉园老公坟	笔者绘制
		喀尔喀馆碑，清光绪八年（1882），拓片碑身阳、阴均高126厘米，宽65厘米，额阳与阴高、宽均24厘米，李廷龄撰，解锡桂正书，额阴双勾，石碑在北京朝阳安定门外五路居	笔者绘制
Ⅲ式		穹觉寺碑，清康熙四十三年（1704），拓片高172厘米，宽88厘米，圣祖玄烨撰并正书，石碑现存于承德避暑山庄	笔者绘制
		赵进忠生圹碑，清乾隆年间，拓片碑身高154厘米，宽87厘米，额高23厘米，宽24厘米，正书，额篆书，石碑在北京海淀北坞嘉园老公坟	笔者绘制
		四库全书纪事诗，清乾隆四十年（1775），拓片碑身高273厘米，宽135厘米，额高37厘米，宽34厘米，高宗弘历撰并行书，额篆书，刻于三十九年十月文津阁记碑之阴。上为碑身，下为碑额，石碑现存于承德避暑山庄	笔者绘制
		五华寺碑，清乾隆五十七年（1792），拓片碑身阳、阴均高127厘米，宽66厘米，额阳高31厘米，宽27厘米，张师诚撰，正书，阴题名，石碑在北京海淀香山殿桃沟	笔者绘制
		赵进忠墓碑，清嘉庆五年（1800），拓片高132厘米，宽64厘米，正书，石碑在北京海淀北坞嘉园老公坟	笔者绘制
		纪进忠墓碑，清道光元年（1821），拓片阳、阴均高158厘米，宽84厘米，正书，阴榜书并上坟供奉题名，石碑在北京海淀北坞嘉园老公坟	笔者绘制

Ⅰ式特点：该式龙纹实际上与Ⅱ式形态相似，龙身细长简洁，雕刻卷曲的枝蔓和叶片装饰，龙尾为卷曲的叶片形，双龙呈对视状，正中间雕刻珠子，形成双龙戏珠，如吴士俊墓志和王进孝墓碑。

Ⅱ式特点：该式龙纹属于写实性的，有的与云纹组合，云纹有的穿插于龙身，如北镇庙碑、喀尔喀馆碑；有的刻画于龙尾，如伊桑阿诰封碑；有的添加火焰纹丰富画面内容，如皇上万寿无疆榜书。该式龙纹鳞片刻画精细，多呈腾飞状，多刻双龙戏珠或双龙对视火球等。

Ⅲ式特点：该式龙纹延续前朝夔龙纹的特点，多为抽象的几何形变体龙纹。该式龙纹在宋元碑刻上所见不多，明清时期随着几何纹的增加，此种纹样也有所增加，细微之处的勾卷弯曲还有不同的变化，如穹觉寺碑、四库全书纪事诗、五华寺碑、赵进忠墓碑、纪进忠墓碑等。

（3）清代碑身龙纹

清代碑身龙纹分类见表6-8。

表6-8　清代碑身龙纹分类

类型	纹样	著录	来源
Ⅰ式		陈福墓碑，清乾隆二十四年（1759），拓片高209厘米，宽94厘米，德保撰并行书，石碑在北京海淀北坞嘉园老公坟	笔者绘制
		和平寺香火碑，清嘉庆五年（1800），拓片碑身高152厘米，宽83厘米，额高31厘米，宽25厘米，正书，额双勾题，石碑在北京昌平桃洼花塔村	笔者绘制
Ⅱ式		朱子诗刻，清康熙四十一年（1702），拓片碑身高143厘米，宽68厘米，额高29厘米，宽21厘米，宋朱熹撰，圣祖玄烨草书，额篆书，韩蓬麻勒，石碑在河北定县	笔者绘制
		皇帝（玄烨）赐博济碑，清康熙四十四年（1705）	笔者绘制
		康熙皇帝书赐鄂海碑，清康熙四十四年（1705）	笔者绘制

Ⅰ式特点：该式龙纹与碑首龙纹Ⅰ式一致，即龙身长而细，云纹穿插龙身，使得云纹看似占据主体纹样地位，如陈福墓碑。

Ⅱ式特点：该式龙纹为写实性，碑身中间刻文字，龙纹雕刻于碑身的四边，承托中间文字，碑身的上边和下边一般雕刻双龙对视戏珠，碑的左右两边则是将龙纹依次排列，雕刻于碑身的龙纹精致细微，活灵活现，如朱子诗刻等。

四、形态简单的莲纹

莲纹一直是个不间断发展的纹样，在碑刻中也一直是主要纹样。明清时期的碑刻莲纹除了延续前朝的缠枝莲纹和对分式及单分式二方连续莲纹外，主要的变化是带有寓意的莲纹画面出现较多，如用来表现四季中的夏天。明清碑刻莲纹分类见表 6-9。

表 6-9　明清碑刻莲纹分类

类型	纹样	著录	来源
Ⅰ式		□汝黑舍里氏墓志，清康熙十四年（1675）	笔者绘制
		仙翁戏台罩棚碑，清乾隆六年（1741），拓片碑身高 110 厘米，宽 69 厘米，额高 21 厘米，正书额篆书，石碑在北京东城北庐草园颜料会馆	笔者绘制
		清敕授微仕郎翰林院检讨例赠奉政大夫贵州道监察御史荷冈周公墓志，清乾隆二十二年（1757年），志长 90 厘米，宽 121 厘米，厚 28 厘米，志文 46 行，满行 32 字，正书，左、右下角为山水、湖石，左右两边及上边为蔓草纹，下边为莲瓣纹。河北大名尹李庄乡陈庄村出土，入藏大名县文物保管所	笔者绘制
		孝藏庄□世界海图并说，清代，拓片通长 132 厘米，宽 51 厘米，正书，额篆书，石碑在陕西西安	笔者绘制
		三佛寺碑，清道光十一年（1831），拓片通高 121 厘米，宽 61 厘米，白玉书撰并正书，额双勾横题，张全普镌，石碑在北京房山张坊镇片上村	笔者绘制

类型	纹样	著录	来源
Ⅰ式		伊克些列夫斯基墓碑，清道光二十年（1840），拓片阳、阴均高126 厘米，宽 78 厘米，阳俄文，阴汉文正书，石碑在北京东城东正教公墓	笔者绘制
Ⅱ式		阿羌加墓碑，明万历四十五年（1617），云南出土，拓片连额通高 94 厘米，宽 59 厘米，阳文正书，额刻画像并梵文五字	笔者绘制
		明代赠孺人吕室人孙氏墓志，明崇祯十五年（1642），志长 57 厘米，宽 57 厘米，厚 20 厘米，盖长 57 厘米，宽 57 厘米，厚 20.5 厘米，盖文 4 行，满行 4 字，篆书。周边为缠枝莲花纹。志文 34 行，满行 34 字。正书。周边也为缠枝莲花纹。河北沧州吕家墳出土，现藏于沧州市文物保护管理处	笔者绘制
Ⅲ式		五岳真形图碑，明万历三十二年（1604），高 3.85 米，宽 1.25 米，厚 0.33 米，圆首方跌，上雕刻着象征五岳形象的符篆，图旁附注文字说明，阐述五岳的地理位置及作用，近年来有学者考证五岳真形图是一种山脉图，是中国历史上最早的按原始等高线作图法，做出抽象的五岳山势形状的地图	笔者绘制
		清故微仕郎吏科右给事中前诰授奉政大夫刑部河南清吏司员外郎加一级孔著刘公大谟暨元配诰赠宜人吕氏姚氏合葬墓志，康熙三年（1664），志长 54.5 厘米，宽 54 厘米，厚 15 厘米，盖长 54 厘米，宽 54 厘米，厚 14.5 厘米。盖文 8 行，满行 6 字。篆书，周边为湖石缠枝莲花纹。志文 36 行，满行 40 字，正书。	笔者绘制
		冠山书院碑，清同治十二年（1873），拓片碑身高 162 厘米，宽 78 厘米，额高 32 厘米，宽 27 厘米，李葆贞撰，程燮奎正书，梁承绥双勾题额，许文明刻，石碑在北京延庆	北京图书馆金石组编：《北京图书馆藏中国历代石刻拓本汇编 84（清）》，郑州，中州古籍出版社，1989 年，第 50 页

续表

类型	纹样	著录	来源
Ⅲ式		张进义墓记，清光绪二年（1876），拓片连额通高 188 厘米，宽 57 厘米，多罗孚郡王奕漂撰，正书，石碑在北京海淀北坞嘉园老公坟	笔者绘制
		泰山斗母宫，万善同归碑，清光绪二十年（1894），碑侧纹样	笔者绘制

　　Ⅰ式特点：该式莲纹为对开式和单开式二方连续，如□汝黑舍里氏墓志为对开式，清敕授微仕郎翰林院检讨例赠奉政大夫贵州道监察御史荷冈周公墓志为单开式，而仙翁戏台罩棚碑中的莲纹为单瓣勾卷形，这种勾卷形在明清莲纹中出现较多，此点在前面缠枝勾卷纹中已有详述，兹不缕述。

　　Ⅱ式特点：该式莲纹为明清流行莲纹，多以开光的构图形式表现吉祥的寓意，有些为写实性莲花，表现莲塘景致，故多为场景式画面并带有抒情性，如三佛寺碑。

　　Ⅲ式特点：该式莲纹为缠枝莲纹，缠枝莲纹从三国两晋南北朝开始一直长盛不衰，到了明清时期，莲纹的花头更趋向于写实性，而且喜用云曲勾卷的造型，使莲纹显得更加丰富饱满，如五岳真形图碑。

五、寓意绵长的几何纹

　　几何纹自汉代始在碑刻上即有出现，中间经历三国两晋南北朝、隋唐时期、宋元时期，碑刻中的几何纹所见甚少，明清时期又有所增多，而且变化形式也较为丰富。明清时期的几何纹突出表现为以连续不断地弯转形成二方连续纹样，带有吉祥寓意。明清碑刻几何纹分类见表 6-10。

表 6-10　明清碑刻几何纹分类

类型	纹样	著录	来源
Ⅰ式回纹		明敕封承德郎刘公暨元配安人武氏墓志，明天启元年（1621），志长 83 厘米，宽 90 厘米，厚 19 厘米；盖长 83.5 厘米，宽 89.5 厘米，厚 22 厘米。盖文 5 行，满行 6 字，篆书。周边为卷草纹。志文 40 行，满行 40 字，正书。周边为曲折纹。盖右上角及下角断失。河北邱县贾寨乡出土，现藏于邱县文物管理所	中国文物研究所、河北省文物研究所编：《新中国出土墓志·河北（一）》（上册），北京，文物出版社，2004年，第 322 页

类型	纹样	著录	来源
I式回纹		顺义县修路碑，清嘉庆十二年（1807），拓片连额通高 98 厘米，宽 50 厘米，行书，尾附刻十五年重修道路题款，石碑在北京顺义牛栏山镇北门外	笔者绘制
		冠山书院经费记，清道光九年（1829），拓片连额通高 136 厘米，宽 56 厘米，周起瑶撰，申锡畴正书，石碑在北京延庆城北街	笔者绘制
II式垫板卡子纹		明资德大夫正治上乡都察院左都御史赠太子少保带川刘公暨配赠夫人陈氏合葬墓志，明万历二十八年（1600），志长 91 厘米，宽 96 厘米，厚 17 厘米。志文 48 行，满行 60 字，正书。志文略有残缺，周边为回折线纹，盖失。河北沧州运河区南陈屯乡刘辛庄村出土。入藏沧州市文物保护管理处	笔者绘制
		清诰授中宁大夫江西督粮道丁未科进士南皮兼山张公受长暨元配李恭人合葬墓志，清乾隆四十五年（1780），志长 78 厘米，宽 77 厘米，厚 18 厘米，盖长 78 厘米，宽 78 厘米，厚 18.5 厘米。盖文 7 行，满行 7 字，篆书。志文 40 行，满行 44 字，正书。周边为变形菱纹，志、盖周边有子、母口。河北南皮双庙村出土，现藏于南皮县文物保护管理所	笔者绘制
		兰亭八柱诗刻，清乾隆五十年（1785），石碑原在北京海淀圆明园，今存北京中山公园，拓片高 136 厘米，宽 188 厘米，高宗弘历撰并行书	笔者绘制
III式工字纹		《积水潭即景诗》，清乾隆二十六年（1761），石碑在北京西城德胜门西顺城街汇通祠，拓片高 138 厘米，宽 67 厘米，高宗弘历撰并行书	北京图书馆金石组编：《北京图书馆藏中国历代石刻拓本汇编 71（清）》，郑州，中州古籍出版社，1989 年，第 189 页
		古口歌，清乾隆四十六年（1781），石碑在承德避暑山庄，拓片高 95 厘米，宽 190 厘米，高宗弘历撰并行书，阴为，山中诗刻	北京图书馆金石组编：《北京图书馆藏中国历代石刻拓本汇编 74（清）》，郑州，中州古籍出版社，1989 年，第 90 页

续表

类型	纹样	著录	来源
Ⅳ式 万字纹		圣泉寺并元天寺碑，清光绪元年（1875），石碑在北京怀柔口头村，拓片碑身高 97 厘米，宽 67 厘米，额高、宽均 26 厘米，穆□杜撰，曹裕章正书，额双勾题	笔者绘制
		清代赠太学长五张公陵暨元配刘孺人合葬墓志。康熙四十二年（1703），志长 56.5 厘米，宽 57 厘米，厚 14 厘米，盖文 5 行，满行 4 字，篆书，盖上边为万字样，左右两边为莲云纹，志文 37 行，满行 42 字，正书。志、盖周边分别有子母口。河北南皮出土。现藏于南皮县文物保护管理所	笔者绘制
Ⅴ式 其他几 何纹		陈曾公及妻蔡氏合葬志，清嘉庆八年（1803），拓片长、宽均为 60 厘米，斐显相撰，赵汝勖正书，张端城篆盖	笔者绘制
		宝濠河岸功德碑，清道光二十五年（1845），拓片高 130 厘米，宽 59 厘米，方绍庭撰，李治正书，石碑在云南昆明官渡区	笔者绘制
		大严脑禁坡合同碑，清咸丰八年（1858），拓片通高 105 厘米，宽 49 厘米，正书，额横题，石碑在山西平顺	笔者绘制
		泰山圣母庙碑记，清同治三年（1864），拓片通高 96 厘米，宽 43 厘米，赵澄思撰并正书，额横题，石碑在山西武乡	笔者绘制
		陈氏祠堂记，清光绪三十年（1904），拓片通高 199 厘米，宽 72 厘米，傅秉鉴撰，王焕亭正书，额阳文横题，石碑在山东临清康盛庄镇陈家寨村	笔者绘制
		丁起龙及妻墓碑，清光绪三十一年（1905），拓片通高 121 厘米，宽 68 厘米，正书，额横题，碑底部残缺，石碑在山东临清康庄镇	笔者绘制

Ⅰ式回纹特点：回纹又称云雷纹，在青铜器上运用较多，碑刻中所见较少，仅用以衬托主题纹样，一般单独出现在器物的颈部或足部，或作为边饰，有时也作为两种纹样的隔断纹样。该式纹样以连续的回旋状线条构成二方连续，迂回曲折，连绵不断，具有装饰性，在明清碑刻中表现绵

延不断的吉祥寓意。在构图上多呈倾斜式，边角有的呈尖状，如明敕封承德郎刘公暨元配安人武氏墓志、冠山书院经费记、明资德大夫正治上乡都察院左都御史赠太子少保带川刘公即配赠夫人陈氏合葬墓志；有的呈折线，如顺义县修路碑。

Ⅱ式垫板卡子纹特点：该式纹样为苏式垫板卡子纹样，垫板指梁枋之间的板，卡子纹样有软卡子和硬卡子，软卡子纹样为曲线，硬卡子纹样为直线，如兰亭八柱诗刻，就是硬卡子纹。

Ⅲ式工字纹特点：该式几何纹为工字纹，形成绵延不断的二方连续，具有吉祥之寓意，如古口歌；有的工字重叠使纹样更加复杂，如圣泉寺并元天寺碑。

Ⅳ式万字纹特点：万字纹即"卍"字形纹样，"卍"字为古代一种符咒，常作为护身符，也有认为是宗教标志，在佛教中被视为太阳或火的象征。"卍"字在梵文中意为"吉祥之所集"，佛教认为它是释迦牟尼胸部所现的瑞相，有吉祥、万福和万寿之意。"卍"字四端向外延伸，形成连锁花纹，常用来寓意万福万寿绵长不断。在明清纹样中出现较多，碑刻中也有出现，如清代赠太学长五张公陵暨元配刘孺人合葬墓志。

Ⅴ式其他几何纹特点：明清碑刻几何纹品种较多，远在宋元之上，这与明清流行吉祥纹样有一定的关联。根据吉祥寓意之特色围绕纹样不断地变化迂回缠绕，是明清碑刻几何纹的主要特点，如陈曾公及妻蔡氏合葬志、宝濠河岸功德碑、陈氏祠堂记、丁起龙及妻墓碑；也有的采用方菱格形，刻画出满密的画面效果，如大严脑禁坡合同碑、泰山圣母庙碑记。

六、其他纹样

明清碑刻纹样品种丰富多样，除了运用最多的缠枝纹、云纹、龙纹等纹样外，还有其他表现吉祥寓意的纹样，如一些博古纹、四季花卉纹、蝙蝠纹、瑞兽纹、四神纹、凤鸟纹等。一些特殊少见的纹样见表6-11。

表6-11　明清碑刻其他纹样类型

纹样	著录	来源
	褒崇先圣礼乐记碑，明成化年十三年（1477）	笔者绘制

续表

纹样	著录	来源
	明国戚陈氏王孺人墓志，明嘉靖二十五年（1546），志长 73 厘米，宽 73.5 厘米，厚 24 厘米；盖长 69.9 厘米，宽 70 厘米，厚 19 厘米。盖文 4 行，满行 3 字，篆书。志两边刻字：一面为志文，33 行，满行 3 字，正书。底面为唐代某君墓志盖。四杀为浅浮雕四神纹，朱雀、玄武观以宝相花，白虎间以流云纹；知此志实为旧石改制。河北大名北门口乡出土，现藏于大名县文物保管所	中国文物研究所、河北省文物研究所编：《新中国出土墓志·河北（一）》（上册），北京，文物出版社，2004 年，第 221 页
	王时震及妻郜氏合葬墓表，清乾隆十一年（1746），拓片连额通高 174 厘米，宽 77 厘米，正书，石碑在北京房山张家庄	笔者绘制
	傅恒宗祠碑，清乾隆十四年（1749），石碑阳龟趺右侧，麒麟纹样	笔者绘制
	吴王氏施地碑，清乾隆二十年（1755），拓片连额通高 148 厘米，宽 69 厘米，刻为福增格施地供众碑之阴，正书，石碑在北京房山云居寺	笔者绘制
	米哈伊洛夫墓碑，清乾隆二十年（1755），拓片高 122 厘米，宽 60 厘米，俄文、汉文，此碑系重刻本，石碑在北京东城安定门外东正教公墓	笔者绘制
	巴德尼墓碑，清乾隆二十八年（1763），碑首橄榄纹样	笔者绘制
	王时薰及妻贾氏合葬志，清乾隆四十四年（1779），河北武安出土，毕沅撰，曹仁虎正书并篆盖	笔者绘制
	如意圣会题名碑，清乾隆四十六年（1781），拓片连额通高 136 厘米，宽 59 厘米，正书，石碑在北京门头沟戒台寺	笔者绘制
	刘保禄墓碑，清乾隆五十六年（1791），拓片高 112 厘米，宽 56 厘米，正书，汉文、拉丁文合璧，石碑在北京西城阜成门外北营房北街（马尾沟）教堂	笔者绘制

纹样	著录	来源
	冠山书院经费记，清道光九年（1829），拓片连额通高 136 厘米，宽 56 厘米，周起瑶撰，申锡畴正书，石碑在北京延庆北街	笔者绘制
	资福寺碑，清道光十四年（1834），拓片碑身高 155 厘米，宽 76 厘米，额高 30 厘米，宽 25 厘米，吴德徽撰，曹振德正书，额双勾篆书，石碑在北京怀柔红螺寺	最上图：北京图书馆金石组编：《北京图书馆藏中国历代石刻拓本汇编 80（清）》，郑州，中州古籍出版社，1989 年，第 58 页 其余图：笔者绘制
	缘庆恒吉二庙碑，清道光十七年（1837），拓片通高 137 厘米，宽 48 厘米，锦誉撰并行书，额篆书，石碑在北京东城毕原北极阁	笔者绘制
	天开庙戏楼碑，清道光二十五年（1845），拓片连额通高 155 厘米，宽 64 厘米，张寅撰，孙肇兰正书，刘钧刻，石碑在北京房山天开村	笔者绘制
	永禁烛业创立行头名目碑，清道光二十七年（1847），拓片通高 126 厘米，宽 53 厘米，正书，额篆书，石碑在江苏苏州三乐湾东越会馆	笔者绘制
	洪业寺碑，清道光二十九年（1849），拓片连额通高 193 厘米，宽 68 厘米，张蓉第撰，李咸一正书，石碑在北京房山原方山县城西门外大洪寺村北	笔者绘制
	庄兰□妻徐氏墓碑，清咸丰元年（1851），拓片连额通高 105 厘米，宽 63 厘米，王治咸撰，正书，石碑在四川西昌西郊乡	笔者绘制

续表

纹样	著录	来源
	何正富墓碑，清咸丰七年（1857），拓片连额通高106厘米，宽54厘米，何正贵撰并正书，石碑在四川西昌川兴乡	笔者绘制
	宋钟及妻李氏墓碑，清咸丰十一年（1861），拓片连额通高132厘米，宽67厘米，正书，石碑在湖北大冶纱帽山	笔者绘制
	高德贤妻宋氏墓碑，清同治六年（1867），拓片通高146厘米，宽77厘米，高文炳撰，正书，石碑在四川西昌川兴乡	笔者绘制
	观音堂碑，清同治九年（1870），拓片通高150厘米，宽46厘米，原口弼、王克生撰，王长龄正书，额横题，王群泰、王安保科，石碑在山西屯留	上图：北京图书馆金石组编：《北京图书馆藏中国历代石刻拓本汇编82（清）》，郑州，中州古籍出版社，1989年，第178页下图：笔者绘制
	北京浮山会馆重修碑，清同治十年（1871），底座穿花龙纹样	笔者绘制
	鲁祖圣会碑，清同治十一年（1872），拓片碑身阳、阴均高135厘米，宽62厘米，额高27厘米，宽18厘米，正书，阴题名，石碑在北京西城旧鼓楼大街大觉寺	笔者绘制
	真武庙碑，清光绪四年（1878），拓片碑身高128厘米，宽69厘米，额高、宽均22厘米，徐文洞撰，鲁琪光正书，汪鸣鉴篆额，张鹤年刻，撰人名泐，石碑在北京西城前门外西河沿街	笔者绘制
	顺义营碑，清光绪五年（1879），拓片通高143厘米，宽53厘米，正书，额双勾，碑记似非全文，当有碑阳，石碑在北京顺义	笔者绘制

纹样	著录	来源
	李光盛及妻黄氏墓碑，清光绪九年（1883），拓片通高 131 厘米，宽 63 厘米，李栻撰，正书，石碑在四川西昌	笔者绘制
	文庙记，清光绪十七年（1891），拓片高 183 厘米，宽 82 厘米，赵映辰撰，郭莹正书，方汝翼篆额（上、下、左下、左中、左中、左上，右下、右中、右中、右下），石碑在河北清苑	笔者绘制
	文庙记，清光绪十七年（1891），拓片高 183 厘米，宽 82 厘米，赵映辰撰，郭莹正书，方汝翼篆额（上、下、左下、左中、左中、左上，右下、右中、右中、右下），石碑在河北清苑	笔者绘制
	观音菩萨碑，清光绪二十三年（1897），拓片通高 122 厘米，宽 52 厘米，李树花撰，孙世槐正书，张纶篆额，杨印金镌，石碑在山西沁县	笔者绘制
	郑巴尔大撒碑，清光绪二十四年（1898）	笔者绘制
	宝公寺刹竿碑，清光绪二十四年（1898），拓片碑身连额通高 197 厘米，宽 78 厘米，两侧一高 130 厘米，宽 25 厘米，一高 134 厘米，宽 24 厘米，座高 31 厘米，宽 25 厘米，成允薰撰，文彬正书，侧一题立碑年月，一题捐款人姓氏，座刻僧续明七言诗一首，石碑在北京东城东直门内大街	笔者绘制

续表

纹样		著录	来源
		董序茂及妻翟氏张氏墓碑，清光绪三十年（1904），拓片通高 156 厘米，宽 64 厘米，正书，额阳文横题，石碑在山东临清	笔者绘制
		史氏宗祠碑，清光绪三十年（1904），拓片通高 139 厘米，宽 59 厘米，马棨臣撰，南道南正书，额阳文横题，石碑在山东临清	笔者绘制
		不详	最上图：北京图书馆金石组编：《北京图书馆藏中国历代石刻拓本汇编 79（清）》，郑州，中州古籍出版社，1989 年，第 54 页 其余图：笔者绘制

第三节　碑刻纹样的表现技法

明代是中国写意花鸟画真正确立和发展的时期，徐渭一改吴门画派恬静优雅的格调，充分发挥文人画中以笔墨抒情的技法，把写意画推向一个新的高度。[①]写意画注重画面的随意性，因此表现技法上以追求随意自由的个性为其特色。明清碑刻纹样受工笔花鸟画和写意花鸟画表现技法的影响，其在形式上比前朝有了更多的变化，但归纳起来有开光法、过枝

---

① 周群、谢建华：《徐渭评传》，南京，南京大学出版社，2006 年，第 439—440 页。

法、锦上添花法、求全法等形式。

一、开光法

开光法是图案纹样装饰中比较常用的方法，它适用于特定的形态，表现为在一个特定的框架之内进行装饰，使框架内的纹样构成适合纹样，限制了纹样的大小、形态及存在的位置和方向。开光内部的纹样形态并不一定要求布满整个框架空间，开光法设定的框架往往将人视觉目光集中于框架内的纹样，此种方法一般在特定突出某种纹样时采用。从明清碑刻纹样来看，此种方法运用得比较多，有的为菱形开光，有的为矩形开光，有的为四合如意形、葵花形等。此种方法在明之前的碑刻纹样中没有出现，但在清代碑刻侧面纹样中运用得比较多。开光中的纹样一般多为单独纹样并设置为主纹，采用开光的形式往往与开光外的纹样区分开，开光外为地纹。开光法可以突出重点、强调主题、增进装饰面的层次感，从而使纹样在构图形式感上更加丰富多样。此种表现方法在清代运用比较广泛，陶瓷、织锦、漆器、剪纸、雕刻等都有运用，碑刻上也出现得比较多，如表6-1 Ⅱ式的慈云寺五十三峰圣境图并记，该碑侧为多个开光纹样组合，开光中分别雕刻写实性的梅兰竹菊纹样，它们中间用心形相连，使每个纹样之间又形成连贯性的纹样，这样形成既独立又有联系的复杂多变的纹样形式，丰富了画面的效果。有的开光分布在碑额的转角处，如表 6-10 Ⅳ式万字纹中董玉良及妻孙氏墓碑在碑额半圆的转角上采用菱形开光的手法，开光中雕刻兰花，兰花呈倾斜之势，与水平的开光外的几何纹形成抽象与写实结合的装饰纹样。又如表6-4 Ⅳ式资福寺碑菱形开光中雕刻写实的荷花、梅花等纹样，开光外为卷曲的几何纹。有的为矩形开光，如表6-9 Ⅱ式三佛寺碑，该碑侧和碑额都采用开光的手法，开光的形态为矩形，矩形开光中雕刻写实的植物纹样，开光外为呈菱格状的几何纹。还有呈四合如意形的，如表 6-9 Ⅰ式伊克些列夫斯基墓碑，该碑在四合如意框的开光中装饰莲纹，莲纹为表现莲塘的景致，莲花、莲叶、莲蓬交错，开光外以缠枝纹装饰两边。从以上开光的碑刻纹样中我们可以归纳出其具有以下特点，即装饰性与写实性结合；几何纹样与植物纹样结合。它显示了清代碑刻纹样的复杂多样性。

二、过枝法

明代时期，过枝法又被称为转枝法，因其图案纹样缠绕转折不断而得名，清代尤以盛行。过枝的形式有两种：一种是以波状线与切圆线组合，作二方连续或四方连续展开，形成波状卷曲缠绵的基本样式，再在切圆空间中或波线上装饰花卉，并布置叶子，便形成枝茎缠绕、花繁叶茂的缠枝花纹或缠枝花果纹，此形式实为缠枝纹，如缠枝牡丹、缠枝莲、缠枝菊、缠枝石榴、缠枝宝相花等。其中以二方连续形式的缠枝纹尤为常见，其构图循环往复，变化多端且婉转流畅，节奏明快。[1]另一种为以有叶和花组合的单枝花为装饰，并由外延伸到内构图。这种形式在器物上往往还表现为从器身延展到器盖的形式，以使两个部件构成一个整体，具有完整、顺达等吉祥之意。[2]此种形式实际上形似自宋代流行于中国画中的折枝法。折枝是中国花鸟画中的一种构图表现形式，即画花卉时不画出全枝而是取一枝干或若干枝干从侧面伸出入画。折枝构图形式在中唐时期即已出现，五代时期已经较为普遍，宋代则在花鸟画中比较常见，明清时期随着写实和写意花鸟画的发展运用得极为普遍。这种过枝法的形式在明清碑刻中也出现得较多，多运用于碑额或碑身部分，如表 6-11 的天开庙戏楼碑和表 6-1 Ⅱ式的慈云寺五十三峰圣境图并记，该两块碑的纹样在表现手法上均采用过枝的形式，即从画面构图之外伸出一枝独立的花卉。

三、锦上添花法

此方法是明清织锦上运用较多的一种方法，它是在满密的花纹中再填花纹，清代乾隆时期大量运用于珐琅彩和瓷器装饰上。此外，织锦上的落花流水纹样亦为此形式。落花流水又称"桃花流水""流水桃花纹""紫曲水""曲水纹"，此纹样是宋人根据唐代诗人李白《山中问答》"桃花流水窅然去，别有天地非人间"和宋人词"花落水流红"等名句创作而成。此类纹样以流水的波纹为底衬，其上布置桃花、梅花及其他花朵。这种纹样流行于明代晚期，清代有了更多的创新，在对自然现象的取舍上大胆概括并加以规则化，使之更具装饰性。落花流水纹样中水在流，花在动，给人强烈的动感和美好的遐想。[3]该种形式在碑刻中也有部分的体现。但从碑刻资料来看，所刻较少，一般雕刻于碑额部分，因为碑额部分所刻面积较多，适合雕刻大团的图案纹样，如表 6-11 的顺义营碑，该碑的碑额部分纹样丰富，上部雕刻之植物纹样即是采用了锦上添花的形

---

① 戴炤觉：《明代缠枝纹样的图式结构初探——以明锦纹样为例》，中国美术学院硕士学位论文，2013 年，第 108 页。

② 田自秉、吴淑生、田青：《中国纹样史》，北京，高等教育出版社，2003 年，第 381 页。

③ 郭廉夫、丁涛、诸葛铠主编：《中国纹样辞典》，天津，天津教育出版社，1998 年，第 11 页。

式，花中添花，丰富复杂，下部雕刻动物，左边为麋鹿，右边为鹤鸟，并在最下部雕刻水纹和山纹。植物纹样中还穿插云纹进行点缀，整个碑额纹样极其丰富，动静结合，极富生气。

四、求全法

这里的求全法主要从两个方面来表现：第一，在纹样的题材或意义上，以四种或多种事物构成一组并成为系列纹样，最终形成一个完整的画面。此种形式，前朝的四神纹、宋代的四季景等都有表现，但明清时期将此法扩大化，题材更加丰富多样，如表现四季、四时、四方、四象、四艺等，碑刻上所见较多的是四季，如表 6-1 Ⅱ式的慈云寺五十三峰圣境图并记，该碑以梅、兰、竹、菊为表现四物特点。第二，画面内容的求全性，即在一个画面把相关联的事物都画上，如表现莲花时，在限定的空间内刻莲花、莲梗、莲蓬、莲子、莲叶，甚至鸟、鱼、水、草等事物，形成一个完整的景致。后种形式在明之前亦有出现过。

第四节　碑刻纹样的时代特色

明清时期，碑刻纹样在构图形式和题材、风格特点上都有较多的变化，尤其是航海业发展，一些制作精良、带有异域风格的猎奇的西洋器物流入，人们开始模仿西洋风格的装饰纹样，如对繁缛、富丽的巴洛克和洛可可风格的模仿，对伊斯兰纹样的借鉴，等等。这种模仿完全改变了中国传统的审美风格，尤其是到了清代康熙、雍正、乾隆时期，一味地追求装饰的繁缛之风盛行。碑刻纹样上所雕刻的无论是植物纹样还是动物纹样都追求精细繁复，尤其是龙纹雕刻精致逼真。缠枝纹样除了传统的二方连续的形式外，在碑侧的两头还设置其他形式，碑侧的中间安排缠枝纹样，有的缠枝纹样还采用开光的构图形式。

一、纤巧繁复的艺术特色

明清碑刻纹样中所具有的纤巧繁复的艺术特点主要表现在清代康熙、雍正、乾隆三朝时期，该三朝的碑刻纹样追求满、密、细、多的艺术特点。满，即刻满碑额和碑侧。这在同时期其他器物亦有体现，如陶瓷上的万花彩、万花堆、黑地满花、锦地满花、锦上添花等；细，则指枝干纤细，无论是主枝干还是分枝都以细来表现，正是这种细才更加托出密的特性；多，主要表现为纹样繁多，即使空间上装饰丰富。这种特点的形成一方面是受法国路易宫廷装饰风格的影响；另一方面与皇帝的喜好和该时期的审美有关。

二、雅俗结合多种审美需求

前面谈到明清时期最大的特点是外来文化的冲击，以及科学技术的发展促使文人思想观念的改变，尤其是到了清代，装饰艺术明显地派出两大特点：一种是追求极致精雕细琢凸显高贵之风；另一种是追求随意自由的世俗之风。

产生两种分化主要归因于经济的繁荣让艺术创作从高雅脱俗走向现实生活，许多艺术家的创作和商业利益相连，绘画风格日渐呈现出文人性、世俗性融合的综合面貌，反映了当时雅俗文化相互消长的社会思潮和审美倾向。

先来看秉承宋元余韵的宫廷装饰，碑刻纹样突出表现在对龙凤的雕刻上，如版画中反映民众心声的吉祥题材和娱乐、神话故事、历史题材等都体现在碑刻装饰上。

三、纹样的多样化

明清碑刻纹样的多样化一方面体现在题材多样化；另一方面表现为构图形式的多样化。

题材多样化表现如下：在题材上的变化除了植物纹样和动物纹样外，具有寓意的动物与植物纹样的综合运用增多。植物纹样在形态上也有比较多的变化，除了极富装饰性的抽象形外，更多的是接近写实的形态。写实的形态始自宋元写实花鸟画的流行，碑刻后来亦逐步受其影响，开始偏向写实性的画面，接近绘画性的写实纹样比较灵活，正符合明清时期人们追求思想解放和自由随意个性的发展变化，如缠枝莲、缠枝牡丹突出写实的花头，且花大叶小的造型形式从宋元便开始流行，如表 6-1 Ⅱ式的慈云寺五十三峰圣境图并记和表 6-11 的董序茂及妻翟氏张氏墓碑、史氏宗祠碑等，均为写实性的植物纹样。此外，松竹梅兰和八宝等带有寓意性的题材在明清时期碑刻上也有大量体现，如表 6-11 的观音菩萨碑，该碑采用开光的构图形式雕刻梅兰竹菊图，画面运用写实的表现手法。此外，明清题材上的变化还体现在出现了一种表现寓意的回纹，明代瓷器纹样中常见这种回纹。有学者指出这种回纹是受伊斯兰纹样特点的影响发展变化而来的，但也有学者认为回纹系由古代陶器和青铜器上的雷纹演变而来，发展至明清时期因其是由横竖短线折绕组成的方形或圆形的回环状花纹，形如"回"字，所以称作回纹。回纹在民间具有富贵不断头的寓意，故在碑刻中也运用得比较多，如表 6-10 Ⅰ式的顺义县修路碑、冠山书院经费记等，这些碑刻中的回纹在转折方向和大小上略有差异，但总体上是呈"回"字形向左右延伸。

构图形式的多样化表现如下：第一，采用传统的对称与均衡的构图形式，这种形式多见于碑刻缠枝纹中，如牡丹缠枝装饰，有的围绕中间的枝蔓上下反复布置牡丹，形成对称形。对称的形式有绝对对称和相对对称，绝对对称是以中轴线为中心，两边或中心点周围各分布形态完全相同的纹样，如缠枝纹以中间弯曲旋转的枝干为中心，两边分布花头或叶片，还有一些动物纹样，如表 6-4 Ⅴ式的广生娘娘庙碑和玉河庵碑等都是以一弯曲的中轴线为中心，上下分布枝叶和花头形成对称的形式。相对对称的形式有的装饰在碑额上，碑额的正中间刻字，围绕中间所刻字两边对称装饰完全一样的纹样，如表 6-11 的顺义营碑，碑额中间刻字，中间字体上方是对称的植物纹样，在字的两边各雕刻动物纹样，而动物纹样却不一定是一模一样的，只是相对地形成两边对称形。

第二，追求均衡感，均衡即平衡，不受中轴线的限制，没有严格的对称结构，但有对称式的重心感，即表现在力量上的对称而不是形态上的对称，体现了变化中的稳定感。它比对称的形式更具有创造性，在明清之前碑刻纹样中比较少见，而在清代得到大量运用。这说明，清代碑刻纹样比前朝更加多样丰富，如碑刻上的一些动物纹样，两边并不对称，但形成均衡感，往往具有灵活性、运动性和优美性的特点，如表 6-11 的高德贤妻宋氏墓碑，该碑围绕中间的字各设有鸟纹和云纹，两边的鸟并不是同类同形和同大小的鸟，鸟下面布置云纹，两边的云纹也不一样，虽然画面的纹样布局不是同形，也不是按照对称的形式构图，但整个画面给人以均衡感。

四、从形式向内容的变化

明清碑刻纹样从前朝的图案化的形式感向表现内容性发展，即一些碑刻边饰往往表现出一些极富诗意或吉祥寓意的画面内容。吉祥寓意反映了人们对美好生活的向往和追求，如碑刻纹样中的蝙蝠、牡丹、龙凤、乌龟、麒麟等瑞兽纹样均具有吉祥之意。蝙蝠因与"遍福""遍富"谐音，尽管它形象欠佳，但经过充分美化，把它作为象征"福"的吉祥纹样。此外，源于佛教的"万"字纹样，寓"多至上万"之意，还有寓意"龙凤呈祥""二龙戏珠""彩凤双飞""百鸟朝凤"等的龙凤纹样等，吉祥纹样既注重纹样的形式美，又重视纹样的意义美，尤其是清代碑刻上的纹样出现了较多的吉祥纹样，大部分是"图必有意，意必吉祥"，形成该时期碑刻装饰纹样的独特特点。

吉祥纹样是中国传统文化的一个组成部分，具有其独特的含义，它承载着传统的中国人民对幸福和美好生活的向往，寄托着古人的生活理想，带有喜庆之气息，具有吉利祥和之寓意，如雕刻瓶中之梅，梅花的象征意义是十分的吉祥，因为梅花又名"五福花"，梅花有五瓣，故被寓意为"花开五福"。民间有谚语："老树已成铁，逢春又着花。花开皆五福，先到吉人家。"①而画面中常常以瓶中梅花和竹子入画象征青梅竹马。五福临门是人们常用之吉祥话语。对"五福"的表达有不同的方式，最为简单的就是五只蝙蝠，取"蝠"和"福"的谐音，如表 6-11 中的冠山书院经费记，该碑的碑额上围绕半圆形雕刻中着五只蝙蝠，具有"五福"之意。

明清碑刻中还多出现万字纹，这也凸显了该时期吉祥纹样的普及发展，卐字纹原本是梵文，读作 Srivatsalalsana，意为"胸部的吉祥标志"，这是一种宗教标志，佛教中表现佛祖再世身，胸前隐起卐字纹，其寓意"吉祥海云相"，在 7 世纪武则天时期被正式用作汉字，此后佛经中便将之写作"万"字。碑刻纹样中多以"万字曲水"纹样的形式出现，即以万字的四端延伸，形成连续反复的连锁花纹，意为绵长不断。实际上，我国的吉祥纹样早在两汉即已流行，如在汉代的织锦中常见"延年益寿""长乐明光""万事如意"等文字以示祝颂和吉祥，六朝的莲花、忍冬，唐代的牡丹、联珠，宋代的灯笼、曲水，元代的松竹梅等均具有吉祥之意，只是以往没有形成完整的画面内容。明清时期由于民间艺术得到较大发展，吉祥纹样亦得到进一步的延伸采用，形成了表现象征、寓意、谐音、比拟、表号、文字等的形式特点，将图形、文字结合来表达对生活的美好向往。这些吉祥纹样逐渐成为固定的纹样模式并延续至今，如折枝花果、花好月圆、延寿菊花、百花献寿、灵芝萱草、落花流水、瑞鹊衔花、鸳鸯莲鹭、蜂蝶争春等，这些固定纹样结构饱满，造型严谨，花形生动，线条流畅。

对内容的表现还有上面谈到的"四物"之景，前朝的碑刻纹样多为

---

① 沈泓：《吉祥图案：民俗艺术中的美丽意象》，北京，中国广播电视出版社，2011 年，第 15 页。

独立地表现植物纹样，而明清时期则将多种植物结合形成既独立又相联合的形式，从而构成一个完整的具有丰富内容的画面效果，这种改变是从形式到内容的变化，如表现春、夏、秋、冬；表现梅、兰、竹、菊；等等。

第五节　本 章 小 结

明清时期碑刻纹样的整体特征偏向世俗化，无论是明十三陵的神道碑、孔庙的皇上赐碑，还是民间碑刻，抑或是传教士墓碑等，皆表现出世俗化特点，其装饰形式也渐趋繁缛，题材内容增加了不少。动物纹样有狮子、麒麟、孔雀、蝙蝠、鹿、羊等；植物纹样有牡丹、荷花、梅花、兰花、竹子、菊花、松树；等等。各种纹样相互结合，形成寓意性的图案纹样，使之艺术化、理想化，如禽鸟与花卉组合强化其装饰的情趣及寓意的特征。吉祥图案开始流行"八吉祥""道八宝""八仙纹"等。虽然明清纹样品种比较丰富，但在碑刻纹样中最常见的仍然为云纹、缠枝纹和龙纹，明代云纹流行，清代龙纹流行，尤其是碑首部位，云纹变化极其丰富，形式感和装饰性极强，画面布置满密，这与明清追求华丽丰满的审美取向有关。

结　语

　　一提及碑刻，首先让人想到的便是刻在碑上的书法，而碑上的纹样却不如书法那样为人们所熟知。实际上，碑刻的价值除了书法和文字史料之外，其上雕刻的纹样是研究中国古代工艺美术的宝贵资料，在古为今用地发扬民族传统和民族风格方面，它值得我们学习和借鉴，并需要切实地加以保护。然而，通过到全国各地分布碑刻地区调查，笔者发现中国碑刻正在逐渐遗失。据中华人民共和国成立之初朱偰对六朝石刻分布的统计，仅南京一地就达 18 处之多，如今已仅剩 9 处，损毁之速可想而知。庆幸的是，近年来由于世界非物质文化遗产保护计划的实施，中国政府对这些古代碑刻高度重视，对某些地区重要的碑刻已开展了抢救性的保护措施，关于碑刻的研究也越来越多，但从设计艺术的角度对碑刻纹样的研究仍甚为少见。

　　因此，本书对中国古代碑刻纹样进行了系统的整理、分析和研究，通过对各个朝代碑刻纹样的对比研究，分析了中国碑刻纹样发展的历史进程，并进一步探讨了各朝代碑刻纹样的时代特点及其风格形成的原因，以及各朝代碑刻纹样不同的来源、其间相互传承的关系和影响。通过研究得出以下结论。

　　第一，中国古代碑刻纹样体现了复杂性和多元性的结构及变化。碑刻纹样并不是孤立的存在，尤其是墓碑、墓志等，它与碑刻主人的地位有着很大关联，主人地位高，碑刻纹样便复杂丰富，在纹样的种类和结构上也比较多样。有的造像碑上的纹样虽作为辅助纹样装饰在主题纹样的周边，但装饰形式变化多端，使画面切割成多个不同的题材。碑刻与其他工艺品相比，由于其具有易于长时间保存且体积较大的特性，其上雕刻的纹样在结构上更加地大而丰富复杂。

　　第二，中国古代碑刻纹样与同时期工艺美术纹样的发展有着异曲同工之妙。本书在对纹样的分析过程中，将碑刻上的纹样与同时期其他器物上的纹样进行了比较分析，发现它们之间有一定的关联性和共性。我们知道，从横向来看，每个朝代有其流行之纹样，分别装饰于不同的载体上，但根据载体的不同和装饰部位的差异，纹样在构图和形态上略有变化，如隋唐流行的联珠纹在墓志上运用比较多，且联珠纹的形态也有较多的变化，该时期的织锦、金银器、铜器等上也大量地装饰联珠纹以衬托主纹。

第三，各个朝代的碑刻流行不同的纹样，体现了该时期文化变迁、审美的取向和技术的发展与变化，以及对外交流的发展等，如三国两晋南北朝时期流行佛教，碑刻上表现佛教题材的纹样占据主体；隋唐时期以肥胖为美，碑刻纹样多雕刻得大而肥，且该时期流行牡丹花，碑刻纹样多以大团的牡丹占据主体；宋元文人画和诗词歌赋的盛行使该时期碑刻纹样喜以各种景物和花卉组合形成画面；明清时期对外交流进一步扩大，外国商人定居中国，尤其是泉州等港口城市，受基督教文化影响深远，并留下了大量的宗教碑刻，其上的纹样与中国碑刻纹样结合体现了中外文化的交融发展；到了清代，由于技术的发展，纹样的雕刻技法和图案纹样都极其多样，有的甚至一组纹样集线刻、浅浮雕、深浮雕、阴刻和阳刻等技法于一体进行综合雕刻，尤其是印刷技术的发展直接影响着碑刻纹样的雕刻，印版画面可以直接刻印于碑石上，使画面更加丰富多彩。

第四，中国古代碑刻纹样的发展经历了从简单到复杂的变化过程，这种变化受技术和文化、观念和审美的发展影响很大。从汉画像石纹样来看，基本上多装饰简单的几何纹，到了三国两晋南北朝时期，其在形式和结构上趋于复杂，如所刻的波状纹、云纹和卷草纹。而明清时期，碑刻纹样雕刻得活灵活现，构图形式丰富繁杂，雕刻技法炉火纯青，就龙纹来看，早期的龙纹简单概括，清代的龙纹雕刻精致，龙爪、龙鬃毛都细细刻画。

第五，中国古代碑刻纹样的运用除了以上特点，还表明了碑刻纹样具有吉祥的寓意。

参 考 文 献

一、著作

《北齐书》，北京，中华书局，1972 年。

《金石录校证》，上海，上海书画出版社，1985 年。

《晋书》，北京，中华书局，1974 年。

《南齐书》，北京，中华书局，1972 年。

《三国志》，北京，中华书局，1959 年。

《宋书》，北京，中华书局，1974 年。

《魏书》，北京，中华书局，1974 年。

《新唐书》，北京，中华书局，1975 年。

《中国碑刻全集》编委会编：《中国碑刻全集》，北京，人民美术出版社，2009 年。

《中国美术全集·书法篆刻编》，上海，上海书画出版社、上海人民美术出版社，
    1989 年。

白谦慎：《白谦慎书法论文选》，北京，荣宝斋出版社，2010 年。

曹宝麟：《中国书法史·宋辽金卷》，南京，江苏教育出版社，2009 年。

陈国符：《道藏源流考》（全二册），北京，中华书局，1963 年。

陈建立、韩汝玢：《汉晋中原及北方地区钢铁技术研究》，北京，北京大学出版社，
    2007 年。

陈鲁夏、谭红丽编：《中国牡丹纹图谱》，北京，北京工艺美术出版社，2000 年。

陈少峰等编著：《鼎盛与革新：隋唐至明中叶的精神文明》，北京，北京大学出版社，
    2009 年。

陈师曾：《中国绘画史》，武汉，崇文书局，2015 年。

陈炎主编：《中国审美文化史》，济南，山东画报出版社，2007 年。

陈野：《南宋绘画史》，上海，上海古籍出版社，2008 年。

程有为、程英民编著：《洛阳》，香港，世界文明出版社，2002 年。

丛文俊：《中国书法史·先秦·秦代卷》，南京，江苏教育出版社，1999 年。

崔尔平注：《广艺舟双楫注》，上海，上海书画出版社，1981 年。

（清）方若：《校碑随笔》（6 卷），清光绪年间石印本。

〔美〕高居翰：《隔江山色：元代绘画（1279—1368）》，宋伟航等译，北京，生活·读
    书·新知三联书店，2009 年。

〔美〕高居翰：《画家生涯：传统中国画家的生活与工作》，杨宗贤、马琳、邓伟权译，北
    京，生活·读书·新知三联书店，2012 年。

〔美〕高居翰：《江岸送别：明代初期与中期绘画（1368—1580）》，夏春梅等译，北
    京，生活·读书·新知三联书店，2009 年。

〔美〕高居翰：《气势撼人：十七世纪中国绘画中的自然与风格》，李佩桦等译，北

京，生活·读书·新知三联书店，2009 年。

〔美〕高居翰：《山外山：晚明绘画（1570—1644）》，王嘉骥译，北京，生活·读书·新知三联书店，2009 年。

古月编著：《中国传统纹样图鉴》，北京，东方出版社，2010 年。

何如月：《汉碑文学研究》，北京，商务印书馆，2010 年。

何星亮：《中国图腾文化》，北京，中国社会科学出版社，1992 年。

何星亮：《中国自然神与自然崇拜》，上海，上海三联书店，1992 年。

胡元超编著：《昭陵文史宝典》，西安，三秦出版社，2006 年。

华人德：《华人德书学文集》，北京，荣宝斋出版社，2008 年。

华人德：《中国书法史·两汉卷》，南京，江苏教育出版社，1999 年。

华人德主编：《历代笔记书论汇编》，南京，江苏教育出版社，1996 年。

黄惇：《风来堂集：黄惇书学文选》，北京，荣宝斋出版社，2010 年。

黄景略、叶学明：《中国的帝王陵》，北京，中国国际广播出版社，2010 年。

黄能馥、陈娟娟编著：《中国历代装饰纹样》，北京，中国旅游出版社，1999 年。

黄文弼：《吐鲁番考古记》，北京，中国科学院，1954 年。

姜伯勤：《敦煌艺术宗教与礼乐文明：敦煌心史散论》，北京，中国社会科学出版社，1996 年。

蒋文光、张菊英编著：《中国碑林大观》，北京，中国旅游出版社，1993 年。

〔英〕柯律格：《雅债：文徵明的社交性艺术》，刘宇珍等译，北京，生活·读书·新知三联书店，2012 年。

孔德平、彭庆涛主编：《游读曲阜》，济南，泰山出版社，2012 年。

李昌鄂编：《民间印染纹样集》，长沙，湖南美术出版社，1984 年。

李超德编著：《设计美学》，合肥，安徽美术出版社，2004 年。

李典编著：《中国传统吉祥图典》，北京，京华出版社，2006 年。

李发林：《中国古代石刻丛话》，济南，山东教育出版社，1988 年。

李娜：《中国传统纹样与现代装饰艺术设计》，天津，百花文艺出版社，2011 年。

李正光主编：《楚汉装饰艺术集》，长沙，湖南美术出版社，2000 年。

〔日〕林巳奈夫：《刻在石头上的世界：画像石述说的古代中国的生活和思想》，唐利国译，北京，商务印书馆，2010 年。

刘敦桢主编：《中国古代建筑史》（第二版），北京，中国建筑工业出版社，1984 年。

刘恒：《中国书法史·清代卷》，南京，江苏教育出版社，1999 年。

刘怀君、王力军：《眉县秦汉瓦当图录》，西安，三秦出版社，2002 年。

刘培桂：《孟子与孟子故里》，北京，中国文史出版社，2001 年。

刘士莪编：《西北大学藏瓦选集》，西安，西北大学出版社，1987 年。

刘涛：《中国书法史·魏晋南北朝卷》，南京，江苏教育出版社，1999 年。

路远、裴建平：《石版文章——历代碑刻琐谈》，成都，四川教育出版社，1996 年。

〔英〕罗森：《祖先与永恒：杰西卡·罗森中国考古艺术文集》，邓菲等译，北京，生活·读书·新知三联书店，2011 年。

罗振玉辑：《汉晋石刻墨影》，民国四年石印本。

罗振玉撰：《雪堂金石文字跋尾》，民国十一年上虞罗氏贻安堂凝清室刻本。

罗宗真：《魏晋南北朝考古》，北京，文物出版社，2001 年。

洛阳市地方志编纂委员会编：《图说洛阳古墓》，郑州，大象出版社，2010 年。

麻天祥：《中国禅宗思想发展史》，长沙，湖南教育出版社，1997 年。

马海舰、郭瑞：《唐太宗昭陵石刻瑰宝》，西安，三秦出版社，2007 年。

马衡：《凡将斋金石丛稿》，北京，中华书局，1977 年。

牛天伟、金爱秀：《汉画神灵图像考述》，开封，河南大学出版社，2009 年。

秦大树：《宋元明考古》，北京，文物出版社，2004 年。

容庚辑：《古石刻拾零（7 种）》，民国十四年考古学社石印本。

芮传明、余太山：《中西纹饰比较》，上海，上海古籍出版社，1995 年。

申云艳：《中国古代瓦当研究》，北京，文物出版社，2006 年。

沈从文：《龙凤艺术》，北京，北京十月文艺出版社，2010 年。

沈泓：《吉祥图案：民俗艺术中的美丽意象》，北京，中国广播电视出版社，2011 年。

沈睿文：《唐陵的布局：空间与秩序》，北京，北京大学出版社，2009 年。

石守谦：《风格与世变：中国绘画十论》，北京，北京大学出版社，2008 年。

汤一介：《魏晋南北朝时期的道教》，西安，陕西师范大学出版社，1988 年。

田自秉、吴淑生、田青：《中国纹样史》，北京，高等教育出版社，2003 年。

王爱文、李胜军：《冥土安魂：中国古代墓葬吉祥文化研究》，郑州，中州古籍出版社，2011 年。

王国维：《观堂集林》（全二册），北京，中华书局，1959 年。

王军云编著：《中国民间吉祥图典》，北京，中国华侨出版社，2006 年。

王仁波主编：《隋唐五代墓志汇编·陕西卷》，天津，天津古籍出版社，1991 年。

王世昌：《陕西古代砖瓦图典》，西安，三秦出版社，2004 年。

王文广：《中国古代碑之设计》，北京，荣宝斋出版社，2013 年。

〔美〕巫鸿：《重屏：中国绘画中的媒材与再现》，文丹译，黄小峰校，上海，上海人民出版社，2009 年。

〔美〕巫鸿：《黄泉下的美术：宏观中国古代墓葬》，施杰译，北京，生活·读书·新知三联书店，2010 年。

〔美〕巫鸿：《礼仪中的美术：巫鸿中国古代美术史文编》，郑岩等译，北京，生活·读书·新知三联书店，2016 年。

吴国富、黎华：《白鹿洞书院》，长沙，湖南大学出版社，2013 年。

吴山编：《中国历代装饰纹样》，北京，人民美术出版社，1992 年。

吴山编著：《中国纹样全集》，吴山、陆晔、陆原绘图，济南，山东美术出版社，2009 年。

吴秀梅：《传承与变迁：民国景德镇瓷器发展研究》，北京，光明日报出版社，2012 年。

吴秀梅：《传统手工艺文化研究：以陶瓷、杭扇为例》，北京，光明日报出版社，2013 年。

西安碑林博物馆编：《西安碑林博物馆》，西安，陕西人民出版社，2000 年。

西北历史博物馆编：《古代装饰花纹选集》，西安，西北人民出版社，1953 年。

徐华铛：《中国龙的造型》，北京，中国林业出版社，2010 年。

徐华铛编著：《中国凤凰》，北京，轻工业出版社，1988 年。

徐华铛编著：《中国神龙艺术》，天津，天津人民美术出版社，2005 年。

徐华铛编著：《中国神兽造型》，北京，中国林业出版社，2010 年。

徐华铛等编著：《中国龙凤艺术》，天津，天津人民美术出版社，2000 年。

徐丽慧、郑军编著：《中国历代云纹纹饰艺术》，北京，人民美术出版社，2010 年。

杨庆兴、衡剑超编著：《千唐志斋·唐志书法研究》，郑州，中州古籍出版社，2009 年。

姚迁、古兵编著：《南朝陵墓石刻》，北京，文物出版社，1981 年。

（清）叶昌炽撰，柯昌泗评：《语石　语石异同评》（1 卷），陈公柔、张明善点校，北京，中华书局，1994 年。

（清）叶昌炽撰：《语石》，王其祎校点，沈阳，辽宁教育出版社，1998 年。

余华青、张廷皓主编：《陕西碑石精华》，西安，三秦出版社，2006 年。

俞伟超主编：《考古类型学的理论与实践》，北京，文物出版社，1989 年。

曾甘霖：《铜镜史典》，重庆，重庆出版社，2008 年。

张道一：《汉画故事》，重庆，重庆大学出版社，2006 年。

张道一：《吉祥文化论》，重庆，重庆大学出版社，2011 年。

张道一主编：《中国古代建筑·石雕》，南京，江苏美术出版社，2005 年。

张道一主编：《中国图案大系》，济南，山东美术出版社，1993 年。

张夫也编著：《外国工艺美术史》，北京，高等教育出版社，2006 年。

张广立编绘：《中国古代石刻纹样》，北京，人民美术出版社，1988 年。

张鸿修编著：《北朝石刻艺术》，西安，陕西人民美术出版社，1993 年。

张鸿修编著：《龙集》，西安，三秦出版社，1993 年。

张鸿修主编：《唐代墓志纹饰选编》，西安，陕西人民美术出版社，1992 年。

张朋川：《中国彩陶图谱》，北京，文物出版社，1990 年。

张晓霞：《天赐荣华：中国古代植物装饰纹样发展史》，上海，上海文化出版社，2010 年。

张晓旭：《苏州碑刻》，苏州，苏州大学出版社，2000 年。

张卓远：《汉代画像砖石墓葬的建筑学研究》，郑州，中州古籍出版社，2011 年。

赵超：《石刻史话》，北京，社会科学文献出版社，2011 年。

赵超：《中国古代石刻概论》，北京，文物出版社，1997 年。

赵君平、赵文成编：《河洛墓刻拾零》（全二册），北京，北京图书馆出版社，2007 年。

赵力光等编著：《西安碑林博物馆新藏墓志汇编》，北京，线装书局，2007 年。

郑军、华慧编：《中国历代几何纹饰艺术》，北京，人民美术出版社，2007 年。

郑军编绘：《中国青花瓷器纹饰艺术》，北京，人民美术出版社，2009 年。

郑军编著：《中国历代宝相花纹饰艺术》，北京，人民美术出版社，2008 年。

郑军编著：《中国历代花鸟纹饰艺术》，北京，人民美术出版社，2003 年。

郑军编著：《中国历代走兽纹饰艺术》，北京，人民美术出版社，2007 年。

中共礼泉县委宣传部、昭陵博物馆编：《昭陵揽胜》，西安，陕西人民教育出版社，1999 年。

钟福民：《中国吉祥图案的象征研究》，北京，中国社会科学出版社，2009 年。

朱存明：《汉画像之美——汉画像与中国传统审美观念研究》，北京，商务印书馆，2011 年。

朱福平编著：《孔庙十三碑亭》，北京，中国档案出版社，2004 年。

朱关田：《中国书法史·隋唐五代卷》，南京，江苏教育出版社，1999 年。

朱平安：《武夷山摩崖石刻与武夷文化研究》，厦门，厦门大学出版社，2008 年。

诸葛铠：《设计艺术学十讲》，济南，山东画报出版社，2006 年。

诸葛铠等：《文明的轮回：中国服饰文化的历程》，北京，中国纺织出版社，2007 年。

二、论文

晁岱卫：《江苏第一汉碑——东汉校官碑析赏》，《剧影月报》2005 年第 3 期。

陈伟：《宋代书院与社会控制》，福建师范大学硕士学位论文，2007 年。

陈卓：《中国传统装饰纹样——缠枝纹的演变》，中南林业科技大学硕士学位论文，
2009 年。

楚保玲、赵振乾：《汉碑概说》，《史学月刊》1997 年第 5 期。

党家萱：《唐代佛教植物装饰纹样研究》，西北大学硕士学位论文，2009 年。

葛承雍：《唐代龙的演变特点与外来文化》，《人文杂志》2000 年第 1 期。

侯开嘉：《西学东渐与清代碑学兴起的思辨》，《书法研究》2004 年第 1 期。

华人德：《分析〈郑长猷造像记〉的刊刻以及北魏龙门造像记的先书后刻问题》，《书
法世界》2003 年第 3 期。

华人德：《明代中后期雕版印刷的成就》，《苏州大学学报》1988 年第 3 期。

华人德：《苏州古版画概述》，《江苏图书馆学报》1999 年第 4 期。

华人德：《中国历代人物图像概述》，《大学图书馆学报》2004 年第 5 期。

李民昌：《谈中原碑刻文化》，《学习论坛》1995 年第 5 期。

李士彪：《汉魏六朝的禁碑与碑文的演变》，《中国典籍与文化》1999 年第 4 期。

李献奇：《北魏正光四年翟兴祖等人造像碑》，《中原文物》1985 年第 2 期。

李兆成：《武侯祠碑刻沿革与现状（三）》，《成都大学学报（社会科学版）》2005 年第
6 期。

刘玉凤：《秦汉时期陶瓷饰纹艺术特质及文化功能探究》，《中国陶瓷工业》2008 年第
1 期。

罗宏才：《佛、道造像碑源流及其相关问题研究》，南京艺术学院博士学位论文，
2004 年。

吕名军：《汉碑新访录》，《中原文物》2000 年第 5 期。

吕名军：《河南汉碑保存现状》，《郑州工业大学学报（社会科学版）》2000 年第 3 期。

马衡：《石刻》，《考古通讯》1956 年第 1 期。

秦明：《黄易收藏汉魏碑刻拓本的来源》，《收藏家》2010 年第 10 期。

王同顺：《浅说碑刻艺术的源流与发展》，《文教资料》2001 年第 2 期。

王新英：《金代石刻刻工考略》，《博物馆研究》2010 年第 1 期。

王星光：《袁安碑》，《档案管理》2005 年第 5 期。

闫琰：《北朝忍冬纹装饰纹样的类型》，《文物世界》2008 年第 6 期。

张健：《汉晋以后历代石刻的发现与损毁》，《中国书画》2005 年第 11 期。

张朋川：《宇宙图式中的天穹之花——柿蒂纹辨》，《装饰》2002 年第 12 期。

张晓霞：《论唐代文化的多元化对植物装饰纹样的影响》，《内蒙古大学艺术学院学报》
2007 年第 2 期。

张晓霞：《雅俗共赏的宋元植物装饰纹样》，《苏州大学学报（工科版）》2009 年第
5 期。

赵康民：《陕西临潼的北朝造像碑》，《文物》1985 年第 4 期。